개인의 안녕에서 시작해 사회 전반의 변화 방향성을 짚어본다!

메디치 격년 Biennium 전망서
촉 2022-2023

하지현 고한석 차현진 윤태곤 이선옥
임명묵 한윤형 고재열 장지연 김선교 지음

메디치

불확실성과 조절 불가능성이
가져올 미래를 그려보다

대부분의 전망서는 경제와 소비를 중심으로 각 분야의 다음 해 트렌드를 찾아내려 한다. 고용이 많은 몇몇 업종을 중심으로 대중의 소비 양상을 엿보거나 기술과 과학의 전개 양상을 가늠하는 책들도 제법 나온다. 만일 이런 식의 지식과 정보가 업데이트된 책을 찾는다면 이 책은 적합하지 않다.

코로나19로 인한 우리의 심리적 궤적을 쫓는 것으로 이 책은 시작한다. 정신과 의사 **하지현**은 '한국인의 마음은 안녕한가'라고 스스로 묻고 우리가 겪어온 2020년과 2021년은 불확실성과 조절 불가능성을 확대해 개인의 스트레스 수치가 높아진 기간이었다고 스스로 답변한다. 하지현에 따르면 우리는 코로나19를 계기로 누군가와 부딪치면 "저 사람 믿을 수 있어?"라며 기본적 신뢰가 흔들리는 판에 들어섰다. 심리적 피난의 길은 '더 큰 집' 안으로 들어가거나, 자신의 동굴을 찾아 들어가는 양극단의 선택인데 둘 다 편하지는 않다.

하지현이 우리의 심리적 포물선을 좌^左하단에서 우^右하단으로 그려봤다면, 이 책의 프로그래머인 **고한석**은 역사와 문명 관찰의 관점에서 중앙과 우상단의 근미래^{近未來}를 대패삼겹살처럼 켜켜이 잘라낸다. 1918~1919년의 스페인 독감에 이어 101년 만에 전 세계적 팬데믹이 출현한 원인은 무엇인가? 2022년부터 2024년까지의 코로나 수습단계에서 보건의료, 재정, 통화, 노동, 실업급여, 교육, 근무 형태의 변화 방향성은 과연 타당한가? 생활의 굵직한 질문들이다. 프랑스 사회학자 마페졸리의 다음 말은 상징적이다. "지나치게 합리화된 사회, 필사적으로 모든 위험을 막아내려는 사회, 바로 그러한 사회 속으로 야만스러운 것이 되돌아온다." 고한석은 신봉건주의 대신 신부족주의의 도래를 예감하고 있다.

기존의 전망서와 가장 가까운 내용은 한국은행 36년 경력자인 **차현진**의 경제 전망이다. 형다그룹 사태에서부터 시작되는 중국 내 성장통이 2022

년에 더 커질 것이며, 이런 중국 자체의 문제에 덧붙여 금융 부문에서 미·중 갈등이 새롭게 대두할 것이다. 한국 경제는 상승이든 하강이든 부동산 소용돌이의 노심은 더 깊어질 것이며, 가계부채는 내년도 경제 운용에 있어 최대 복병이 될 것이라는 견해다.

그렇다. 이 책은 개인의 안녕(어제와 오늘)에서 시작해 경제, 정치, 문화, 사회의 여러 변화 방향성(오늘과 내일)을 짚어보는 책이다. 개인과 사회는 별도가 아니다. 끊임없이 영향을 주고받는 삼투압적 관계다. 이 책의 기획자들과 저자들은 사람이 일만으로 살지 않고 생활만으로 살지 않는다는 전제에서 이 책을 시작했다. 우리는 누구나 뉴스에 영향받고 경제활동의 주체이자 대체로 조직에 속해 있다. 이러한 '사회적 개인'의 면모와 함께 가족에 한숨짓고, 사랑에 기뻐하고, 여행을 기다리는 '개인적 개인'이다. 한 사람의 두 캐릭터, 나와 사회 앞에 놓인 전망 욕구를 함께 충족시켜 보려는 게 이 책과 다른 전망서의 차이일 것이다.

불안과 혐오의 역사는 계속된다

래디컬 페미니즘과 대척점에 서 있는 **이선옥**의 글은 논쟁적이다. 그 역시 미래 전망을 위해 최근 몇 년간의 젠더 갈등사를 길게 펼쳤다. 문장은 탄력적이고, 입장은 활자화되고 기록화되는 9천9백99명의 글과 반대편에 서 있다. 전망은 흡사하다. 여자의 조직화, 행동화에 이어 2022년~2023년 중에는 젊은 층을 주축으로 남자의 조직화, 행동화 양상을 점친다. 갈등이 깊고 넓고 두꺼워지면서 사회도 개인도 영향을 많이 받을 대목이다.

여러 혐오 중에서도 2022년부터는 중국에 대한 혐오가 더욱 떠오를 것으로 **임명묵**은 생각한다. 오랜만에 등장한 서른 미만의 베스트셀러 작가 임명묵은 기성세대와 젊은 세대가 중국을 보는 문화적 시각이 다르다고 말한다. 기성세대에게 중국은 공산화 이후 단절 속에 홍콩 영화와 삼국지, 수호지 덕분에 호감으로 기억된다. 반면, 젊은 세대가 온라인/모바일 게임이나 한류 팬클럽, 캠퍼스에서 만난 중국인들은 질 나쁜 억척들이라는 것이다. 혐중 정서는 정서에 그치지 않고 경제, 정치, 외교에서도 여러 얼굴로 나타나 돌연 폭발할 수 있다.

한국은 대통령이라는 푯대를 5년에 한 번씩 선출한다. **윤태곤**은 이재명과 윤석열 모두 의회 경험이 없는 유력 후보라는 점을 놓치지 않는다. 둘 다 진영 내 비주류이기 때문에 그러잖아도 심각한 여야 지지층의 확증

편향 속에 정국은 긴장, 혼돈, 혼선으로 흐를 가능성이 높다. 정치가 갈등을 누그러뜨리는 일은 이제 더는 기대하기 힘들다. 증폭제일 뿐이다. 홍준표가 대통령에 선출되어도 여당 180석은 정계개편의 원인이자 정국 불안의 지속적 요인이다. 윤태곤의 글을 읽고 있으면 우리는 2022년에도 관심 자원을 정치에 많이 할애하게 될 것 같다.

한윤형은 'K의 미래'에서 국가적 낙관론과 개인적 비관론이라는 교차하는 쌍곡선을 제시한다. 비관론은 늘 있었지만, 결과는 G10급 국가로의 도약이다. 다만, 사회 회전속도가 점점 빨라지는 현실에서 개인의 어지럼증, 불안은 피할 수 있는 일이 아니라는 것이다. 그가 해설하는 기성세대의 열등감-애국주의와 젊은 세대의 자긍심-애국주의 비교는 '나'를 관찰하는 데 있어 유효하다. 그가 그리는 한국 사회는 담론의 비관론과 콘텐츠(산업)의 낙관론이다.

'나'에게 희망이 있다면 다시 국제선 비행기를 타고 기내식을 먹는 일이다. 여행감독이라는 직업을 창안한 **고재열**은 소비로서 관광의 종말과 허비로서 여행의 시작을 꿈꾼다. 맥락적 허비로서의 여행이 대두할 것으로 본다. 여행과 항공업은 아마도 〈이코노미스트^{The Economist}〉의 예측처럼 고급화, 친환경화, 장기화할 것이다. 고재열이 설명하는 여행의 미래는 '나도 한 번'이라는 동기를 부여하기 충분하다.

여행에서 돌아온 우리를 기다리는 것은 플랫폼 노동의 보편화, 기후 위기와 에너지 문제 같은 미뤄둔 현안들이다. 식사는 디저트로 끝나는 게 아니라 지불로 끝난다. 일과 삶도 여행으로 끝나면 좋으련만. **장지연**은 고용도 아니고 자영도 아닌 회색지대가 계속 늘어날 것으로 본다. 숫자만 늘어나는 게 아니라 적용 범주와 대상도 늘어난다. 장지연의 글에서 기계와 시스템에 충성하는 플랫폼 노동자의 시대는 선택이 아니라 필수 같다. 이 시점에서 '나'라는 사회적 개인은 '나'라는 동일인, 개인적 개인에게 어떻게 변화를 설명할 것인가.

김선교는 기후위기든, 친환경이든 논점은 탄소제로와 함께 원자력을 어떻게 보느냐고 치고 들어온다. 식자층에서 조용히 화제를 모으고 있는 《그리드》의 번역자인 김선교는 '탈원전도, 탈-탈원전도 답이 아니다'라고 하지만 그의 생각은 원전 불가피론, 필요악론에 가깝다. 문명 생활을 위한 에너지원의 필요성, 공급 예측이 불가능한 태양 풍력 에너지의 한계를 어떻게 조화시킬지, 그가 해결의 경로로 제시하는 숙의민주주의를 빨리 시행하지 않으면 우리는 현실의 에너지 문제를 해결하기 위해 많은 감정 에너지를 소비해야 할 것 같은 느낌이 든다.

야만스러운 것이 되돌아온다

메디치 biennium 전망서 《촉2022-2023》의 저자들은 대체로 우리 앞의 미래를 밝게 보지 않는다. 코로나 이후 일부 경기의 호황은 있을 수 있지만 살맛 나는 세상이 다시 올까? 두 가지 경험이 있다. 페스트가 물러가자 중세 유럽의 도시들은 축제의 종을 울리고 새로운 출발을 반겼다. 뻐꾸기 시계도 많이 설치됐다. 반면 IMF 외환위기를 넘어서자 찾아온 것은 흥청대던 과거가 아니라 나의 노동력을 쫀쫀하게 갈아 넣어야 하는 차가운 미래였다.

저자들은 불안과 우울과 혐오의 확대공급이 기본값인 2022년~2023년을 점친다. 디자이너는 불안과 우울을 극대화하는 표지 색깔을 골랐다. 마페졸리의 말을 한 번 더 적어둔다. "필사적으로 모든 위험을 막아내려는 사회, 바로 그러한 사회 속으로 야만스러운 것이 되돌아온다."

2021년 11월
저자 일동

짝수해인 2022년을 맞아 메디치미디어의 이번 전망서는 개인의 심리에서 출발해 사회 여러 분야로 다중확장 연결되는 흐름과 전개 양상을 짚어보고자 했다. 일종의 연역법이다. 홀수해인 2023년에는 사회의 변화를 먼저 짚어보고 그것이 개인에게 어떤 영향을 미치는지 역코스로 주행하는 격년 biennium 기획을 해보려 한다. 키에로슬로프스키의 〈세 가지 색〉 시리즈나 구로자와 아키라의 〈라쇼몽〉에서 아이디어를 얻었다. 상이한 형식의 격년제 전망서를 통해 미래 관찰의 방법과 영역을 넓혀보려는 기획 의도다.

이 책에서 언급하지 않은 새로운 국제질서(문정인), 서양 우월주의(다니엘 튜더), 수축사회(홍성국) 민주주의(천관율), 보수의 위기(김세연), 뉴 통상질서(유명희), 개인중심 자산투자(김동환), 밥상의 회복(민금채), 정부와 시민(이원재), 사법권력(류영재), 수도권과 지방(김경수), 여성의 세기(이나리), 대화와 관점(최재천, 신수정) 등은 **정혜승**이 프로그래머로 활동한 《힘의 역전 1,2》(메디치, 2020년)를 통해 향후 4~5년의 동향 예측에 참고할 수 있을 것이다.

차례 |

서문 불확실성과 조절 불가능성이 가져올 미래를 그려보다   4

1부
코로나 시대의 심리적 단상

1장 코로나19 3년차, 한국인의 마음속은 안녕한가?   17
하지현

2부
다가올 미래의 위기와 기회

2장 팬데믹, 그리고 분열과 결합의 시대   61
고한석

3부
주제별로 살펴본 2022-2023 전망

3장   회자정리 거자필반의 세계 경제   119
        차현진

4장   민주당 vs 국민의힘, 엇갈리는 위기와 기회   145
        윤태곤

5장   새로운 문화전쟁: 약좌^{弱左}의 게임   165
        이선옥

6장   청년들은 왜 중국을 싫어하는가?   191
        임명묵

7장   K의 미래: 지금은 K의 정점이 아니다   213
        한윤형

8장   여행과 여가의 미래   237
        고재열

9장   플랫폼경제 시대의 노동   259
        장지연

10장 탈원전 혹은 탈-탈원전: 무엇이 정의고   281
        우리의 미래인가?
        김선교

1부

코로나 시대의 심리적 단상

1장

코로나19 3년차, 한국인의
마음속은 안녕한가?

하지현
건국대학교 의학전문대학원 교수

정신건강의학과 전문의로 서울의대를 졸업하고 동 대학원에서 의학박사학위를
받았다. 서울대학교병원 신경정신과에서 전공의와 전임의 과정을 마쳤다.
캐나다 토론토 정신분석연구소에서 연수했고, 2008년 한국정신분석학회
학술상을 수상했다. 현재 건국대학교 의학전문대학원 교수로 재직 중이다.
주요 저서로는 《포스트 코로나 아이들 마음부터 챙깁니다》,
《정신과 의사의 서재》, 《고민이 고민입니다》, 《대한민국 마음 보고서》 등
다수가 있다.

2020년 초에 시작한 코로나19는 2021년이 저물어가는 시기에도 끝날 기미가 보이지 않고 있다. 인간은 환경에 적응하며 생존하는 존재다. 환경의 변화는 심리에 영향을 준다. 일시적 변화는 반응을 유도하고 바로 원상회복되지만, 장기적 변화는 전반적 심리 세팅의 변화를 가져올 수 있다. 이 글은 코로나19로 인한 환경 변화가 가져온 심리의 변화를 커뮤니케이션, 인간관계의 패턴, 상황 인식과 반응 등의 변화를 통해 분석할 것이다. 그리고 이런 변화는 전반적 긴장과 불안을 증가시키는데 이로 인해 집단적 쏠림 현상이 강해지며, 동시에 개인은 다양한 방식으로 각자도생의 노력을 하게 되었다. 이 변화는 사회가 정상화되면 이전으로 돌아갈 것인가, 아니면 새로운 심리의 상수가 될 것일까.

코로나 시대의 변화, 현실로 받아들여야

사람은 줏대를 갖고 살아가기를 원한다. 세상이 어떻게 돌아가든 상관없이 내 마음만은 온전히 잘 작동하기를 말이다. 그렇지만 공기를 마시고, 중력이 주는 무게에서 자유로울 수 없듯이 우리는 환경의 변화에 알게 모르게 영향을 받으면서 산다. 정확히 말하면 의식하고 있는 것보다 훨씬 많이 영향을 받는다. 그걸 이해할 필요가 있다. 지금 같은 시기에는 더욱더.

2020년 1월 이후 이제 2년이 되어간다. 기원전과 후를 나타내는 약어인 BC^Before Christ와 AD^Anno Domini가 예수의 탄생을 기점으로 구분하는 말이 아니라 Before Corona, After Disease일 거란 말은 이제 참신함을 잃을 정도다. 코로나로부터 완전한 자유, 집단면역의 성취란 원대한 목표는 어느덧 위드 코로나^with Corona란 현실적 목표로 수정되고 있다. 어찌 보면 우리의 삶이 코로나와 함께 살아온 지금 2년에 맞춰질 것이고, 2019년으로 모든 세팅이 다 돌아간다고 해도 2년이 지난 이제는 마음도 그 자리로 가기는 어렵다는 의미다. 한 시기에 적응하기 위해 보낸 시간이 어느 이상 지나고 나면, 그 변화된 환경은 변수가 아닌 상수로 인식되도록 세팅이 바뀐다.

체념하라는 뜻이 아니다. 현실로 받아들이자. 그러니 어떤 변화가 생기고 있는지 관찰하고 이해하는 자세는 일시적 상황에 대한 반응을 보기 위함이 아니라 앞으로 우리 사회와 개인의 심리적 세팅을 파악하기 위해 필요하다.

변화는 전과 후를 비교하는 데서 온다. 먼저 시계를 2019년으로 돌려보자. 2015년 소설가 장강명은 《한국이 싫어서》를 발간해 큰 호응을 얻었다. '헬조선', '탈한국'이 붐이었다. 사회적으로 청년들에게 외국으로 나가자고 부추겼고, 2000년 초반의 벤처 붐은 스타트업이란 이름으로 바뀌어 재현되었다. 누구나 좋은 아이디어만 있으면 자기 사업을 할 수 있고 투자를 받을 곳이 어디든 있었다. 그 사업의 플랫폼은 전 세계가 대상이었다. 1년에 한두 번 해외여행을 가고 전 세계 어디든 한국인을 상대로 하는 비즈니스가 자리를 잡고 있었다.

이런 한국적 현상보다 더 큰 세기적 변화를 앞두고 있다고 학자들은 입을 모아 예견하고 있었으니, 세칭 '4차 산업혁명'이다. 사회경제적 시스템은 마음의 근간을 구성한다. 얼마 전까지만 해도 20세기 초에 만들어진 산업 시스템이 사고체계의 근간을 이루고 있었다. 눈에 보이는 것들끼리 산수를 해서 예측하는 세상이었다. 양과 공간, 수요와 공급의 한계가 있었고, 인력 공급의 제한, 효율성의 차이를 둔 교역이 존재했다. 100명이 1시간을 일해 100개를 만든다면 1,000명을 10시간 일하게 해서 1만 개를 만들 수 있다는 산수가 맞아떨어졌다. 삶의 근간도 여기서 크게 벗어나지 않았다. 저축하고 아이를 낳아 기르고 집을 장만하는 일도 넣은 만큼 나오는 그런 선형구조의 예측모형이었다.

이런 '아톰의 세계'가 4차 산업혁명이 오면 '비트의 세계'로 퀀텀 점프를 할 것으로 예견되었다. 비트는 무한복제가 가능하고, 시간, 공간, 양의 한계에서 자유로워진다. 인공지능과 로봇이 일상화된다.

그래서 코로나19가 도래하기 이전부터 이미 가까운 미래에는 이 둘과 경쟁해서 이기기 위한 준비가 아니라, 경쟁하지 않을 일을 해야만 먹고 살 수 있다는 말이 돌기 시작했다. 선형모델이 아닌 J형 커브 혹은 퀀텀 점프의 일상화는 농경사회부터 발전하면서 익숙하게 갖춰진 수천 년의 고전적 시스템을 근간부터 흔들 상황이었다. 실은 그것만으로도 충분히 버거웠다. 대변혁이 있으리라는 예언이 현실로 착착 다가오고 있었다. 큰 변화에 잘 올라타는 사람은 크게 성공하고, 그러지 못하면 되돌리기 어려운 피해를 볼 사회적 변곡점이 멀지 않은 시점에 놓여있었고, 사회의 몇 영역은 이미 맞이하고 있었다.

그 선도적 변화를 김태호 PD가 연출하는 토요일 저녁 간판 프로그램 '놀면 뭐하니'에서 발견할 수 있다. 그전의 인기 프로그램이었던 '무한도전'은 유재석을 포함한 6명의 고정 출연자가 나오는 포맷으로 십 년 동안 최고의 인기를 누렸다. 새로운 고정 출연자로 광희, 양세형 등을 발탁하는 과정도 국민적 관심사가 되었을 정도였다.

1년의 휴식기를 거친 후 새로 시작한 '놀면 뭐하니'는 6명이 아닌 유재석 1인으로 시작하였다. 정준하, 박명수 등이 나오기는 했지만, 고정이 아닌 게스트였을 뿐이다. 유동적이지만 매번 새로운 포맷을 선보이고 사안 별로 필요한 사람들이 몇 달씩 출연하였다. 유재석은 유산슬 등 여러 가지 부캐를 내놓으면서 시청자들의 시선을 잡는 데 성공했다.

앞으로의 사회에 대입해보자. 여전히 '1박2일', '런닝맨'과 같은 타 방송국의 주말 예능 프로그램은 여러 명의 고정출연자로 구성되어 있다. 안정적인 기업의 정규직 같다. '놀면 뭐하니'는 토요일 저녁 황금시간, MBC라는 공중파, 김태호 PD라는 연출자를 플랫폼으로 하고 딱 한 명, 유재석이란 확실한 인기인만 고정 출연하며, 나머지는 그때그때 필요한 사람만 고용한다. 플랫폼은 확실한 능력자가 더 많은 것을 가져가고, 과거의 중간 직급의 안정성을 아예 없애버렸다. 그래도 더 많은 사람이 일할 기회를 얻을 수 있고, 그 과실을 갖고 돌아갈 수 있다면 더 좋은 것일까? 어디서 많이 들어본 이야기다.

이처럼 확실히 검증받은 최상위층의 인재를 위한 일자리에서는 전보다 더 많은 보상을 가져갈 수 있게 되었지만, 일자리의 양적 측면에서는 훨씬 많은 사람에게 위기 상황의 징후가 보인다. 미국에서 고용 인원으로 3위 안에 드는 직업이 트럭운전수와 캐시어cashier인데, 이 두 직업은 자율운전차가 상용화되고 마트가 자동화되면 존재 이유가 없어질 직군이다. 사무직도 안전하지 않다. 별다른 특기가 없는 중간관리자의 자리는 사무자동화로 필요성이 빠른 속도로 줄어들었다. 정년까지 일할 수 있으리라는 기대는 내려놓은 지 꽤 되었지만, 그 시계가 점점 더 빨라지고 있다고 체감하는 사람이 늘고 있었다.

이런 빅 웨이브를 앞두고 한 단계 높은 태풍이 겹쳐졌으니, 바로 코로나19였다. 코로나19는 단 몇 달 만에 전 세계로 퍼져 세계인의 삶 전반을 뒤틀어 버렸다. 어떤 사람은 휩쓸려 존재 자체를 찾기 어려워졌고, 어떤 사람은 성공적으로 서핑을 하며 과거보다 더 잘 지내는 최고의 기회를 얻었다. 아마도 대부분의 사람은 이 양쪽 사이 어딘가에 있을 것이다. 분명한 하나는 앞날이 어찌 될지 몇 년 전보다 확실히 예측하기 어렵다는 점이다.

내게 놓인 상황이 뿌연 안개와 같다는 지속적인 불확실성, 그리고 내가 통제할 수 있는 것이 그리 많지 않다는 조절 불가능성은 스트레스를 증가시키는 제일 중요한 두 가지 요인이다. 전체적인 불안과 예민함의 수준이 올라갈 수밖에 없는 시대다. 이때 사람들의 마음은 어떤 상태이고 어떤 방식으로 상황에 대응하고 있는지 알아보는 것은 코로나19 2년 차를 넘어 위드 코로나로 가는 이 시점에 꼭 필요한 일이다. 하나하나 차근차근.

코로나19가 마음에 끼친 영향들

먼저 눈에 띄는 변화부터 살펴보자. 마스크다.

어느 순간부터 마스크를 쓰는 게 예의가 아닌 필수가 되었다. 2020년 5월쯤만 해도 쓰레기 버리러 엘리베이터를 타는데 마스크를 두고 나가는 일이 꽤 있었다. 혹시 빈 엘리베이터를 탈 때면 귀찮아서 고개를 푹 숙이고 타지만, 다른 사람이 타고 있으면 할 수 없이 발길을 돌려 마스크를 가지러 가고는 했다.

메르스 사태 때도 마스크를 몇 달간 써서 진료할 때 마스크를 쓰는 게 아주 낯선 일은 아니었다. 그렇지만 반년 이상 지속하니 여러 가지 부작용이 생기기 시작했다. 먼저 온종일 마스크를 쓴 채 하루를 보내면 평소보다 피로도가 더 높다. 덴탈 마스크를 주로 쓰다가 KF94 마스크를 기본으로 쓰면서 더욱 심해졌다. 머리가 띵하고 멍해지고 집중이 안 되었다.

진료를 보다가도 환자가 없는 시간에 재빨리 마스크를 벗고 창문을 열고 환기하지 않으면 견딜 수 없었다. '아 공황장애 환자들이 이런 느낌일 수 있겠구나.'라는 공감의 마음이 저절로 올라왔다. 그것도 익숙해져서 이제는 조금 답답한 정도지 못 견딜 정도는 아니다. 사람이 적응의 최강자라는 것을 깨닫는다. 왜 마라톤 선수들이 고지대에서 훈련하면 성적이 향상하는지도 몸으로 이해할 수 있었다.

답답함은 숨을 쉬는 것을 떠나서 소통으로 이어진다. 진짜 문제는 여기에 있다. 서로 표정을 읽는다는 것은 소통에서 정보의 양을 주고받는 데 엄청난 차이를 줄 수 있다. 그런데 마스크를 쓰면 겨우 눈만 보게 된다. 그러니 상대가 지금 어떤 느낌을 느끼는지 알기가 아주 어려워졌다. 그래서 사회적 물의를 일으킨 사람이 한여름에도 꼭 마스크를 쓰고 검찰 포토라인에 서는 이유가 표정을 노출하기 싫어서였구나 싶다.

무엇보다 입 모양을 보지 못하니 발음을 정확히 이해하기 어렵다. 입 모양을 '바'로 하는 화면에서 실제 소리는 '다'로 나와도 '바'라고 인식하게 되는 현상이 있다. 이를 '맥거크 효과McGurk effect'라고 한다. 뇌에서 시각이 청각을 압도하는 현상이다. 우리는 먼저 입 모양을 보고 소리를 가늠하고 들으면서 확인한다. 정보를 받아들일 때 청각보다 시각이 대부분 우선한다. 시각이 청각보다 더 멀리 있는 적을 확인하는 데 유용하기 때문에 그렇게 발전했다고 생각한다. 그런데 입 모양을 볼 수 없으니 말을 알아듣기 어려운 일이 생긴다.

　그러니 답답한 마음에 또박또박 말을 한다고 목소리가 커진다. 자칫 '이 사람이 나랑 싸우려하나?', '뭐 기분 나쁜 게 있나?' 하는 의심을 하게 되는데, 눈만 보이니 그것 역시 확인할 길이 없다.

　왜냐하면 눈은 감정을 표현하는 데 한계가 있기 때문이다. 얼굴의 각 부위는 담당하는 감정이 따로 있다. 아이 트랙킹^{eye tracking} 기법을 이용하여 표정을 읽을 때 어느 부위를 주목하는지 분석한 연구가 있다. 눈은 주로 분노, 공포, 슬픔을, 입은 즐거움과 혐오를 인식하는 데 중요했다. 마스크를 쓰고 다니면 잘 알아차릴 수 있는 감정은 화가 났거나, 무서움 같은 강한 느낌뿐이다. 그 사이에 있는 행복과 같은 좋은 기분이나, 미묘한 불편한 감정은 파악하기 어려워졌다. 그러니 중간에 상대가 만족하는지, 혹은 부담스러워하며 "쟤 왜 저래?" 하는 인상을 쓸 때 재빠르게 알아차리고 부드럽게 전환할 기회를 놓치기 쉽다. 말은 길어지고 언성은 높아지나 감정은 이미 상한 다음이기 십상이다.

　더욱이 얼굴의 어디를 유심히 보는가에는 개인차가 있다. 성격적으로 예민한 사람일수록 눈을 많이 본다고 한다. 공포와 분노를 빨리 인식해서 피하거나 맞서는 반응을 판단하려는 것이다. 동서양의 문화 차이도 있다. 표정을 읽을 때 동양인은 상대의 눈 부위에 주로 시선이 가 있고, 서양인은 입을 포함한 전체를 보고 파악했다. 문화적 차이로 동양인은 눈만으로 사람을 파악하는 데 익숙해서 감염을 막기 위해 마스크를 쓰는 데 쉽게 따랐다. 서양인들은 그러면 표정을 읽기 어려워져 심정적으로 강한 거부

감을 가졌던 것이 아닌가 한다. 비록 그걸 자유의지, 선택의 자유로 멋지게 포장했지만 말이다.[1]

최근 독일 밤베르그대학의 클라우스-크리스티안 카본 교수가 여기에 착안해서 마스크가 표정 읽기 능력에 정말 혼란을 주는지 확인해 보았다. 같은 사람의 6가지 표정을 마스크를 썼을 때와 쓰지 않았을 때를 비교해 읽게 하였다. 중립과 공포의 표정에서는 차이가 없었지만, 혐오, 분노, 슬픔, 행복의 표정에서는 마스크를 썼을 때 확연히 오답이 많았다. 마스크를 쓰고 다니는 한, 우리는 서로 뭔가 무서운 일이 일어나야 겨우 신호를 정확히 알아챌 수 있는 것이다. 풍부한 감정의 반도 제대로 읽지 못하게 된 감정맹感情盲이 된 형국이다.[2]

이런 핸디캡을 안고 소통을 한 지 어언 2년이다. 같이 밥이라도 함께 먹는 사이가 아니라면 저 사람이 어떤 사람인지 제대로 파악하기 어렵다는 걸, 핸디캡을 안고 만나고 있다는 걸 생각하고 사람을 만나는 것이 필요한 시대다.

어른들도 이런 식인데 아이들은 어떨까? 한참 말을 배우는 나이에는 하루에 익히는 단어의 수도 많고, 주변에서 들리는 말을 스펀지같이 흡수하며 언어능력을 향상한다. 이때 다른 사람의 입 모양을 보는 것, 표정 전체를 읽으면서 감정과 어울리는 단어와 맥락을 파악하는 능력을 키우는 것이 참으로 중요하다. 너무나 당연한 일인데 그걸 못하게 되니까 이제야 그게 소중한 일이었다는 걸 알게 되었다.

미국 브라운대학 소아과 연구팀은 2019년 1월부터 대유행이 시작된

2020년 7월 사이에 태어난 생후 3개월~만 3세인 아기 672명을 대상으로 인지능력 발달 평가를 했다. 이를 2011~2019년에 영유아였던 어린이들의 당시 점수와 비교했다. 이론상 영유아들의 일반적인 인지능력 발달 평가 점수 기준은 100이다. 코로나19 대유행 동안 영유아들의 점수는 2020년에는 평균 86.3, 2021년에는 평균 78.9로 떨어졌다는 게 확인되어 인지능력 발달이 어느 정도 늦어지고 있다는 것이 확인되었다.[3]

지금 어린이집을 다니고 있는 아이들이 초등학교에 입학했을 때 그 아이들보다 2~3년 위의 아이들에 비해 듣기나 말하기 능력이 어느 정도 차이가 날지 확인하고 이걸 바로잡아 주기 위한 계획이 있어야할 것이다. 나는 지금 부모에게 이렇게 말하고는 한다.

"지금 어린이집이나 유치원에서 자연스러운 언어습득에 어려움이 있어요. 그러니 집에서 마스크 벗고 지내는 시간에 아이의 얼굴을 보고 입 모양을 잘 보이게 또박또박 말하는 습관을 들이세요."

두 번째는 신뢰의 흔들림이다.

"저 사람 안전해?"

코로나19 초기에는 누군가를 만나기가 많이 꺼려졌다는 사람이 적지 않았다. 특히나 만에 하나 확진자와 만나 밀접 접촉자가 되는 순간 내가 감염되는 위험을 떠나 지난 일주일간 자신의 모든 동선이 낱낱이 무작위 대중뿐 아니라 가족에게 노출되어야 했다. 메르스 사태 이후 감염관리법의 개정으로 신용카드와 통신사 정보를 역학조사관이 얻을 수 있게 된

후 발생한 상황이다. 무슨 대단한 비밀이 있는 게 아니라 해도 상상으로도 끔찍하다. 그런데 잘 알지도 못하는 사람을 만난 것으로 그렇게 된다면?

만난 사람과 눈인사를 하고 악수하는 것은 인사의 기본이다. 지금은 서로 주먹을 맞추거나 그냥 인사만 한다. 악수의 유래에는 여러 설이 있지만, 로마 시대 카이사르가 원정을 떠난 장군들이 다른 민족을 만났을 때 손에 칼을 쥐고 있지 않다는 걸 보여준다는 의미로 오른손을 마주 잡는 악수를 시켰다는 유래가 설득력이 있다. 돌아보면 하이파이브나 간단한 허그, 비쥬(볼 키스) 등을 하는 것도 '나는 너와 싸울 생각으로 여기 온 게 아니니 안심해'라는 신뢰를 보여주는 표현이다.

이천 년 가까이 비언어적으로 해오던 악수가 금지되었다. 그리고 바이러스는 보이지 않는다. 상대가 나와 다른 제복을 입고 있어서 적국의 장수임을 눈으로 쉽게 판별할 수 있는 것과 같은 방법이 없다. 보이지 않고 같은 장소에 잠시 같이 머물렀다는 것만으로 감염이 된다. 눈앞의 사람이 분명히 안전한 사람임을 상대방도 본인도 열이 나고 검사를 해보기 전까지는 알 수 없다는 점, 그것이 코로나19가 갖는 사람과 사람 사이의 근본적 신뢰를 흔드는 요인이다.

에릭 에릭슨은 인간의 발달을 8단계로 나누면서 1세경에 처음 획득해야 하는 발달 과제를 '기본적 신뢰basic trust'로 삼았다. 아기가 울면 엄마가 젖을 주고, 기저귀를 갈아준다. 뭔가 원하는 바를 간절히 원하면 돌아오는 게 있고, 나는 안전한 공간에서 보호받고 있음 첫 일 년 동안 경험하면서 아기는 기본적 신뢰를 단단히 가질 수 있게 된다. 에릭슨은 이것을 인간

삶의 아주 확고한 기초공사로 보았다. 마치 먼저 땅을 파고 콘크리트 타설을 충분히 해야지 단단하게 높은 집을 지을 수 있듯이 말이다. 코로나19는 이 기본 과정을 흔들고 있다.

"저 사람 믿을 수 있어?"

"나는 지금 안전한 상태인가?"

이런 믿음의 흔들림은 아주 큰 불안을 만든다. 오랜 시간 너무나 당연하다고 여기던 것이 흔들리는 상황은 깊은 울림이 있는 불안을 가져온다. 4층의 창문이 하나 깨져서 흔들리는 게 아니라 기초공사를 한 지하층 콘크리트가 부실해서 건물 전체가 기울어지는 상황이 벌어지는 듯하다.

여기에 더해 시민운동 등을 통해 쟁취한 프라이버시의 영역이 코로나19란 특별한 감염 위기 상황을 맞이해서 너무나 쉽게 허물어져 버렸다. 사람들은 안전해야 한다는 생존의 본능과 자신의 소중한 프라이버시를 지켜야 하는 당위성을 망설임 없이 트레이드 오프trade-off했다. 일주일을 돌이켜서 내 행동이 다 까발려지는 일을 집단의 명령으로 거절할 수 없게 되었다.

집단 전체의 안전을 위해서라면 개인의 프라이버시는 언제든지 억압될 수 있음을 2년간 온 국민이 경험한 것은 이 상황이 끝난 다음에도 다른 방식으로 내 개인 공간이 침범당할 수 있다는 가정을 하게 만든다. 이것은 또 다른 불안과 경계의 수위를 높인다. 언제든지 누가 내 방문을 열고 들어오고, 내 가방을 뒤지고, 내가 뭘 하고 다니는지 볼 수 있는 그런 감시사회 말이다.

셋째, 기회의 상실과 보수화다.

코로나19 전까지만 해도 사회 분위기는 최대한 적극적으로 '실패할 기회를 주자'였다. 한 번 실패하면 영원히 사회에서 아웃이 되는 우리 사회의 문제를 심각히 여기며 새로운 시도를 적극적으로 지원하는 분위기였다. 스타트업 창업에 정부와 대기업의 지원이 있었고, 대기업에 입사하거나 공무원을 하기보다 창업하는 것이 낫지 않느냐는 분위기가 만들어지고 있었다. 또 실제로 그렇게 큰 성공을 얻는 청년들도 조금씩 나왔다. 한국은 좁으니 미국으로 유럽으로, 또 동남아로 나가서 기회를 잡아보자는 마음도 커지고 있었다.

그런데 코로나19로 그 분위기에 큰 타격이 왔다. 나라는 봉쇄되었고 다른 나라에 기반이 있던 사람들과 국내의 교류가 일시에 끊어져 버렸다. 오도 가도 못 하게 된 사람 역시 부지기수다. 외국과 한국 사이의 자원과 기회의 불균형을 이용해서 뭔가를 벌여보려는 사람들의 계획은 제로베이스가 되었다. 상황을 파악하기 어려우니 버티는 것의 한계가 오는 사람이 늘어나기 시작했다.

유럽에서 한국인 대상의 게스트하우스를 십 년 넘게 운영하던 분이 진료실을 찾아왔다. 2019년 겨울에 잠시 오랜만에 가족을 방문하러 왔다가 발이 묶였다. 여름 시즌의 학생 단체 숙박 등도 계획할 겸 한국에 왔는데, 어떤 계획도 할 수 없게 되었다. 몇 달만 참으면 될 줄 알았는데 여름이 되어도 가라앉을 기미가 없자 지치고 우울해지고 게스트하우스는 방치된 상태로 있다 보니 파산할 위험이 생겼다. 잠을 잘 수 없고, 불안이 치밀어서 방문한 것이었다.

　이런 사례는 중국의 한국인 커뮤니티에서 식당을 경영하다가 신년에 잠깐 가족을 만나러 귀국한 사람, 미국에서 대학을 졸업하고 현지에서 취업했다가 갑자기 해고 통보를 받고 비자가 만료되어 귀국할 수밖에 없는 청년 등과 같이 부지기수였다. 그런데 이들이 그 시기까지 해온 삶의 계획이 모두 그곳을 기반으로 하고 있었다는 것이 문제였다. 지금 다시 처음부터 인생의 틀을 다시 짤 엄두가 안 나고, 지금까지 해온 것을 모두 버릴 수도 없는 상태가 지속되고 있었다. 차라리 확실히 "다 포기하세요."라고 통보를 받았으면 조금은 편했을지 모른다.

　무엇도 계획하고 희망할 수 없다는 것은 미래를 보지 못한다는 것이고, 결국 마음은 현재와 과거를 향하게 만든다. 그런 마음은 갈수록 신중해지고 보수적인 판단을 하게 된다. 본인이 그동안 어떻게 살아왔고, 자신이 얼마나 자유롭고 열린 마음으로 세상을 살아왔다고 하더라도 주변의 분위기가 나를 움츠러들게 만든다.

　사회의 분위기가 열려 있고 팽창하고 있으면 새로운 것에 관대해진다. 낯선 것을 받아들이는 데 거부감이 적다. 모르는 사람을 만나도 쉽게 친해질 수 있고 덜 두려워한다. 하지만 감염병과 같은 위험한 상황이 지속하면 '모르는 사람에 대한 거부감'이 커질 수밖에 없다. 21세기에 공동체마다 성벽이 만들어지고 있다. 국가마다 백신 여권을 논의하고 있고, 사람들의 인식 전반과 판단의 표준이 바뀐다. 사회적 규범이 빡빡하던 사회는 훨씬 더 빡빡해진다. 어떤 잘못에 대해 더 큰 죄를 물어야 한다고 믿고, 용서

할 만한 일을 용서할 수 없다고 생각한다. 낯선 타인에 대한 경계가 커지고 내 집단과 타 집단 사이의 거리감이 그 어느 때보다 커진다. 부족주의적 심리가 강화된다. 내 편이라고 여기는 집단 안에 있어야 안전하다고 여긴다.

타인의 고통과 어려움을 내 관점에서 느끼는 공감마저도 선택적으로 작동한다. 공감은 타고난 본성의 하나지만, 본성의 작동은 선택적이다. 내가 몰리거나 힘들면 덜 작동하고, 내 편이라고 여기는 대상에 대해서는 적극적으로, 그렇지 않다고 여기는 대상에 대해서는 소극적으로 작동하거나 때에 따라서는 차단하기도 한다. 공감은 나와 함께 지내는 이들의 고통을 내 것인 양 느껴 위험에 대처하기 위해 발달한 능력이다. 나 하나 건사하기 힘든 시기라면 타인의 아픔을 내가 느끼는 것은 사치다. 가족이나 내 편부터 지키는 게 우선이다. 코로나19로 인한 상황이 길어지면서 사회가 각박해지는 이유 중 하나다.

넷째, 불확실성과 편차가 증가하고 있다.

2020년 초에는 몇 달만 버티면 되리라 생각했다. 마치 메르스 때처럼. 적극적 방역으로 희망이 보였다. 하지만 2020년 8월 이후 2차 유행이 왔다. 생각보다 빨리 겨울부터 미국이 백신을 접종하기 시작했고 한국은 한때 도입 일정 자체도 불투명했다. 2021년 봄 드디어 백신 접종을 시작했고 7월부터 가장 강력한 4단계 거리두기를 푼다고 오랜만에 얼굴 좀 보자고 약속을 잡는데, 웬걸 신규 확진자 2천 명이 넘는 대유행이 왔다.

흔히 2주 살이 인생이라고들 한다. 2주 단위로 방역 당국이 발표하는 조치에 따라 라이프스타일이 규정된다. 2주 후를 예상하기 어렵다. 스트레스와 연관된 두 개의 요소가 예측 가능성과 조절 가능성이다. 해오던 대로 앞날을 예측하는 게 불가능하고 정부에 의해 기준이 정해지고, 그 주기도 2주로 매우 짧다. 그렇다고 내 마음대로 조절할 수 있는 범위는 넓지 않다. (직업에 따라 다르겠지만) 이런 상황이 장기화하면 스트레스가 일정 수준 이상으로 올라간 채 마음의 에너지가 빨리 소모되는 사람들이 등장할 위험이 높다.

스트레스란 한 개체가 상황의 변화에 적응해서 생존하기 위해 자기 안의 에너지를 동원하기 위해 작동하는 시스템 일반이다. 자동차에 엑셀을 밟는 행동에 비유할 수 있다. 엑셀을 밟으면 속도가 나고 위험 상황에서 벗어나거나 적을 추격할 수 있다. 그런데 문제는 들어오는 에너지 대비 소모량이 많으면 차가 서버린다는 것, 더 나아가 짧은 시간에 급가속 급제동을 반복하면 내구성이 떨어지게 된다는 것이다.

자살 시도가 증가한다. 소방청 자료에 따르면 2021년 상반기 자살 시도에 따른 출동건수는 1만 294건으로 2019년 대비 19%, 2020년 대비 15%가 증가했다. 자살 관련 핫라인을 운영하는 김현수 서울시 자살예방센터장은 "최근 40~50대 자영업자, 20~30대 구직 청년, 20~40대 여성을 중심으로 상담 요청이 많아졌다."라고 인터뷰에서 대답했다.[4] 이렇게 극단적 선택을 하는 사람도 증가한다. 거리두기와 영업시간 제한이 장기화되면서 자영업자들, 20~30대 여성 등 취약한 곳부터 삐걱거리는 파열음이 커진다.

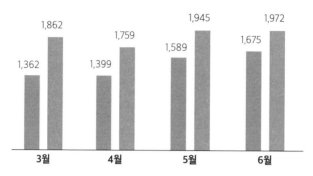

극단적 선택 추정 구조출동 건수 (단위: 건)

코로나19로 인한 경제적 위기를 타개하기 위해 세계적으로 재난지원금을 포함한 많은 재화를 사회에 투여했다. 한국도 예외는 아니었다. 코로나19가 장기화되면서 후유증이 발생하기 시작했다. 재정 투여와 유동성 증가에도 불구하고 삶이 회복하기 어려운 나락으로 빠질 정도로 힘들어진 사람이 늘어났다.

다른 한편에서는 정반대의 일이 벌어졌다. 유동성 증가뿐 아니라 여러 요인이 겹치면서 비트코인, 주식, 부동산 등 재화의 가격이 폭등한 지역이 발생했고 지난 시기에는 기대하기 힘들었던 큰 수익을 올린 사람이 많아졌다. 세칭 '벼락거지'와 '벼락부자'가 내 주변에 보이기 시작한 것이다. 버트런드 러셀이 "거지가 질투하는 대상은 백만장자가 아니다. 자기보다 조금 더 형편이 나은 다른 거지다."라고 냉소적으로 얘기했듯이 내 옆자리 사람의 형편이 달라지는 현상이 벌어지는 것은 얼굴 볼 일 없는 재벌 3세나 연예인이 무슨 차를 타고 다니고 한강이 보이는 럭셔리한 곳에서 사는 것과는 다른 감정을 일으켰다.

이는 강한 질투와 자책, 사회 시스템에 대한 분노로 이어진다. 누군가는 위기가 일생의 기회가 되었고, 누구는 나락으로 떨어져 회복 불능의 대미지를 얻었다. 사회 전체로 바람직하지 않지만, 변화의 시기가 짧고 주식, 비트코인, 부동산은 사업으로 돈을 버는 것과 달리 내 옆자리 동료, 옆집 친구와 같이 매일 보는 사람에게도 언제든지 일어날 수 있는 것이라 개인에게 주는 비교로 인한 임팩트는 훨씬 컸다. 이게 일생의 단 한 번의 기회로 보인다면 더욱 더.

집단이냐 개인이냐, 불안은 방향타를 튼다

소통이 어렵고 신뢰가 흔들리며 기회가 줄어들고 불확실성과 유동성은 증가하는 코로나19 시기는 전체적으로 불안을 증가시켰다. 그리고 그 불안을 어떻게든 줄이려고 애를 쓰게 된다.

'나'라는 존재를 하나의 컵이라고 상상해보자. 평소에 50% 정도 물이 차 있으면 일상의 스트레스가 20% 정도 오가는 것으로는 컵이 넘치지 않는다. 그런데 코로나19로 발생한 문제들이 일시적인 게 아니라 그 컵 안에 담고 가야 할 얼음덩어리라고 해보자. 사람마다 다르겠지만 못해도 한두 개의 얼음이 나라는 존재의 컵 안에 언제나 담겨 있게 되었다. 컵의 기본 수위가 올라간다. 이제 하루의 시작이 50%가 아니라 70%에서 시작한다. 이전과 변함없는 20% 정도 수준의 스트레스가 오면 전과 달리 90% 언저리로 느끼고 아슬아슬하게 느끼는 일이 잦아진다. 게다가 이 얼음은 시간이 지나거나 며칠 쉰다고 줄어들거나 녹지 않는다. 이전에 해왔던 방식으로 컵의 수위를 낮추려 해보지만 쉽지 않은 이유다. 자주 찰랑거리고 넘쳐버린다. 짜증이 나고, 거슬리는 일이 늘어나고, 예민해진다. 전 같으면 그냥 넘어갈 일에 화를 내고, 참지 못하겠고 다 그만두고 싶어지는 일이 잦아진다. 마음의 유동성과 긴장의 수위가 증가하는 것이다.

2020년 초반에는 코로나19가 영향을 줘서 진료실을 찾아오는 사람은 거의 없었다. 그러다가 2020년 말과 2021년에는 아무래도 영향을 받아서 오는 이들이 늘어나기 시작했다. 길을 가다 큰 사거리나 지하철역 주변을 둘러보기 바란다. 전에는 보이지 않던 정신건강의학과 간판이 눈에 들어올 것이다.

불안과 예민함이 증가한 개인은 그 수위를 낮추기 위해 두 방향을 선택하게 된다. 하나는 큰 집단에 소속되어 느끼는 안전함과 상대적으로 '나 하나는 약해도 우리는 강해'를 경험하고 싶어 하는 것이다. 다른 하나는 더욱더 개인으로 들어가는 것이다. '일단 내가 살고 봐야 할 일이다'라고 판단하고 이기적으로 되거나 동굴에 들어가듯 사회적 관계망에서 멀어진다. 나는 2020년에서 2021년으로 넘어가면서 우리 사회에 살아가는 사람들의 심리가 이 두 방향의 벡터로 전환되는 것을 관찰했다. 그 맥락 위에서 여러 현상이 한 줄로 선명하게 보이기 시작한다.

동물의 왕국을 보다 보면 평화롭게 풀을 뜯어 먹던 가젤이나 영양이 갑자기 한 방향으로 우르르 냅다 뛰는 장면이 꼭 나온다. 일단 몇 마리가 뛰기 시작하면 코를 박고 있던 동물들도 따라서 뛰기 시작한다. 카메라가 앵글을 바꾸면 저 멀리 사자가 달려오는 것이 보인다.

이처럼 잘 모를 때는 집단의 행동을 따르는 게 안전한 선택이다. 처음 가는 동네에서 길을 잃었다 싶을 때 사람들이 많이 다니는 길을 따라가면 지하철역이 나오는 것도 비슷한 맥락이다. 상황이 낯설거나 불안해지거나 불확실하다고 여겨지면 남들은 어떻게 하는지 관찰하고 그걸 따라하는 게 안전하다. 본능적으로 내재한 장치다.

코로나19로 불안지수가 상승하면서 사람들의 집단에 속하려는 마음은 한층 강해졌다. 사실 지난 10년간 한국사회의 변화는 반대 방향이 아니었나 싶다. 한국을 포함한 동양문화가 에드워드 홀^{Edward Hall}의 표현으로 보면 고맥락 사회에 속한다는 것은 널리 알려져 있다. 개인보다 집단 속의 조화를 더 중요하게 여긴다. 이에 반해 서양은 저맥락 사회로 서로 덜 엮여 있고 독립적으로 자유로운 행위와 개인의 책임을 중요하게 본다.

우리 사회는 이 두 가지가 섞여 있는데, 고맥락 사회적으로 서로에 대해 간섭하고 관심을 두고, 튀지 않기를 바라고 집단에 어울리도록 강요하는 문화에 질려 있었다. 그래서 쿨함을 선호하고 개인의 개성을 존중하고, 마이너도 취향이자 선택으로 인정하려는 의도적 노력이 사회적 지지를 조금씩 얻고 있었다. 그런데 이런 변화들이 코로나19로 인한 감염의 공포, 방역의 필요성 등으로 인해 집단으로 다시 움츠러들면서 유턴하게 되었다. 개인적으로 리버럴한 성정을 가진 사람으로서 이런 변화의 징후가 안타깝다. 이와 관련된 몇 개의 사건을 떠올려보자.

먼저 2021년 2월 배구계의 스타 선수였던 이재영-이다영 선수의 과거 학교폭력사건이 시작되었다. 처음 시작은 같은 팀의 대선배 김연경 선수와 보이지 않는 다툼으로 알려졌는데, 초등학교, 중학교 때부터 선수 출신 부모의 후광을 입은 두 선수가 학교 친구이자 동료 선수 여럿을 상시로 괴롭혔다는 폭로가 나왔다. 7년이 지난 시점에 왜 이 폭행 사건이 수면 위로 올라왔는지 들춰보면 이 사건이 사람들의 어떤 감정선을 건드렸는지 알 수 있다.

당시 이다영 선수의 개인 SNS에 '괴롭히는 사람은 재미있을지 몰라도 괴롭힘당하는 사람은 죽고 싶다'와 같은 글이 올라왔고 이게 김연경 선수를 지목한다는 소문이 돌았다. 자신을 피해자로 자처한 것인데, 막상 실제 학교폭력 피해자들이 볼 때 잊으려고 애써온 과거의 감정적 기억이 확 떠오를 만한 사건이었다.

이전 세대보다 학교폭력위원회 등이 기능하면서 학교 안에서 보이지 않는 은근한 폭력과 가혹행위가 많아졌다고 한다. 분명한 폭력이면 증거라도 있을 텐데 그러지 않은 은밀하면서 더 잔혹한 언어폭력이나 따돌림을 당한 사람이 많다. 여기에 SNS와 인터넷의 발달로 그들을 피해서 전학을 가더라도 언제든지 마음만 먹으면 가해자들이 찾아내서 따라오게 되었다. 그래서 그저 조용히 피해 사실을 마음 안에 묻은 채 사는 게 최선이라는 생각을 하면서 사는 사람도 많다. 그래서 감정을 고이 묻고 살아가고 있었는데, 쌍둥이 자매가 가해자이면서 피해자로 둔갑하는 모습을 보고 사람들의 감정선이 폭발한 것이다.

이와 같은 사건은 과거보다 강력한 화력을 발휘했다. 스포츠계에서 잇달아 과거의 학원 폭력에 대한 폭로가 나오고, 청와대 청원이 등장하더니 결국 두 선수는 배구계에서 퇴출당하였다. 이런 일련의 사건이 짧은 시간에 우리 사회 전체를 뒤덮은 것은 코로나19로 집단심리가 강화된 데다 모두가 한 번쯤은 겪었을 수 있는 학창 시절 친구들로부터 받은 여러 가지 부정적 감정기억의 자극이 휘발유를 부었기 때문이다.

두 번째는 2021년 4월 25일 반포한강공원에서 친구와 술을 마시다 실종된 후 5일 만에 발견된 의대생 사망 사건이다. 반년의 시간이 지나 이렇게 한 줄로 정리하고 나면 명료한 사건인데 꽤 오랫동안 전 국민의 큰 관심사가 되었다. 수사본부가 차려지고, CCTV를 분석하고 술을 마신 친구의 기억과 행적을 놓고 풀리지 않는 의문이 점점 커졌다. 사망한 학생의 아버지가 초동수사의 부실과 여러 가지 의혹을 제시하면서 사람들은 공감하며 직접 추리하고 여러 가지 팩트를 재조합해서 논리를 제공했다. 마치 온 국민이 이 사건을 놓고 추리소설의 시놉시스를 짜 맞춰가는 것 같았다.

'방구석 코난'이라는 말이 나올 정도였다.

여기에도 집단심리의 힘이 매우 강하게 발현했다. 장래가 촉망받는 의대생에 엄청난 경쟁을 뚫고 좋은 학교에 다니고 있어서 부모의 망연자실한 마음에 내 일인 양 공감하는 사람이 많았다. 시리아나 아프가니스탄 난민, 비슷한 시기에 작업 현장에서 사망한 노동자 청년의 이야기보다 말이다.

그리고 경찰 수사에 대한 오래된 불신이 이 사건에서 기름 역할을 했다. "너희가 제대로 못할 게 분명하니 우리가 나설게."라는 사람들이 등장한다. 경찰의 공식 수사보다 인터넷과 유튜브로 생중계되는 짜깁기 정황들이 더 큰 신뢰를 얻고 그 방향으로 대중의 직관은 움직였다. 이건 아마도 세월호 사건부터 시작해서 몇 년에 걸쳐 이어진 것인지도 모른다.

비대면과 거리두기가 일상화된 시기에는 인터넷이 관계를 대신하고, 검색이 정보의 주요한 소스가 된다. 코로나19 이전에는 어떤 사건이 생기면 사람들을 만나 일상적 대화를 하면서 여러 다양한 의견을 들을 수 있었다. 자기 생각과 다른 여러 관점을 들어보고 판단의 방향을 틀 기회가 충분했다. 코로나19 이후 비대면과 방콕 생활이 1년 이상 지속하면서 만날 수 있는 사람은 아주 가까운 사람을 중심으로 극도로 제한되었다. 마스크를 쓰고 만나니 평소 마음이 잘 맞는 안전하고 가까운 사람들만 만난다.

생각의 폭이 넓어지고 다양한 관점을 열린 마음으로 듣는 것은 느슨한 관계의 사람을 만날 기회에서 온다. 그 기회를 잃은 것은 한 번 마음 안에 든 판단이 수정될 기회를 앗아갔다. 인공지능과 검색 알고리즘의 발달은 '내가 한 번 찾은 것을 다시 보게 하고', '내 취향이라고 여겨지는 것만 보게' 유도한다. 필터 버블filter bubble이 발생하는데, 코로나19로 정보의 취득 원이 인터넷 검색으로 더욱 제한되면서 이런 경향성은 강화되었다. 최근 연구에 따르면 인터넷에서 검색해서 얻은 정보를 더욱 신뢰하고 자신이 많이 알고 있다는 자기인식을 하게 만든다.[5]

미국 예일대학의 심리학자 매튜 피셔Mathew Fisher 등은 두 그룹을 나눠서 '지퍼는 어떻게 작동하는가'에 대해서 설명해 보라고 하면서 한 그룹은 인터넷 검색을 허용하고 다른 그룹은 허용하지 않았다. 이후 이 일과 무관한 다른 일에 관해 질문하면서 그 사안에 대해서 자신이 얼마나 잘 알고 있는지 자평하도록 했다. 인터넷 검색을 허용했던 집단이 이전에 검색했던 것과 무관한 질문에 대해서도 자신이 답을 알아내는 능력이 높다고 자평했다. 손에 쥔 스마트폰과 검색 능력은 지구 전체의 지식이 나의 뇌와 싱크가 되어있다고 여기게 한 것이다. 그러면서 검색을 할 수 있으면 자기 능력도 그만큼 강력하다고 인식하게 된다. 이런 토양이 코로나19로 한층 강력하게 작동하였다. 필터 버블 속에서 '내가 보고 싶은 것만 이야기하는 사람들의 글과 동영상'만 꾸준히 보다 보면 애매함은 자연스레 당연함과 확실함으로, 개인의 소신이 아닌 집단의 당위로 확대·재생산되어 어느새 멈추기 어려운 폭주기관차와 같이 달려가는 관성을 얻게 되었다. 방구석 코난은 이렇게 탄생했다.

이처럼 코로나19 상황이 장기화하면서 집단심리가 힘을 얻기 쉬워졌다. 여기에 숨겨진 맥락은 집단에 속한 개인이 가진 어떤 감정선들을 건드리는 것이 뇌관에 불을 붙이는 일이 되었다는 점이다. 올해의 키워드 중 하나인 "혼쭐낸다/돈쭐낸다"라는 말도 작은 일상의 사건이 사람들의 감정을 터치하면서 순간 확 며칠 동안에 강한 집단 반응을 불러일으키는 현상들이었다. 힘들게 사는 아이에게 치킨을 무료로 준 사장, 아프가니스탄 난민을 받아준 진천군을 돈쭐 내준 사람들이 정말로 평소에도 소신껏 사람들을 돕고, 난민에게 진심으로 실천적 행동을 할 수 있을까?

무엇보다 확실한 것은 개인은 약하지만 집단 안에 소속되어 있다고 느껴지면 그 집단의 크기가 큰 만큼 나의 자아도 그만큼 커진다고 인식한다는 점이다. 바운더리가 크고 넓은 공간을 가진 집단일수록 나는 그 안에서 안전할 수 있다. 보이지 않는 위험이 가득한 코로나19 시기에 한 개인의 선택은 소속된 집단으로의 회귀일 수밖에 없다. 배는 폭풍이 몰아치면 항구로 귀항한다.

집단 안에서 나는 어디쯤이지?

집단 안으로 들어와 안식을 찾는 사람들은 숨을 고르고 난 다음 둘러본다.

'나는 이 집단에서 어디쯤이지?'

집단의 경계쯤으로 밀려나 있다면 그 밖으로 튕겨 나갈 위험이 있다. 그 순간 외집단으로 분류되고 나의 생존 가능성은 급격히 낮아진다. 고대 그리스 시대부터 공동체에서 추방하는 것은 최고의 형벌이었다. 특히 집단의 균질성이 강한 단군의 자손들이라 믿는 한국 민족은 집단 안에서 내가 어디인지 궁금해하는 경향이 강하다. 그걸 깨는 것이 개인의 다양성과 취향의 존중, 나만의 삶을 인정하는 규범의 확장인데 코로나19는 그런 배부른 생각을 할 때가 아니라고 과거로 회귀시킨다.

내가 어디에 있는지 아는 것은 더욱 중요하고, 자연스럽게 순위를 매기는 것에 익숙하다. SKY서성한중경외시, 대기업의 순위를 매기고, 아파트의 브랜드뿐 아니라 촘촘하게 층과 방향에 따라 가격이 일렬로 줄을 선다. 병원도 큰 병에 걸리면 4시간 걸려 가서 5분 진료를 하더라도 빅5에 가야만 자식 된 도리로 여긴다. 5개 병원에 들지 못한 안타까운 6위들은 그 서열을 뚫지 못해 힘들어한다. 이런 줄 세우기에 매우 익숙하다. 대학생들 게시판에 들어가면 치열하게 각 대학 훌리건들이 배틀을 벌이고, 부동산 카페에서는 "압구정동보다 반포가 더 좋지 않나요?"라는 글에 "개포가 곧 뒤집습니다."라는 도발로 맞서는 일이 비일비재하다.

어느새 머릿속은 내 주변의 모든 것이 줄 서 있는 것을 발견한다. 그 사다리에서 나는 어디에 있는지 갈수록 첨예해진다. 내가 어느 집단에 있는지 확인하고 싶어진다. 그래야 그다음 추구할 목표가 생기니까.

그런데 문제는 '내가 생각하는 나'와 '상대가 냉정하게 평가하는 나' 사이의 차이를 확인하게 될 때다.

포털사이트의 부동산 카페의 인기 게시글은 꽤 재미있다. 가장 핫한 주제를 다루는 곳이라 부동산이 아니라도 관심의 풍향계 역할을 한다. 여기는 가식적으로 숨기지 않고 드러내는 욕망의 최전선이다. 2020년부터 2021년 사이의 큰 트렌드의 변화는 욕망을 숨기지 않고 겸손은 다용도실 구석에 처박아두는 것이다.

날것의 감정을 볼 수 있는 이곳의 글을 즐겨 읽는데, 이런 글을 보았다.

"30대 중반, 아이 둘이 있고 맞벌이로 세후 1억 원을 법니다. 빚 얼마에 서울 어디에 몇억 시세 아파트 한 채와 상가에서 월세가 들어옵니다. 이 정도면 어떤가요? 평가 부탁합니다."

이미 충분히 잘 지내는 게 분명해 보인다. 그런데도 평가를 원한다. 차라리 조용히 PB를 찾아가면 될 일 같은데 왜 오픈 게시판에 글을 올리는 것일까? 이건 위에 언급한 맥락에서도 반복된다. 입시 관련 사이트엔 "내신 1.4등급에 5월 모평 113입니다. 00대 지원 가능할까요?" 같은 글이 보이고, 대학생 게시판에는 취업 준비한 내용을 올리며 스펙 평가를 부탁하고, 미혼 청년은 수입과 직업 및 자산을 공개하며 결혼 적절성을 묻는다. 나이 들어서는 은퇴 준비가 괜찮으냐며 자산 수준을 평가해 달라 원한다.

집단 안에서 내가 어느 수준인지를 전문가가 아닌 대중으로부터 직관적 평가를 받기를 원하는 것이다. 그게 제일 안심이 된다. "당신 지금 잘하고 있어요."라는 말을 들어야 잠시나마 마음이 놓인다. 세상이 복잡해질수록 한 가지 잣대로만 평가하기 어렵다는 걸 알게 되면서 더욱 머리가 복잡해진다.

처음 시작은 이 정도면 내가 안전한 상태인가를 확인하는 것이었다.

이건 코로나19와 같은 위기 상황에는 유용할 수 있다. 그렇지만 어느 순간부터는 기준을 에스컬레이팅 한다. 칭찬받고 싶다는 욕구가 엄어지면서 대놓고 물어보는 사람들은 평균 이상일 때가 더 많아진다. 그리고 사람들의 마음 안에서 어느 순간부터 평균에 대한 마음의 기준점이 이에 따라 올라가 버린다. "와 성공했네요. 부러워요."라는 말을 들을 가능성을 90%로 높이기 위해서는 50%로는 부족한 것이다. 문제는 그 순간 타인의 성취를 보고 나면 내 것이 보잘것없어져 버린다. 나름 만족하며 살던 사람도 겁이 덜컥 난다.

우리는 '내가 그래도 평균보다는 잘해.'라고 믿으면서 살아가는 '평균 이상 효과 above average effect'가 작동하는 세상에 있는데 그 평균이 너무 올라가면 그게 작동하기 어려워진다. 이 정도면 됐다고 만족하거나 멈추지 못하고 끊임없이 애타게 달려야 한다고 나를 재촉하게 된다.

사회적 팩트폭격을 해버린 근래의 사건이 2차 재난지원금이었다. 상위 12%를 제외한 국민 88%에게 지원금을 지급하기로 했다. 왜 거기서 잘랐는지 누구도 설명할 수 없지만, 지급이 시작된 후 SNS에 인기를 끈 사진이 있었다. 광고 카피를 패러디한 내용이었다. 고급자동차 앞에서 오랜만에 만난 친구가 "요즘 어떻게 지내는가?"라고 묻자 "재난지원금 대상이 아니라고 대답했습니다."라고 말하는 내용이었다. 12%에 속한 사람도 88%에 속한 사람도 마음이 썩 편치 않다는 징후는 그 외에도 많다.

집단 안에서 나를 바라보는 두 번째 문제는 공정함에 대해 예민해지고 불평등에 대한 혐오가 강해지는 것이다.

'최후통첩'이란 게임이 있다. A에게 10만 원을 주며 B에게 얼마나 나눠 줄지 제안하라고 한다. A의 제안을 B가 받아들이면 그대로 나눠 갖고, 거절하면 둘 다 한 푼도 갖지 못한다. 단돈 1만 원이라도 공돈이 생기니 무조건 제안을 수락하는 게 이성적 판단이나, 막상 현실의 결과는 달랐다. 5만 원씩 나눠 갖자고 제안할 때 수락률이 제일 높았고 2만 원을 제안하는 순간 거절률이 50%로 증가한다. 아무리 공돈이라도 공평하지 않다면 둘 다 못 받는 게 낫다고 판단한 것이다.

2003년 프린스턴대학 연구팀이 이때 뇌의 변화를 사이언스에 발표했다. 불공평한 제안을 받은 사람의 뇌 앞섬엽이 활성화됐다.[6] 고통, 분노, 혐오와 같은 부정적 감정이 생겼다는 의미다. 이와 동시에 결정 과정에 인지적 노력을 반영하는 배외측전전두엽이 함께 활성화됐다. 이곳은 부당한 제안을 거절하거나 수락했을 때 모두 강하게 반응했다. 어떤 방향이든 부정적 감정이 생기고 나면 억제하거나 따르거나 어느 쪽이건 결정하는 데 힘이 들었음을 반영한다.

한마디로 "너는 내게 모멸감을 줬어."라는 느낌이 드는 상황이 오면 불편한 감정적 반응이 뇌에서 솟구치는데, 이걸 억제하는 데 많은 에너지가 들고, 대부분 감정에 따라 손해를 보더라도 거절하게 된다. 우리 뇌는 남보다 잘나기를 욕망하는 것에 앞서서 최소한 불평등한 것은 막아야겠다는 원칙이 우선권을 갖도록 본능적으로 세팅돼 있다.

그렇기에 12%로 정한 것은 또 다른 논란을 일으키고 어느 쪽이건 부정적 감정을 만든다. 특히나 우리나라는 평등을 중요하게 여기는 나라다.

왕후장상의 씨가 따로 없다. 박해천 교수는 한국이 아파트 공화국이 된 이유를 재미있게 설명한다.[7] 세칭 국민주택 평수인 84제곱미터짜리 아파트의 구조는 어디든 거의 똑같다. 방 3개에 화장실 2개, 평면도도 유사하고 실내의 가전제품도 비슷하다. 내가 서울 강남에 살던, 여수에 살던 아파트 안에 있는 동안만큼은 똑같은 구조를 보면서 산다. 그 안에 있는 동안만큼은 모두가 평등하다. 부동산 앱을 켜고 호가를 확인하고, 아파트 밖을 나와서 주변을 둘러보기 전까지는 말이다. 이 안에 사는 동안만큼은 마음은 너나 나나 평등하다. 그래서 아파트를 그토록 선호한다는 것이다. 이런 평등에 대한 강한 애착은 코로나19로 더욱 강해진다. 바이러스는 차별하지 않고 공평하게 감염되니까.

집단 안에서 나의 위치에 대한 확인 욕구가 강해지고, 이와 동시에 비교가 일상화되고 줄을 세우는 것이 선명해질수록 역으로 불안은 강화된다. 나에 대한 확인이 사회에 의해 강제로 일어나면서 불평등이라고 여길 부분을 확인하는 것은 더욱 집단과 개인 사이에서 나는 어떤 행동을 해야 할지 중요할 결정을 하도록 내몬다. 집단 안에서 기를 쓰고 더 위로 올라갈 것인지, 아니면 집단으로부터 과감히 탈출할 것인지.

개인의 선택은?

역사를 돌이켜보면 세상이 혼란스러워지면 사람들은 자신의 나약함을 강하게 실감한다. 페스트와 같은 역병, 십자군 전쟁이나 세계대전과 같은 오래 지속하는 전쟁과 같은 상황이 지나거나 그 중간에 있을 때 사람들은 두 가지 선택을 한다. 하나는 종교에 의지하는 것이고 다른 하나는 강력한 지도자를 원하는 것이다. 코로나19가 한복판에 있는 현재 이 두 선택 중 하나만 작동하고 있는 것 같다.

2020년 초부터 거리두기가 강력히 시행되면서 종교행사는 대부분 비대면으로 전환되도록 강제되었고 많은 종교시설이 문을 닫았다. 만일 종교에 대한 의존이 강해진다면 이에 대한 반발이 거세지거나, 온라인 종교행사가 매우 활발해져야 할 것이다. 그런데 2021년 5월에 발표된 갤럽의 〈한국인의 종교 1984~2021〉에 따르면 한국 성인의 종교인 비율은 반등하지 않고 2004년의 54%에서 2021년 40%로 감소 추세가 지속하였다.[8] 특히 20~30대의 탈종교가 가속화된 것이 특징이었다. 2004년에는 20대의 45%가 종교를 믿었지만, 2014년 31%, 2021년에는 22%에 불과했다. 30대의 종교인 비율도 2004년 49%에서 2021년 30%로 감소했다. 이에 반해 60대 이상은 2014년 68%에서 2021년에서 59%로 소폭 감소했으나 여전히 과반수가 종교를 갖고 있었다. 최소한 코로나19란 위기 상황에서 한국의 2030에게 종교는 믿을만한 방법이 아니었다.

2022년 대선을 앞두고 각 당의 대선 주자들의 경선이 2021년을 관통하고 있다. 유력한 후보로 꼽히는 이재명, 윤석열, 홍준표 등은 모두 다른 후보들과 비교할 때 강력한 리더십을 주 무기로 대중들의 인기를 얻고 있다. 이런 면은 혼란기에 방향을 잡지 못해 괴로움을 경험하는 대중이 이럴 때 더욱 이를 돌파해 줄 리더를 바라고 있음을 반영한 추세라 생각한다. 비록 합리적이지 않고, 다소 비민주적일 수 있으며, 집단의 힘으로 개인의 자유가 제한될 수 있지만 말이다.

정치에 대한 기대가 이러하지만, 종교에 대한 기대는 훨씬 적어졌다. 그렇다면 그 자리를 개인의 마음 안에서 대신 차지한 것은 무엇일까? 그건 '돈'이었다. 지금까지 우리나라의 문화적 규범은 사농공상의 순서가 말해주듯 돈을 추구하는 것, 돈을 버는 것에 대해 대놓고 말하는 것을 삼가는 분위기였다. 그런 사람에게 '충拙'을 붙이기 일쑤고, 천박하다, 교양 없다는 평을 하기도 하였다.

그런 분위기가 2020년도부터 2021년을 넘어오면서 확연히 바뀐 것이 보였다. 사람들은 열심히 재테크를 공부해서 부동산 투자를 하고, 비트코인이나 주식에 투자하는 것이 옳고 뒤처지면 안 된다고 불안해하기 시작했다. 누가 얼마를 벌었다고 인증샷이나 후기를 올리면 수백 개의 댓글이 달린다.

이게 일부 커뮤니티의 일만이 아니라는 증거는 2020년도 베스트셀러 트렌드에서 나온다. 문학, 인문서나 에세이가 주로 있던 베스트셀러 목록에 재테크 관련 서적이 대부분을 차지하는 기현상이 벌어졌다. 예스24

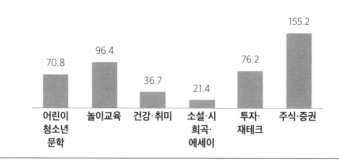

2020년 상반기 예스24 도서 판매 증감율 (단위: %, 전년대비)

의 발표에 따르면, "도서 분야에도 이러한 트렌드가 반영되어 투자/재테크 도서 판매량이 전년 동기 대비 118.2% 급증했으며, 특히 주식/증권 분야 도서 판매량은 202.1%로 크게 성장했다."라고 한다.[9] 2019년에 -4.2%와 -9.4%의 감소를 보인 것에 비해 확연한 변화다. 교보문고에서 발표한 자료에서도 베스트셀러 전체 1위가 《더 해빙》(이서윤 지음, 수오서재), 2위는 《돈의 속성》(김승호 지음, 스노우폭스북스)이다. 재테크와 관련한 책은 6위 《존리의 부자되기 습관》(존리 지음, 지식노마드), 7위 《주식투자 무작정 따라하기》(윤재수 지음, 길벗) 등 상위에 다수 올랐다. 《더 해빙》을 제외하고도 경제경영 분야 서적의 판매량은 지난해보다 27.6% 늘어났다.[10]

이런 추세가 아마도 2021년도의 2030의 영끌, 아파트나 빌라 패닉

삼성전자 소액주주 증감추이

직접지원	소액주주(명)	증감율	보유주식	주식비중
2019년 3월 31일	69만 4068명	-8.84%	37억 3631만 941주	62.59%
2019년 6월 30일	68만 9802명	-0.61%	37억 2078만 8724주	62.23%
2019년 9월 30일	60만 6447명	-12.08%	36억 4095만 7839주	60.99%
2019년 12월 31일	56만 8313명	-6.29%	37억 286만 49주	62.03%
2020년 3월 31일	136만 4972명	140.18%	37억 5502만 3147주	62.90%
2020년 6월 30일	145만 4373명	6.55%	36억 8962만 7649주	61.81%

출처: 전자공시시스템(DART) 증감율: 전분기 대비 기준

바잉, 외국인과 기관이 팔아도 동학개미가 주식을 받쳐낸 현상이라 볼 수 있다. 가장 대표적인 주식, 삼성전자를 보자. 한국이 망하지 않는 한 성장할 주식이라 믿는 사람이 많다. 삼성전자의 주식을 1주 이상 갖고 있는 사람 수의 추이를 보면 2020년 12월 결산기준 295만 8,682명이다. 2019년의 61만 274명에서 1년 만에 235만 명이나 급증했다. 이 추이는 더욱 폭발적으로 이어져서 2021년도 2분기 말 기준 보통주와 우선주 주주를 합한 삼성전자 주주는 총 575만 명에 달하는 것으로 알려져 있다.[11] 한국인 10명 중 1명 이상이 삼성전자 주식을 1주는 갖고 있는 것이다. 이 불확실한 시대에 신도 믿기 힘들 때 유일하게 믿을만한 것은 돈이라고 여기고 있는 게 아닐까. 종교의 자리를 돈이 대신한 것이다.

돈과 함께 개인의 안전을 지켜주는 것은 사회적 지위다. 사회적 지위

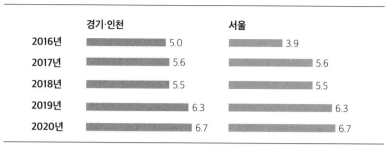

4년제 대학 신입생 자퇴율 (단위: %)

	경기·인천	서울
2016년	5.0	3.9
2017년	5.6	5.6
2018년	5.5	5.5
2019년	6.3	6.3
2020년	6.7	6.7

출처: 대학정보공시 (2020년)

는 학력과 동반한다. 사회의 불평등이 전반적으로 개선되기 어렵다면 일단 나부터라도 능력이 된다면 사다리의 윗자리로 올라가 있는 게 안전한 선택이다. 비록 그 투자의 효율성이 많이 떨어지고 기회비용이 크며, 시간이 많이 든다 하더라도 시도해볼 가치가 있다고 여긴다.

2021년 9월 매일경제가 전국 4년제 대학의 학년도별 신입생 자퇴 현황(2010~2020년)을 분석한 결과를 보도했다.[12] 2020년 188개 대학의 신입생 자퇴율은 5.9%로, 10년 전(3.3%)보다 2.6%포인트 증가했다. 서울 소재 39개 대학으로 좁히면 신입생 자퇴율은 2010학년도 2.9%에서 2020학년도 7.1%로 전국 평균보다 올라간다. 세칭 최상위권 대학도 예외가 아니라는 것이다. 서울대는 3.5%로 적지만, 연세대 5.4%, 고려대 6.2%이고 서강대가 11%, 성균관대 9.1%였다. 들어가기 그렇게 어렵다는 의대도 지방사

립대의 경우 10% 내외로 높았다. 학교가 마음에 안 들어서 자퇴한 것이 아니다. 서울 상위권 대학이나 의대에 다니는 학생들은 자신이 원하는 더 상급의 대학으로 진학에 성공해서 자퇴하게 된 것으로 분석하고 있다. 지방대학은 서울 소재 대학으로, 서울 소재 중위권 대학에서는 상위권으로, 거기서는 또 최상위권으로, 지방의대는 서울·경기의 의대로 다시 시험을 쳐서라도 들어가려는 욕구가 강했다. 이는 통계로 두드러지게 나타났다.

2020년에 시작된 전면 비대면 수업으로 캠퍼스의 낭만은 완전히 사라졌다. 동아리 활동도, 축제도 없었다. 대신 1학년들은 온라인 수업을 틀어놓고 옆에는 수능 문제집을 풀 수 있어서 재수가 훨씬 용이했다고 한다. 이처럼 학력 사다리는 존재하고 있고, 사다리를 한 단계라도 더 올라가기 위해 인생의 1년을 사용하는 것은 부모와 수험생들의 코로나19 시대, 각자도생의 시대에 걸맞은 치열한 노력이었다.

이런 노력에도 불구하고 불안은 아주 사라지지 않았던 것 같다. 정신건강의학과 진료를 받는 것에는 여전히 높은 문턱이 있는데도 불구하고 2020년에는 진료량이 확연히 늘어났다. 건강보험심사평가원이 발표한 2020년 진료비 통계에 따르면 소아청소년과의 의원급 진료비는 전년보다 41.9%가 감소했다. 마스크를 쓰고 개인위생을 철저히 하고, 학교를 가지 않은 날이 많았기에 감염의 위험이 줄어든 덕분이다.

이에 반해 정신건강의학과는 전년 대비 17.6% 증가했다. 진료비뿐 아니라 수진자 수도 2019년 상반기보다 2020년 상반기에 10.9%가 증가했다. 너무 힘들어서 견디지 못하고 병원을 찾는 이가 이만큼 늘었다는 사실은 바다 표면 위에 노출된 빙산의 꼭짓점을 반영한 결과라고 할 수 있다.[13] 그만큼 보이지 않는 곳에서 사람들이 경험하는 불안의 기본수위는 꽤 올라가 있는 것은 분명하고, 불안이 지속할수록 불필요하게 지출되는 마음의 에너지 소비는 늘어난다.

인간의 정신적 에너지의 총량은 한계가 있는 법, 어느 정도까지는 견디겠지만 코로나19에 대응하는 시기가 길어질수록 에너지가 모두 바닥이 나버리는 사람은 증가할 것이다. 쉬어도 회복이 되지 않고, 일상생활을 하는 게 버거워지기 시작하고 무기력감으로 인해 전에는 쉽게 하던 일이 부담스럽거나 이전에 비해서 힘들어지는 순간이 온다. 그러면 생활의 반경을 줄이고, 새로운 시도는커녕 아주 기본적인 일을 하는 것도 마다하게 되고, 거리두기가 풀린다 해도 지금의 관계 폭을 줄인 채 아주 최소한의 것만 하면서 지내려 하는데 어느새 익숙해진다. 나도 모르는 사이에 우울함의 늪에 들어가는 사람도 하나둘 주변에 관찰되기 시작하리라는 예측도 하게 된다.

2주살이 인생의 종착역은 어디인가

2020년에 시작한 코로나19 상황은 2021년이 끝나가는 지금도 끝이 어디인지 보이지 않는다. 2021년 초의 낙관적 집단면역의 희망은 다양한 변이의 출현과 백신 수급의 불안정, 돌파감염 등과 함께 사그라졌다. 올해가 지나면 끝난다는 맹목적 희망과 강제적 낙관주의는 도리어 위험할 수 있다.

월남전 시기에 8년간 포로수용소 생활을 미국 해병 장교 제임스 스톡데일은 직접 동료 포로들을 관찰한 바 있다. 그가 말한 스톡데일 패러독스Stockdale paradox는 한국사회에도 적용할 수 있을 것 같다. 희망을 잃지 않는 것은 좋은 일이지만, 매번 희망을 품었다가 낙담하는 것의 반복, 즉 추석까지는, 크리스마스 때까지는, 2022년 신년에는 등과 같이 어떤 특정 시점을 자꾸 예언하듯 던지고 그때까지만 참자고 생각하는 태도는 위험하다. 어느 순간 큰 실망을 하게 되고 온몸과 마음이 무너져 내리는 경험을 할 수 있기 때문이다.

불확실성이 높고 미래를 쉽게 예측하기 어려운, 세칭 2주살이 인생을 사는 오늘이다. 이럴 때 가져야 할 마음가짐은 먼 미래가 아닌 오늘과 내일이란 현재를 중심으로 발 앞을 잘 보고 넘어지지 않게 뚜벅뚜벅 걸어가겠다는 다짐이다. 오늘에 집중하며 미래를 예측해서 완벽하게 통제하기보다 일어나는 일에 적절하게 대응하면서 이상적 최선은 아니나 현실적인 최선을 다하려는 마음이 중요하다. 그게 갈수록 수위가 올라가는 오늘의 불안을 조금이나마 낮출 방법이라 믿는다.

1. Schurgin MW, Nelson J, Iida S, Ohira H, Chiao JY, Franconeri SL. Eye movements during emotion recognition in faces. J Vis. 2014 Nov 18;14(13):14. 1-16

2. Carbon CC. Wearing Face Masks Strongly Confuses Counterparts in Reading Emotions. Front Psychol. 2020;11:566886.

3. "코로나19 유행이 영유아 지능 발달 방해했다", 동아사이언스, 2021년 8월 24일

4. 코로나 블루·경제 충격…극단 선택 크게 늘었다. 서울경제 2021. 8. 12
   출처 : https://www.sedaily.com/NewsVIew/22Q5T8POIB

5. Fisher, M., Goddu, M. K., & Keil, F. C. (2015). Searching for explanations: How the Internet inflates estimates of internal knowledge. Journal of Experimental Psychology: General, 144(3), 674-687.

6. Sanfey AG, Rilling JK, Aronson JA, Nystrom LE, Cohen JD. The neural basis of economic decision-making in the Ultimatum Game. Science. 2003 Jun 13;300(5626):1755-8.

7. [당신의 리스트] [21] 디자인 연구자 박해천의 K-중산층을 만든 디자인 5 조선일보 2021.7.28.

8. 한국인의 종교 1984-2021 (1) 종교 현황 한국갤럽
   https://www.gallup.co.kr/gallupdb/reportContent.asp?seqNo=1208

9. 예스24, 2020년 베스트셀러 분석 및 도서판매 동향 발표 http://Ch.yes24.com/Article/View/43483

10. 에세이 지고 재테크 떴다…올해 최고 베스트셀러 《더 해빙》 중앙일보 2020.12.7

11. "575만 삼성전자 주주는 웁니다"…최고실적에도 '7만전자' 늪 탈출 못해 매일경제 2021.7.29

12. "대학에 무슨 일이…" 지난해 신입생 2만 명이 자퇴했다. 매일경제 2021.9.8

13. 코로나19 강타한 지난해 '정신건강의학과' 진료비 견인 청년의사 2021.6.21

2부

다가올 미래의 위기와 기회

2장

팬데믹, 그리고
분열과 결합의 시대

고한석
문명연구가

노마드적 삶을 살았다. 대학 졸업 후 미국, 중국, 타이완, 몽골, 볼리비아에서
각기 수년씩 총 14년을 해외에 거주했다. 서울대학교 학부 및 대학원 전공은
중국문학이었는데 미국 하버드대학 케네디 행정대학원에서 공공정책학으로
석사를 취득했다. 그런데 정작 일은 IT와 인터넷, 해외사업, 빅데이터 분야에
종사했었다. 기업으로는 벤처기업, 중소기업, 중견기업은 물론 SK, 삼성 같은
대기업에도 근무했었고 '빅토리랩'이라는 개인회사도 운영했었다. 정치권에서
정당 정책연구원과 중앙당 당직자를 거쳤다. 민주연구원 부원장과 서울디지털재단
이사장을 역임했고 고 박원순 서울시장의 마지막 비서실장으로 근무했다. 지금은
㈜한국기업데이터에서 상임감사로 일하고 있다. 저서로는 〈빅데이터, 승리의
과학〉이 있다.

지금은 1세기 전과 매우 유사한 상황이다. 20세기 초에 스페인 독감이 전세계적으로 유행했던 것과 유사한 이유로 21세기 초에 코로나19라는 팬데믹이 전세계를 강타했다. 우리 사회는 2024년이 되어서야 진정한 포스트 코로나 단계를 맞이할 것이다. 향후 2년간 우리는 코로나19와 맞서기 위해서 급하게 실시한 여러 대응책을 수습하기 위해 다양한 시도를 할 것이다.

장기적 맥락에서 보면 21세기 초부터 시장지상주의적 자본주의가 기존의 안정적인 공동체적 질서를 허물어뜨리면서 삶의 맥락을 잃어버린 고립적 개인이 많아졌다. 이로 인해 부족주의가 등장하고 사회적 분열이 확산되는 상황도 1세기 전의 사회적 아노미 현상과 흡사하다. 하지만 기존 틀을 허무는 분열은 또한 새로운 결합과 연결의 네트워크를 구축함으로써 기존에 없던 혁신적이고 창의적인 산물을 만들어낼 것이다.

제1차 세계화와 스페인 독감

최근 들어 발생한 코로나19라는 팬데믹과 다극적(multipolar) 세계정세, 그리고 사회적 아노미 현상을 보고 있노라면 1세기 전에 이와 유사했던 지구적 현상에 대한 데자뷔가 떠오른다.

코로나19는 왜 갑자기 이 시점에 발생하여 인류 사회를 공포의 도가니로 몰아넣었을까 물어보기 전에 왜 1세기 전에 발생했던 팬데믹이 그동안 발생하지 않다가 최근에야 다시 발생했을까 질문을 던져보아야 한다.

1세기 전에 발생했던 팬데믹이 끝난 후 사회적으로 어떤 현상이 발생했는지 살펴보는 것 역시 우리의 미래를 엿보는 데 도움이 될 것이다. 전쟁이 끝나면 전후 복구 기간이 상당 기간 필요하듯이 팬데믹이 종식된 이후에도 우리는 그 영향 아래에서 상당히 긴 시간을 보내야 할 것이다.

20세기 초에 심각한 사회분열적 현상이 만연하였고 이것이 결국 두 차례의 세계 대전으로 외화되었다. 1세기가 지난 21세기 초부터 지구촌 곳곳에서 20세기 후반기를 안정적으로 유지해주었던 국제관계가 헝클어지고 있고 우리나라를 비롯한 많은 나라가 기존의 제도적 틀로는 통합이 어려운 사회적 분화를 겪고 있다. 소셜 미디어가 여기에서 적지 않은 역할을 하고 있으며 코로나19는 이러한 현상을 가속하는 촉매제 역할을 하고 있다. 이러한 현상의 이면과 미래를 살펴보고자 한다.

눈에 보이지도 않는 미세한 바이러스가 2020년 벽두에 갑자기 등장하여 순식간에 인류를 위협하는 존재가 되었다. 마치 외계인의 침입에 맞서 싸우는 공상과학 영화에서나 볼 것만 같은 바이러스와의 전쟁은 이제 만 2년이 다 되어간다. 2021년 9월 말 현재 코로나19 바이러스에 감염되어 숨진 사람은 모두 455만 명이며 앞으로도 더 늘어날 전망이다. 제1차 세계대전의 전사자 수가 972만 명인데 그 절반 정도이니 거의 제3차 세계대전을 치른 셈이다. 팬데믹(pandemic)이란 용어 자체도 "전 세계적" 전염병 대유행을 가리키니 그럴 만도 하다.

코로나19 정도로 파괴력이 컸던 팬데믹은 1세기 전에 발생한 1918년의 스페인 독감 정도였다. 스페인 독감은 1차 대전 당시 1918년 미군 부대에서 처음 발생한 것으로 알려져 있으며 이후 미군 부대의 이동을 따라 프랑스로 옮겨졌고 스페인과 다른 유럽국가들로 확산했다. 당시 1차 세계대전 참가국들은 취약해진 자신의 사회적 상황을 적대국이 알지 못하도록 독감 유행 관련된 보도를 통제했다. 하지만 당시 중립국이었던 스페인에서는 독감 유행에 대해 심도 있게 다루었기 때문에 이 뉴스는 전 세계에 알려졌고 억울하게도 스페인 독감이라는 이름을 얻게 되었다.

스페인 독감은 1918년 1차 세계대전이 끝나가던 시점에 시작하여 1920년까지 2년간 유행했으며 당시 지구상의 16억 명 인구 중에 6억 명 정도가 감염되고 최소 2,000만 명에서 최대 8,000만 명이 사망한 것으로 추정된다. 당시에는 제대로 된 통계가 집계되지 못했던 나라들이 많았기에 실제 피해는 더 컸을 수도 있다. 스페인 독감은 당시 한국에서도 유행하여 '무오년 감기'로 불렸다. 당시 조선총독부 통계 연보에는 조선인 약

1,700만 명 중 절반에 가까운 742만 명이 감염되어 14만 명이 사망했다고 기록되어 있다.

그렇다면 왜 하필 이 시기에 전 지구적 전염병 대유행이 발생한 것일까? 한마디로 세계화의 부수적 피해라고 할 수 있다. 이는 16세기에 스페인에서 건너온 정복자들을 따라 함께 전파된 전염병이 남미의 아스테카 제국을 멸망에 이르게 했던 것과 유사하다.

스위스 제네바에 있는 국제경제대학원GIIDS의 국제경제학 교수로 재직 중인 리처드 볼드윈Richard Baldwin은 19세기 말과 20세기 초를 1차 세계화로, 20세기 말과 21세기 초를 2차 세계화로 규정하였다.[1] 그는 내연기관의 도입으로 생산물의 물리적 이동 비용이 하락한 것을 1차 세계화의 핵심 요인으로 꼽았다. 즉 같은 비용을 들이고도 과거보다 더 멀리, 더 빨리, 더 많이 이동할 수 있게 된 것이다.

19세기 말부터 20세기 초에 걸쳐서 유럽 열강은 다른 대륙들에 진출하여 식민지 확장에 열을 올리기 시작하였다. 1912년에는 최초로 디젤 엔진을 동력원으로 삼는 대형 선박이 운항을 개시하여 대양을 건너는 인간의 이동이 대폭 증가하였다. 1914년에는 제1차 세계대전이 발발하여 전 세계적 차원에서 군인들의 이동을 가져왔다. 이처럼 인류의 이동 범위가 기존과는 비교할 수 없을 정도로 급속히 확장되자 독감 바이러스도 숙주인 인류의 대규모 이동을 따라서 배를 타고 여러 대륙으로 전파되어 '팬데믹'이 되었다.

그렇다면 왜 그 후 20세기 내내 팬데믹이 발생하지 않고 상대적으로

인플루엔자대유행 상황

연도	이름	치사율	세계 사망자
1918년	스페인독감	2~3%	2,000만~5,000만 명
1957~1958년	아시아독감	0.2% 미만	100만~400만 명
1968~1969년	홍콩독감	0.2% 미만	100만~400만 명
2009~2010년	신종플루	0.02%	10만~40만 명

자료: 신종감염중앙임상위원회

잠잠해졌을까? 먼저 의학 발달로 각종 전염병에 대한 백신들이 속속 개발되었고 1940년대에는 바이러스성 인플루엔자(독감)에 대한 백신도 개발되었다는 점을 이유로 꼽을 수 있다. 1914년에 백일해에 대한 백신이, 1924년에는 파상풍에 대한 백신이 만들어졌다. 1928년에는 기적의 약으로도 불린 항생제 페니실린이 발견되었고 1953년에는 소아마비 백신, 1963년에는 홍역 백신이 만들어졌다. 제너의 우두법 실험 이후 150년 만인 1980년에 공식적으로 천연두 박멸이 선언되기도 했다.

이러한 의학적 발전만 있었던 것이 아니다. 행정력을 동원하여 전염병을 억제하고자 했던 정부의 역할도 컸다. 19세기 후반부터 등장한 국민국가에서는 보통선거권이 확대되면서 민주주의가 진전되었고 정부는 유권자들의 복지에 점차 신경을 쓰기 시작했다. 또 한편으로 각국 정부는 전쟁 수행을 위해서 공중보건 위생을 행정적으로 강력하게 추진하였다. 그리하여 전 국민을 대상으로 한 예방접종을 의무화하기 시작하였으며 위생 교육을 보편화하였다.

국제 관계의 변화도 국가 간 및 대륙 간의 전염 이동을 약화하는 데 일정한 역할을 하였다. 2차 대전 이후 미-소 양대 진영이 대치하게 되면서 냉전과 핵무기의 위협 때문에 개별 국가 간의 전쟁은 오히려 극적으로 감소하였다. 또한 국제연합인 유엔을 중심으로 국가 단위의 국제 체제가 안정화되었고 유엔 안보리가 분쟁을 억제하는 역할을 하였다. 각국 정부는 국가안보를 위해서 출입국에 대한 허가 및 관리가 매우 엄격해졌으며 이들 국가에서 노동조합의 힘이 강해진 결과 노동시장을 불안정하게 만들 수 있는 이민자들의 입국을 엄격히 규제하였다.

이런 이유들로 인해서 20세기 중후반에는 국경과 대륙을 넘나드는 팬데믹이 발생할 소지는 줄어들었다. 비록 1957년에 아시아 독감, 1968년에는 홍콩 독감이 세계적으로 유행하였지만, 치명률은 낮았다. 치명률은 확진자 중 사망자의 비율인데 이들 독감의 치명률 수치는 일반적인 독감 수준인 0.1%보다는 높은 0.37%였지만 스페인 독감의 치명률 2.1%에 비하면 낮은 수준이었으며 코로나19의 치명률 1.24%보다도 낮아서 총사망자 수는 대략 100만 명을 넘지 않았다. 하지만 발병 중심지가 당시 자유무역항으로 아시아 무역 및 비즈니스의 중심지였던 홍콩이었기 때문에 상대적으로 확산 범위가 넓었다.

제2차 세계화와 코로나19라는 회색 코뿔소

그렇다면 왜 20세기 초 스페인 독감의 대유행 이후 다시 1세기만인 21세기 초에 대규모의 팬데믹이 재발하였을까? 이를 예견할 수는 없었을까?

냉전 기간 상대적으로 안정적 상태를 유지해왔던 국제관계 체제는 90년대 들어서 급격하게 변화하기 시작했다. 소련, 동유럽, 중국에서 시장 경제로 전환되면서 대외적으로 경제를 개방하였다. 그 결과 러시아 및 동유럽의 인구 3억 명과 중국 인구 14억 명 등 17억 명의 인구가 세계 경제에 소비자이자 노동자로서 새로 참여하게 되었다.

이들이 실질적으로 세계 경제에 참여할 수 있게 된 또 하나의 요인은 정보통신의 발달이었다. 앞서 언급한 리처드 볼드윈은 이 시기를 제2차 세계화의 시작으로 규정하고 그 핵심 동력으로 정보 이동 비용의 하락을 꼽았다. 아무리 노동력이 풍부하고 비용이 저렴하더라도 선진국에 있는 본사, 연구소, 그리고 다른 개발도상국에 있는 부품 공급업체들과의 통신망이 원활하게 연결되어 실시간으로 정보를 주고받지 못한다면 생산과정 전체를 통제할 수 없으며 글로벌 가치사슬은 형성될 수 없었을 것이다.

정보통신기술을 활용하여 국경을 넘나드는 생산 과정의 분업이 확대되면서 제2차 세계화가 다시 급속히 진행되었다. 그러자 전염성이 높은 바이러스성 질병도 함께 발생하기 시작하였다. 2000년대 들어서 중증급성호흡기증후군 즉 사스^{SARS}(2003)와 신종 플루(2009), 중동호흡기증후군 즉 메르스^{MERS}(2015) 그리고 코로나19(2020)가 대략 6년 정도 간격으로 연이어 발생하였다.

사스는 코로나19와 동일하게 코로나바이러스 변종에 의한 전염성 질병이다. 코로나19는 의학계에서는 사스2^{SARS-2}라는 이름으로도 불린다. 사스는 2003년 11월에 시작해서 불과 6개월 만에 종식되었다. 총 29개국에서 8,422명의 확진자가 발생하였지만 사실상 중국(5,327명)과 홍콩(1,755명)에서 대다수 환자가 발생하였고 타이완, 싱가포르, 캐나다에서 200~300명 정도의 환자가 발생하였으며, 베트남과 미국 등에서 수십 명의 환자가 발생했다. 이들 확진자 중 916명이 사망하였다.

메르스 역시 코로나바이러스 계통의 전염병으로 총 27개국에서 약 1,600명 정도가 확진되었지만, 그중 80% 정도가 사우디아라비아에서 발생하였고 나머지 대부분은 중동 지역을 다녀온 사람들이었다. 유행 기간도 2015년 5월에서 6월까지 약 2개월간이었으며 사망자도 총 574명에 불과하였다.

코로나바이러스에 의한 이 두 번의 전염병 유행은 세계보건기구^{WHO}가 전 세계적인 '팬데믹'으로 규정하기 전에 종식되었기에 그 심각성이 제대로 인식되지 못했다. 그렇게 된 이유는 상대적으로 높은 치명률과 낮은 전염성이었다.

전염성을 나타내는 지수인 기초감염재생산지수(R0)는 1명의 환자가 감염시키는 추가적 환자의 숫자를 말하는데 코로나19의 해당 지수는 3으로 상당히 높은 수치며 코로나19의 치명률은 1.24%이다. 사스는 기초감염

재생산지수가 3으로 코로나19와 비슷하였지만, 치명률이 10.9%로 코로나19보다 거의 10배나 높았다. 즉 숙주가 다른 사람을 전염시키기 전에 먼저 사망할 가능성이 커서 상대적으로 적게 전염되었다. 또한 증상이 외부로 발현된 이후에야 전염이 가능했기 때문에 감염자가 증상을 느끼고 입원하면 전염을 억제하는 데 도움이 되었다. 메르스는 기초감염재생산지수치가 1 또는 그 미만으로 전염성이 낮은데다가 치명률이 무려 35%로 매우 높았다. 다른 사람을 감염시키기 전에 숙주가 먼저 사망해버려 추가적인 전염이 억제되었다.

따라서 사스와 메르스는 본격적인 팬데믹으로 발전하기 전에 종식될 수 있었다. 반면에 코로나19는 치명률은 이들보다 상대적으로 약하지만, 전염성이 높고 특히 증상이 없는 상태에서도 타인에게 전염될 수 있기 때문에 피해도 늘어날 수밖에 없었다.

사스와 메르스 이후 조만간 대규모 바이러스성 전염병이 다시 유행하게 될 것이라는 경고의 목소리가 보건의학계를 중심으로 계속 있었다. 세계보건기구도 2018년에 '질병 X'라는 이름으로 동물 숙주로부터 전염되는 신종 바이러스가 대유행하리라고 예측했다.

그런 점에서 볼 때 코로나19 바이러스는 '검은 백조'가 아니라 '회색 코뿔소'였다고 할 수 있다. 나심 탈레브가 2007년에 쓴 책의 제목으로 유명해진 검은 백조란 거의 발생할 가능성이 없다고 여겨지던 일이 실제로 일어나서 야기되는 위기를 말한다. 세계정책연구소의 미셸 부커 대표가 2013년 다보스 포럼에서 처음 언급한 회색 코뿔소란 몸집이 크고 속도가 빠르며 날카로운 뿔까지 가진 위험한 동물이 점점 다가오는 것처럼 어떤 문제가 발생할 개연성이 크고 일단 발생하면 그 파급력도 클 것으로 예상됨에도 불구하고 이를 무시하고 있다가 위험에 빠지는 경우를 일컫는다. 이미 수차례의 전염병 대유행 조짐과 의료계의 사전경고에도 불구하고 각국 정부와 보건당국은 이를 무시했기에 코로나19로 인한 팬데믹은 아예 예상하지 못한 뜻밖의 검은 백조라기보다는 대형 사고가 뻔히 다가오는데도 알아차리지 못한 회색 코뿔소와 같은 위험에 가까웠다고 할 수 있다.

코로나19에 대한 동아시아 국가들의 대처

이러한 대형 위기 국면은 정부의 역할에 어떤 역할을 미칠까? 사회와 우리의 일상에는 어떤 영향을 미칠까?

　일단 팬데믹 상황이 발생하자 이에 대한 대비를 전혀 하고 있지 않던 각국 정부는 당황해하며 대처해나가기 시작하였다. 상대적으로 볼 때 서구 국가들은 동아시아 국가들보다 코로나19에 제대로 대처하지 못했다.

　〈블룸버그Bloomberg〉지의 편집장 존 미클스웨이트John Micklethwait와 〈이코노미스트The Economist〉지의 정치부문 편집자 에이드리언 울드리지Adrian Wooldridge는 《웨이크업 콜: 서구는 왜 코로나19에 힘없이 무너졌고 어떻게 일어설 것인가》(도서출판 따님, 2020)라는 책을 공저하여 70년대 이후 서구의 정부 기능이 퇴락한 결과 동아시아보다 국가를 운영하는 능력이 뒤처지게 되었다고 비판하고 이들을 본받아야 한다고 주장하였다. 물론 동아시아 국가들 특히 한국은 사스와 메르스라는 경험이 있었고 그 후 이에 대처하기 위한 시스템을 갖춘 것은 운이 좋았던 측면도 있다. 그런 행운적 요소를 감안하더라도 동아시아 국가들은 많은 부분에서 서구 국가들보다 코로나19에 잘 대처하였다. 그 이유는 무엇일까.

여러 가지 이유가 있을 수 있겠지만, 중요한 차이점은 서구 사회가 집단과 개인을 대립적 개념으로 보며 개인의 자유와 권리를 최고의 가치로 여기는 문화와 정치 제도를 가지고 있다는 점에서 기인한 것으로 보인다. 미국의 경우 단순히 시장 메커니즘의 원활한 작동만을 보장해주는 정도로 정부개입의 최소화를 신봉하는 시장자유주의적 정치문화를 가지고 있다. 유럽 국가들의 경우 시장경쟁에서 낙오되는 취약한 계층에 대한 복지를 정부가 뒷받침해주는 역할을 강조하는 사회민주주의적 정치문화를 가지고 있다. 이들 나라에서는 공동체 전체의 이익을 위해서 정부가 선도적으로 문제를 인식하고 해결책을 제시하고 추진해나가는 역할을 제대로 해내지 못했다.

과거에는 관료주의 성향이 강하다고 비판받던 동아시아 국가의 정부들은 오히려 신속하게 책임 있는 정부기관을 중심으로 필요한 공공기관들을 통할統轄하여 코로나19에 대처해나갔다. 그리고 사회 각 분야의 이해관계자들과 조율하면서 전 국민적 합의와 행동을 이끌어내었다. 동아시아 사회의 국민들은 공동체의 위기를 극복하기 위해서 개인의 자유에 대한 제약을 자발적으로 받아들이고 정부의 노력에 협력하였다.

역사적 전통과 근대적 경험: 유교와 안보 국가

동아시아 정부와 사회의 이러한 반응은 단순히 20세기 후반 정부 주도형 경제발전 과정서 비롯된 권위주의 국가 모델로부터 유래한 것으로만 볼 수 없다. 천 년이 넘은 시간 동안 동아시아 사회에 뿌리내린 유교적 문화의 영향과 격동의 근대화 과정에서 형성된 안보국가 체제의 유산이라고 보는 것이 더 타당해 보인다.

미국과 서구의 엘리트들은 공공부문보다는 민간기업을 더 선호하는 반면에 동아시아 유교 문화는 사회적 엘리트들이 공공부문에 진출하는 것을 장려하여 왔다. 이를 제도적으로 보장하기 위해서 다양한 계층으로부터 시험을 통해 우수한 인재를 관료로 선출하여 행정을 맡기는 제도인 과거제가 중국에서는 당나라 때 도입되어 송나라 때 정착하였으며 한반도에는 고려 때 도입되어 조선왕조에 들어와 정착하였다.

또한 고대로부터 중세에 이르기까지 동아시아에서는 유럽보다 성공한 민중반란이 더 많았으며 이를 통해서 여러 차례 왕조가 교체된 경험을 가지고 있다. 이러한 경험은 일찍부터 유교 사상에도 스며들었다.《공자가어孔子家語》에는 공자가 "무릇 군주란 배요, 백성은 물과 같다. 물은 배를 띄울 수도 있지만, 또한 배를 뒤집을 수도 있다(君者舟也, 人者水也. 水可載舟, 亦可覆舟)"라고 말했다는 기록이 전해진다. 맹자 역시 민심을 중시하고 그에 위배될 경우 역성혁명의 정당성을 인정하는 정치철학을 주장하였다.

이러한 유교적 민본주의와 함께 근현대사에서 동아시아 사회는 민족해방운동, 계급갈등, 민주화 등 격렬한 대중운동을 수반하는 정치적 격동을 경험하였다. 그렇기에 동아시아의 정치 엘리트들은 비록 인민의, 인민에 의한 정치를 하지는 못할지언정 사회적으로 큰 사태가 발생했을 때 성난 인민들 앞에서 자신들의 가치를 인정받기 위해서 문제해결에 대한 '빠른 피드백'을 하는 것이 왜 중요한지는 잘 알고 있다. 이 책의 저자 중 한 명인 한윤형 작가가 참여해서 쓴 책《초월의 시대》에서는 이를 '책임 있는 포퓰리즘'이라는 정치문화로 규정하였다. 유능한 행정 시스템과 활력 있는 민주주의의 결합은 미클스웨이트와 울드리지가《웨이크업 콜》에서 가장 바람직한 정부 모델로 강조하는 내용이었다.

물론 그렇다고 해서 유교적 전통이 전반적으로 옹호되어야 하는 것은 아니다. 가부장적이고 남녀 차별적인 억압과 권위적 위계질서에 대한 옹호, 기술 및 상업에 대한 천시, 지나친 현실 순응주의적 태도 등 유교적 전통은 사회의 변화발전을 가로막는 많은 문제점도 가지고 있다. 하지만 이는 기독교를 비롯한 모든 종교적 전통이 전근대에서 시작한 까닭에 무시 못 할 정도로 공유하고 있는 특징이기도 하다. 각각의 전통적 문화 중에 존재하는 사회발전의 긍정적 요인을 선택적으로 촉진하는 것이 아예 다른 문화권의 제도와 가치를 그대로 이식하여 사회발전과 국가건설을 꾀하는 것보다는 훨씬 효과적이라는 것은 많은 나라에서 긍정적 사례든 반면교사든 어느 정도 검증된 사실이다.

유교적 전통의 영향 외에도 동아시아 국가들이 팬데믹에 상대적으로 잘 대처할 수 있었던 것은 또한 이들 지역의 근대국가 형성이 2차대전과 냉전을 겪으면서 탄생한 총력전 동원 체제에 기반하고 있다는 점이다. 일본은 아시아-태평양 전쟁을 통해서, 중국과 타이완은 항일전쟁과 국공내전을 통해서, 한국은 6·25 전쟁을 통해서 안보 중심의 국가 모델을 형성하게 되었다. 싱가포르도 독립 과정에서 주변 국가와의 긴장 및 베트남 전쟁, 내부 인종갈등에 대한 대응 과정에서 항상적인 위기관리를 하는 권위주의적 국가 형태를 띠게 되었다.

최근 들어서는 안보에 대한 개념이 전통적인 군사안보 논리에서 인간의 생명과 존엄을 중시하는 '인간 안보'라는 패러다임으로 확장되어 유엔 등 국제사회에서 사용되고 있다. 위협적인 팬데믹으로부터 국민의 생명을 지키기 위해서 신속하고 강력하게 대처하는 것은 오랫동안 안보 위기에 대비하는 체제를 유지해왔던 동아시아 국가들에는 익숙한 행위 양식이라고도 할 수 있다.

하지만 냉전 시대에 국가안보를 위해서 개인의 자유와 권리가 일정하게 제약받았던 것과 마찬가지로 팬데믹을 극복하기 위한 총동원 체제가 개인주의적 가치의 일정한 후퇴를 가져오는 것은 분명한 사실이다.

재난 심화 사회와 리바이어던

게다가 이러한 재난적 상황은 점점 더 발생 빈도가 잦아지고 있다. 실제로는 그렇지 않더라도 타국에서 일어난 재난에 대한 보도량이 많아지고 소셜 미디어를 통하여 현지의 이미지가 확산하면서 대중들에게는 재난이 더 빈발하는 것처럼 인식되고 있다. 바이러스성 전염병 대유행은 지난 2003년 사스부터 시작해서 거의 6년마다 반복해서 발생하고 있다. 2019년에는 이탈리아 베네치아에서 홍수가 발생하였고 올해는 중국 허난성과 독일 및 벨기에에서도 홍수로 도시가 물에 잠겼다. 미국 캘리포니아와 그리스에서는 폭염과 가뭄이 닥쳐서 그로 인한 대규모 산불이 발생하였으며 미국 남부의 텍사스에서는 때아닌 혹한과 폭설이 발생하기도 하였다. 브라질에서도 폭설이 발생하였고 스페인 섬에서는 화산이 폭발하여 주민들이 대피하였으며 아이티에서는 강력한 지진이 발생하였다.

온실가스 등으로 인한 기후변화가 이러한 자연적 재난의 주요한 원인으로 꼽히고 있지만, 이외에도 인간이 구축한 인프라 시설이 대형 네트워크로 연결되면서 사소한 사고가 사회 전체에 혼란을 불러일으키는 사례도 늘어나고 있다. 원자력 발전 시설에서 사고가 발생할 수 있으며 미국 텍사스주에서는 송전망 사고로 전력이 끊겨서 많은 주민이 고통받았다. 2018년 KT 아현국사 지하 통신구에서 화재가 발생하여 서울 서부지역 일대의 통신이 마비되었던 것은 비록 자연재해가 아니더라도 네트워크형 인프라에 문제가 생기면 사회가 갑자기 혼란에 빠질 수 있다는 것을 보여준 유력한 사례이다. 또한 탄소 넷제로를 위해 신재생 에너지가 기존 전력망에 편입되면서 곳곳에서 전력 불안정 현상이 발생하여 글로벌 공급망을 뒤흔들고 있다.

　사람들이 두려움에 빠지게 되면 작은 위험에도 민감하게 반응하게 된다. 잦은 재난에 효과적으로 대처하기 위해서 점점 더 중앙정부에 기능과 권한이 집중되고 확대될 수 있다. 유권자에 민감한 민주주의가 오히려 권위적 국가를 만들어내는 역설이 가능하다. 17세기 영국의 사회철학자 토머스 홉스Thomas Hobbes는 사람들이 자기 보호의 이기적 본능에 의해서 이를 실현할 강력한 힘의 형체를 원하게 되고 암묵적 계약에 의해서 개인의 권리를 통치자에게 양도하고 복종함으로써 국가가 탄생하게 되는데 이 국가를 리바이어던Leviathan, 즉 괴물이라고 불렀다. 재난이 빈발하는 사회에서 관료에 의해서 운영되는 정부 기관들은 점점 더 커지고 강력해지고 어디에나 존재하며 개인들의 권리를 억압하는 괴물이 되어버릴 수도 있다.

　설사 중앙정부에 강력한 권한이 집중되지 않더라도 사회문화적으로 개인의 권리가 약화하는 현상이 늘어날 수 있다. 마스크를 쓰지 않는 사람에 대한 난폭한 언어적 공격, 사회적 거리두기 지침을 어긴 사람들에 대한 공개적 창피 주기는 토론과 설득이라는 민주적 방법이나 공식적 행정기관에 의한 조치에 앞서서 일종의 사적 처벌을 추구하는 양상을 보여준다. 이는 자칫 자신들이 판단하기에 공동체에 문제를 일으키는 사람에 대해서는 자의적 징벌이 허용될 수 있다는 방향으로 흐르기 쉽기에 경계해야 할 태도이다. 이미 1957년에 한나 아렌트^{Hannah Arendt}는 기술이 세계를 가로질러 연대를 이루어내지만, 시민들이 자신의 육체적 생존을 위해서 또는 두려움과 혐오에서 비롯된 연대를 '부정적 연대^{negative solidarity}'라고 표현했다. 그리고 이를 공공의 이익과 미래를 위해서 사회의 구조적 문제점을 개선하고자 노력하는, 합리적이고 이성에 기반한 정치적 연대인 '긍정적 연대^{positive solidarity}'와 구별하였다.[2]

한 발 더 나아가보면, 일반적 시기가 아니라 위기 상태에서 발현되는 공동체 우선주의는 엄밀하게 말해서 개인의 사적 이익보다 공공의 가치를 우위에 두는 공익성의 발로라고 말하기 힘들다. 그것은 개인 고통의 최소화, 다른 말로 하면 개인 행복의 극대화를 위한 방법론으로써의 '공리주의'가 집단화된 모습으로 외화된 것이기 때문이다. 이러한 공리주의는 최대 다수의 최대 행복을 위해서는 일부 소수의 불이익은 정당화될 수 있다는 생각으로 이어진다.

코로나19 초기에 중국 우한에 거주하던 한국 교민들을 전용기로 본국으로 수송해서 유증상자들은 병원에 입원시키되 무증상자들은 임시격리시설로 입소시키려고 하였다. 그런데 원래 임시격리시설을 설치하려고 했던 천안 지역의 주민들이 반발하여 다른 곳을 물색하게 되었다.

또한 서울시는 해외입국자 중 서울 거주자들의 경우 유증상자는 인천공항 선별진료소에서 검사하되 대다수의 무증상자는 해외 입국자 전용 선별진료소에서 워크스루^{walk-through} 방식으로 검사하기로 하면서 해당 전용 선별진료소를 잠실운동장에 설치하려고 하였다. 잠실운동장은 주변 아파트 단지와는 멀리 떨어져 있고 매우 넓은 개활지라서 사실상 주민들에게는 감염 위험이 전혀 없음에도 불구하고 잠실 주민들은 격렬한 반대 운동을 펼쳤다.

공동체주의는 내 이익을 떠나서 공공의 이익을 고려하는 사상이다. 나라는 개인 및 내가 포함된 집단의 이익을 옹호하기 위해서는 일부 소수 집단이 불이익을 받아도 괜찮다는 생각은 공동체주의라기보다는 공리주의의 발로라고 볼 수 있다. 공공성은 기본적으로 사회정의의 문제이며 이는 사회적 약자를 위해서 다른 사회구성원들이 조금씩 자기 이익을 양보하는데서 출발한다. 이것이 반대로 될 경우 그것은 일종의 '부족주의'라고 할 수 있다. 이에 대해서는 뒤에서 상세하게 논의할 것이다.

팬데믹의 생물학적 단계와 사회적 반응 단계

이처럼 커다란 사회적 위기는 개인과 사회의 본능적이고 본질적인 사고방식 및 행동양식을 드러내 주는 계기로 작용하기도 하지만, 동시에 역으로 개인과 사회의 사고방식 및 행동양식에 영향을 주고 일정한 본질적인 변화를 가져오게 한다. 위기의 양상과 그에 대한 사회적 반응을 하나의 패턴으로 분석해서 인식할 수 있다면 비록 그것이 아주 정확한 것은 아닐지라도 우리가 현재 전체 과정 중 어느 단계에 처해 있으며 앞으로 어떤 일들

WHO 대유행 단계

단계	정의
1단계	인체감염 가능성 있는 동물 인플루엔자 바이러스 없음
2단계	인체감염 가능성 있어 잠재적인 대유행 가능성이 있는 동물 인플루엔자 바이러스가 가축 또는 야생동물에서 발견
3단계	동물 또는 사람 인플루엔자 바이러스가 사람에서 산발 또는 소규모 집락 감염을 일으키나 지역사회 유행을 지속적으로 일으킬 수 있는 사람간 감염을 일으키지는 않음
4단계	지역사회 유행을 지속적으로 일으킬 수 있는 사람간 감염을 일으키는 동물 또는 사람-동물 재배열 바이러스가 확인됨
5단계	동류의 바이러스가 WHO 한 개 지역 내 두 개 이상 국가에서 지속적인 지역사회 유행 발생
6단계	5단계 기준에서 추가하여, 동류의 바이러스가 두 개 이상 WHO 지역에서 한 개 국가 이상에서 지역사회 유행
정점후반	대부분의 국가에서 정점 이하 수준으로 대유행 인플루엔자 유행 수준 하강
새로운 유행	대부분의 국가에서 대유행 인플루엔자 유행 수준 다시 상승
대유행 후기	적절한 감시체계가 운영되는 상황에서 대부분의 국가에서 대유행 인플루엔자 유행 수준이 계절인플루엔자 수준으로 하강

정보 출처: BRIC 바이오통신원

이 벌어질지 짐작하고 대비할 수 있게 해주는 투박한 안내지도^{guide map} 역할을 해줄 수는 있을 것이다.

세계보건기구에 의하면 사람과 동물이 함께 걸릴 수 있는 인수공통

감염병人獸共通感染病 *zoonosis*은 6개의 단계를 거쳐서 팬데믹에 이르게 된다. 1단계는 동물들 사이에 한정되어 바이러스가 감염되는 시기이다. 2단계는 바이러스가 동물 간의 감염을 넘어서 소수의 사람에게 감염되기 시작한 경우다. 3단계는 사람과 사람 사이에서 전파가 시작된 단계다. 4단계는 특정 지역에서 광범위한 사람들 간에 급속히 바이러스가 확산하는 시기다. 5단계에서는 최소 2개국 이상에서 바이러스가 만연해진다. 6단계에 이르면 바이러스가 다른 대륙으로도 전파되어 최소 2개 이상의 대륙에서 급속히 감염이 확산한다. 이때 팬데믹 바이러스로 규정되기 위한 조건은 강한 전염성과 높은 치명성을 동시에 가지고 있는 경우에 한정한다. 단기간에 급속하게 확산하지 않거나, 널리 확산하더라도 약한 증상만을 수반한다면 팬데믹 바이러스로 간주하지 않는다.

그렇다면 팬데믹은 어떤 과정을 거쳐서 종식에 이르게 되는가? 일반적으로 유증상이든 무증상이든 특정 바이러스에 감염된 후 회복되어서 항체를 보유하게 되었거나 백신을 접종해서 항체를 보유하게 된 사람들이 해당 지역 인구의 70% 선에 도달하게 되면 그 사회는 집단면역에 이르게 된다. 이는 비록 인구 중 항체 보유자가 100%에 이르지 않더라도 바이러스가 감염경로 상에서 항체 보유자들이 다수이기 때문에 차단될 가능성이 커지고 백신 미접종자들은 감염 예방을 위해 조심하기 때문에 바이러스는 확산성을 띠지 못하게 되고 점차 수그러들게 된다. 그렇다고 해서 바이러스가 완전히 소멸하는 것은 아니고 '제한된 지역에 정착해서 주기적으로 유행과 종식을 반복하는' 풍토병*endemic*화될 것이다. 독감이 그러한 예이며 우리는 코로나19가 팬데믹으로서는 공식 종료되겠지만 매년 일부 발생했다가 사라지는 일을 오랫동안 반복해서 경험하게 될 것이다.

이는 팬데믹의 확산과 종식에 대한 생물학적 정의이다. 그렇다면 팬데믹과 관련하여 이에 반응하는 사회적 양상은 어떤 단계를 거치게 될까? 미국 예일대학교 휴먼네이처랩Human Nature Lab의 디렉터이자 의사 및 생물학자이면서 사회학자이기도 한 니콜라스 크리스타키스Nicholas A. Christakis 교수는 사회적 상황을 중심으로 팬데믹의 진행단계를 3개의 기간으로 구분하였다.[3]

첫 번째 단계는 '범유행 진행기immediate pandemic period'로 일종의 '초기 대응' 단계라고 할 수 있다. 바이러스가 급속히 확산되고 팬데믹으로 공식 선언되면서 보건의료적 수단과 행정적 조치를 총동원하여 감염을 차단하고 백신을 접종하고 치료를 진행하는 시기이다. 우리는 아직도 이 단계에 처하여 있다. 하지만 현재 한국의 백신 접종률 증가 속도로 보면 올해 2021년 말에 집단면역 목표치인 70% 이상에 도달하여 국민 대다수가 항체를 보유하게 될 것으로 보인다. 그렇게 되면 (최소한 한국에서는) 팬데믹은 생물학적으로 종식된다.

2022~2024년: '수습' 단계

하지만 이것으로 모든 상황이 정상화되는 것은 아니다. 초기 대응 단계에서 한 사회는 경제, 사회, 의료, 심리 등 모든 방면에서 큰 충격을 받게 되고 그 후유증은 단기간 내에 사라지지 않는다. 이러한 충격에 대처하기 위해서 정부 기관들은 평상시에는 쓸 수 없는 비상한 정책수단 등을 동원하였기 때문에 그러한 정책들을 정상화하는데도 적지 않은 시간이 걸릴 것이다. 기업과 학교, 시민사회 역시 팬데믹에 대한 대응체제를 정상화하는데 노력을 기울이겠지만 얼마나 오랜 기간 동안 어느 정도 수준까지 정상화할지 다양한 시도를 하게 될 것이다. 따라서 팬데믹은 끝났지만 여전히 그 영향권 아래에 있는 시기라고 할 수 있다.

이렇게 사회가 팬데믹의 충격과 비상대책으로부터 회복하는 시기를 '범유행 과도기intermediate pandemic period'라고 부르는데 일종의 '중기 수습' 단계라고 할 수 있다. 니콜라스 크리스타키스는 이러한 노력에 2~3년 정도가 걸릴 것으로 보며 내년 2022년부터 2024년 정도까지 이어질 것으로 보고 있다. 이 기간에 우리 사회는 다양한 분야에서 '수습'을 모색할 것이다.

(1) 보건의료

현재 우리나라의 보건의료 시스템은 거의 전시상황과 같은 총동원 체제로 운영되고 있다. 2년째 계속되는 과로로 전국 각지의 선별검사진료소와 공공보건의료에 종사하는 의료진들은 거의 탈진상태에 있고 이탈 인력도 늘고 있다. 전담병원으로 지정된 민간병원들은 운영손실로 인해서 어려움을 겪고 있으며 일부 종합병원은 병상 협조로 다른 질병의 환자들을 받지 못하는 경우도 있다. 개인병원들도 전 국민 백신 접종으로 인해서 수개월째 영업에 차질을 빚고 있다. 그리고 이 모든 진료는 정부 예산으로 충당되고 있기 때문에 이를 무작정 지속할 수도 없다.

코로나19 신규 환자가 극적으로 줄어들 수는 있지만 완전히 없어지지는 않을 것이다. 이와 유사한 다른 바이러스성 전염병이 조만간 또다시 발생할 가능성도 배제할 수 없다. 따라서 공공의료 및 민관협조체제는 코로나19 이전의 과거로 돌아갈 수는 없을 것이다. 국립중앙감염병전문병원의 설립과 함께 언제든지 확장 가능한 새로운 보건의료체제의 구축 논의가 진행될 것이다. 그리고 시민들도 과거에는 대수롭지 않게 여겼던 감기 증세에도 민감하게 반응하여 의료기관에 가서 진료를 받고자 할 것이기 때문에 건강보험 재정에도 불필요한 부담이 추가될 것이다.

(2) 재정 정책

경제 정책 관련해서는 크게 재정정책과 통화정책의 정상화와 이에 따른 대비가 필요하다. 사회적 거리두기로 인해서 심대한 타격을 받은 서민경제를 소생시키기 위해서 전국민재난지원금, 소상공인재난지원금, 고용안정지원금 등으로 정부 지출이 엄청난 규모로 늘어났다.

2020년에는 본예산이 512조 원이었으나 4번의 추가경정예산을 실

국가 예산 추이 (본예산 기준)

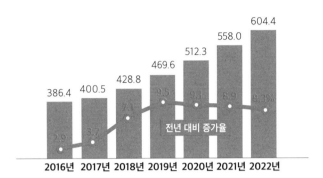

자료: 기획재정부

행하여 정부 지출 총액은 그 전년도보다 무려 15.7%가 증가한 554조 원에 달했다. 올해 2021년의 본예산은 558조 원이었으나 2차 추경을 포함하여 총예산은 9.5% 증가하였으며 금액으로는 사상 최초로 600조 원을 넘긴 604조 원에 이르렀다. 내년도 예산안은 604조 원으로 올해와 같은 수준이지만 이는 추경예산을 고려하지 않은 본예산으로 작년도 본예산보다 8.3% 증가한 액수이다.

세금수입이 이와 비슷한 비율로 늘어나지 않는 이상 이러한 정부 예산은 지속 불가능하기에 어느 시점에서는 조정이 필요해 보인다. 그러나 코로나19로 인한 경기불황은 코로나19가 종식된 이후에도 어느 정도 지속할 것이기 때문에 쉽사리 예산을 축소할 수도 없다. 한국의 재정지출 확대는 사실 서구 국가들과 비교할 때는 아직 적은 편이고 올해 세수가 세출을 초과하는 등 재정 건전성 또한 양호하므로 정부가 재정지출을 급격하게 축소할 것으로 예상되지는 않는다. 오히려 위축된 경제의 재활성화를 위해서 재정투입을 일정 기간 더 지속할 것으로 보인다.

(3) 통화 정책

이렇게 시중에 돈이 풀리자 물가 인상에 대한 우려가 커지고 있다. 미국의 연방준비제도 제롬 파월Jerome Powell 의장은 얼마 전부터 계속해서 '테이퍼링tapering: 시중자산 매입축소'을 언급하고 있으며 실시가 임박한 것으로 보인다. 아직 기준금리 인상에 대한 명확한 입장은 표명하고 있지 않지만, 가능성에 대해서는 언급하고 있기에 일반적으로는 내년, 늦어도 내후년에는 기준금리가 인상될 것으로 보고 있다. 다른 나라의 중앙은행들이 기준금리 인상에 대해서 서로 눈치 보기를 하는 가운데 한국은행은 지난 8월 말에 선도적으로 기존의 0.50%에서 0.75%로 0.25% 올렸다. 미국이 테이퍼링을 시작하면 11월경에는 또 한 차례 추가적인 금리 인상이 있을 것이라는 분석도 나오고 있다.

하지만 지난 2년 동안 적지 않은 소상공인과 개인들이 빚을 내어 버텨왔다. 이미 부동산 관련 대출 등으로 인해서 GDP 대비 가계부채가 세계 7위 수준에 이르렀고 가계부채 증가율은 최고인 상황에서 섣부른 기준금리 인상은 서민들에게 매우 큰 부담으로 다가올 것이기에 조심스러울 수밖에 없을 것이다. 따라서 저금리 기조는 최소 1~2년은 더 유지될 것으로 보인다.

코로나19로부터 아직 생산자와 글로벌 물류업체들이 회복되지 못하고 있어서 상품의 공급은 부족한 상황이 상당 기간 이어질 것으로 보인다. 코로나19로 인해서 수요가 완전히 회복되지 못한 상황에서 공급 부족과 확장재정, 저금리로 화폐유통량이 넘쳐나면 물가 인상은 불을 보듯 뻔해진다. 불황 속의 물가 인상이라는 1970년대식의 '스태그플레이션'이 재등장할 것이라는 우려가 경제학계에서 점점 큰 목소리를 내고 있다. 하지만 스태그플레이션이 수요 부족과 원자재 가격 인상으로 인한 것이었다면 현재는 수요가 공급을 초과하는 것이 더 큰 요인이고 OECD와 IMF 모두 올해 세계 경제성장률은 5.7~5.9%로 전망하고 있고 선진국의 경제성장률은 5.2%, 한국의 경제성장률은 4.3%로 예상하는 등 세계 경제가 견조한 성장세를 회복하고 있기 때문에 스태그플레이션으로 보기 어렵다.

(4) 노동

한편 노동 현장에서는 외국인 노동자들의 감소로 일손 부족 현상을 겪고 있다. 항공편 감축 등으로 인해 지난해 일반 외국인 노동자 도입 규모는 6,688명으로 2019년(5만 1,365명)과 비교해 크게 줄었다. 올해 1~3월도 1,412명에 그쳤다. 방문취업 근로자도 2019년 6만 3,339명에서 작년 6,044명으로 급감했다. 농촌 현장에서 외국인 노동자의 경우 7만~8만 원이던 일당이 지금은 12만~13만 원으로 치솟았다는 게 농민들의 얘기다.

　미국에서도 경기는 어느 정도 회복되고 있어서 노동자에 대한 수요가 늘고 있으나 코로나19로 인해서 노동시장에서 이탈한 수백만 명 중 아직 상당수가 취업시장에 돌아오지 않아서 인건비가 상승하고 있다. 영국의 〈이코노미스트〉지는 올해 4월 10일 자 '일의 미래'라는 특집기사에서 자본(설비)은 팬데믹의 영향을 받지 않았으나 노동력은 기존의 인구감소 추세와 새로운 코로나19 영향이 더해져서 공급이 줄어들어 노동의 희소성이 중요해지고 지난 30년간 실질임금이 정체 내지는 하락하던 시대가 끝나고 실질임금이 상승하는 시대가 도래하게 되었다고 내다보았다. 이에 대한 대응으로 기업들은 인공지능과 로봇을 적극적으로 도입해서 노동을 대체하거나 단위 비용당 노동생산성을 끌어올리고자 노력할 것이다.

　코로나19로 인해서 가장 큰 타격을 받은 업종은 식당 및 술집, 숙박, 소매점, 여행, 항공, 미용, 학원 교육, 공연예술, 전시 등 개인 서비스업으로 주로 소규모 사업체 중심의 저부가가치 산업이다. 한국은 이 분야 사업체 숫자만 해도 2019년 기준으로 200만 개가 넘고 종사자 숫자는 700만 명이 넘는다. 사업체들은 이처럼 포화된 레드오션 시장에서 치열한 경쟁을 하느라 사업소득이 낮았고 여기에서 취업한 이들의 근로소득도 낮았다.

　전염병이 인구 중 가장 약한 개체들을 사망으로 내몰 듯 경제적으로 가장 취약한 계층인 소상공인들을 줄줄이 폐업으로 내몰았다. 코로나19가 종식되고 수습단계에 접어든다고 해서 이 분야들의 경기가 다시 과거 수준으로 돌아갈지는 의문이다. 지난 2년간의 사회적 거리두기에 익숙해지고 온라인 소비행태가 더 늘어났으며 혼자 있으면서 정신적 신체적으로 건강한 삶에 대해서 새로운 의미를 찾게 된 사람들의 소비생활 습관과 여가 행태는 과거와 다른 모습을 띨 것이다.

(5) 실업급여

이는 코로나19가 끝나도 개인 서비스업의 구조조정이 지속될 것임을 의미한다. 작년 7월 기준으로 숙박·음식점업 취업자 수는 1년 전보다 22만 5천 명 줄어들어 통계 분류를 개정한 2013년 이후 최대 감소폭을 나타냈다. 그뿐만 아니라 자영업 비중이 높은 제조업(-5만 3천 명)과 도·소매업(-12만 7천 명)도 취업자 수가 크게 줄었고, 교육서비스업(-8만 9천 명)도 타격이 컸다. 이들만 합쳐도 약 50만 명이다. 이에 따라 실업급여 지출이 늘어서 고용보험기금 적립금은 올해 말 4조 7천억 원으로 지난해보다 1조9천억 원이 감소할 것으로 추산된다. 여기서 '빚'에 해당하는 공공자금관리기금 차입금 7조 9천억 원을 제외하면 3조 2천억 원 적자인 셈이다. 노동부는 어쩔 수 없이 내년 7월부터 고용보험료율을 현재의 1.6%에서 1.8%로 0.2% 인상한다는 방침을 발표하였다. 이는 2019년에 1.3%에서 1.6%로 0.3% 인상한지 2년 9개월 만에 또다시 인상하게 된 것이다.

(6) 교육 분야

비대면 활동이 가장 대규모로 이루어진 곳이 교육 분야임을 감안할 때 향후 학교를 중심으로 적지 않은 변화가 발생할 가능성이 크다. 비대면 교육의 효과에 대해서 아직 제대로 된 검증이 이루어지지 못하고 있다. 하지만 개별 학생에 대한 교육 효과만을 따져본다면 전달할 수 있는 정보의 양, 수업 진행의 집중성, 상호작용성 등 측면에서 분명 대면 교육보다는 못하다는 것이 일반적인 평가다. 지난 2년간의 학교 교육에 대해서 질적 차원에 대한 문제 제기가 이루어지고 있어서 코로나19가 종식된 후 수습기에는 소위 '코로나 교육세대'에 대해서 보충적인 교육이 필요하지 않겠는가 하는 논의가 있다.

하지만 비대면 교육은 수업 참여가 어려운 학생들도 교육 기회를 누릴 수 있도록 해주고, 등교를 위한 교통 시간 및 비용을 줄일 수 있고, 학교 근처 주거를 위해 들어가는 비용을 감소 시켜 준다. 각종 강의 과정이 온라인으로 처리되면서 불필요한 행정인력이 줄어들게 되는 이점도 있다. 하지만 비대면 교육이 늘어날수록 학교 교직원에 대한 수요가 줄어들 수 있다. 온라인 수강에 적합한 강의 방식을 잘 준비한 소수의 강사에게 수요가 몰리게 되고 학교 입장에서는 수강 인원의 물리적 제약조건이 없고 교육 효과가 좋기 때문에 이를 적극적으로 활용하는 대신에 그렇지 못한 강사들이나 불필요해진 시설물 및 각종 절차를 관리하는 학교 직원들의 숫자를 줄이려고 할 것이다. 또한 값비싼 대학의 등록금에 대해서 본격적인 문제 제기가 생길 것이다.

(7) 근무 형태

코로나19가 종식된 이후의 수습기에 기업들은 어떤 정도로 재택근무를 지속하거나 아니면 정상 근무로 복귀할 것을 요구할까? 올해 4월에 한국경영자총협회('경총')는 매출 상위 100대 기업을 상대로 재택근무 현황 및 계획을 조사하여 발표하였다.

이 보고서에 따르면 (1) 이들 기업중 91.5%가 어떤 식으로든 재택근무를 시행 중에 있으며 주로 교대 순환 방식(58.7%)을 채택하고 있으며 일부는 (2) 재택근무 필요인력을 선별하거나 개별신청하는 방식(29.3%)을 취하였으며 (3) 필수인력을 제외한 모든 근로자가 재택근무하는 경우는 9.3% 정도였다. 이는 작년 동일 조사에 비해서 교대 순환 방식이 14.3% 증가한 것이고 필요인력 선발 방식은 소폭(2.3%) 증가하였으며 전원 재택근무 방식은 6.6% 감소한 수준이다.

이 조사에서 재택근무의 업무생산성은 정상근무 대비 90% 이상 수준이라는 평가는 40.9%인 반면에 80%대 수준이라는 평가는 이와 거의 동일한 39.4%였다. 전체 평균을 내보면 재택근무의 업무 생산성은 정상근무 대비 83% 수준으로 어찌 되었든 생산성은 하락한 것으로 나타났다. 이는 그나마 이들이 대기업으로써 비대면 상황에서도 원활한 업무처리가 진행될 수 있도록 제도적 기술적 업무 진행 및 성과관리 시스템이 갖춰놓았기 때문이며 이들보다 상황이 안 좋은 중견 및 중소기업들의 재택근무 업무 생산성은 이보다 더 낮을 것으로 추측해볼 수 있다.[4] 그런 까닭에 코로나19 위기상황이 해소된 이후에는 그 이전의 정상 근무 형태로 돌아갈 것이라는 응답이 56.4%로 다수를 이루었으며 코로나19 이후에도 재택근무가 유지 및 확산할 것이라는 응답은 43.6%에 그쳤다.

업무의 성격상 재택근무가 한국보다 더 보편화된 미국 테크기업들도 사무실 복귀를 서두르고 있으며 적절한 형태의 하이브리드 근무 형태를 고안해내고 있다. 구글은 9월부터 기본적으로는 사무실 근무로 복귀하되 재택근무는 개별희망을 받아서 검토 후 허용하는 방향을 정했다. 그러면서 구글은 직원들이 직접 원격 재택근무와 근무지 이전의 경제적 효과를 계산할 수 있는 급여 계산기 '워크 로케이션 툴Work Location Tool'을 개발했다. 이 툴은 원격지 재택근무에 따른 보상과 혜택을 직접 계산하고 생활비가 더 비싸거나 더 싼 도시로 이주할 때 급여가 어떻게 바뀌는지를 보여준다. 테크기업들 소재지는 일반적으로 주택비용이 높기 때문에 그것이 높은 임금에 일정하게 반영되어 있는데 만약 직원이 주택비용이 더 싼 도시에서 원격 재택근무를 한다면 그만큼 임금을 하향 조정하겠다는 것이다. 마이크로소프트, 아마존, IBM 등은 근무 일수 중 일부를 재택근무로 할 수 있게 허용하는 하이브리드 방식을 마련하고 있지만 대체로 정상 근무에 더 많은 비중을 두려고 하고 있다.

하지만 사회적 거리두기로 인해서 오프라인 쇼핑이 줄어든 대신 온라인 상거래 및 활동에 대한 수요가 치솟으면서 소프트웨어 개발자에 대한 수요가 대폭 높아지고 인재유치 경쟁이 치열해지고 있다. 이러한 상황에서 더 유연한 근무를 희망하는 IT 분야 직원들을 붙잡아두기 위해서 재택근무를 계속 허용하는 테크기업들도 늘어나고 있다.

2024년 이후: 포스트 코로나 단계

이처럼 다양한 '수습' 시도들이 2022~2024년의 '범유행 과도기'에 시행된 후 2024년경에는 '포스트 범유행기post pandemic period' 즉 진정한 포스트 코로나 시대가 시작될 것으로 본다. 그러한 시기가 시작되면 우리의 삶이 어떻게 바뀔지는 지금으로써는 예측하기 힘들다. 지금은 항공여객기 내에서 담배를 피우는 것은 상상조차 할 수 없는 일이지만 불과 2000년대 초반만 해도 기내 뒤쪽에는 흡연석이 따로 지정되어 있었고 사무실 안에서도 자리에 앉은 채 담배를 피우는 것은 흔한 광경이었다. 지금은 익숙한 것이 10년 뒤에는 낯선 것들이 되어있을 수 있다.

흑사병 등이 유행하던 14세기에는 종교로 귀의하는 사람들이 늘어났다. 도처에 깔린 생명에 대한 위협을 매일 느끼면서 절대자에게 생명의 구원을 의지하게 되고 타인과 고립되어 적막한 시간을 오랫동안 보내게 되면서 삶의 의미를 되돌아보게 되기 때문이었다. 종교의 영향력이 약해진 현재에는 낯익고 당연시되었던 현실과 일상에 대해서 깊이 있게 성찰해보는 시간이 늘어나게 되었다. 팬데믹의 초기 위협에 허둥대며 기존의 관행에서 벗어나 임기응변식으로 대처했던 경험, 그리고 지난 2년 동안 사회적으로 고립되어 혼자서 생각에 잠길 수 있는 상태가 길어졌기 때문이다.

사람들은 재택근무를 통해서 업무의 본질은 무엇인지 따져보게 되었다. 외식보다는 직접 요리를 하게 되고 실내 생활이 늘어나면서 자신의 몸과 건강에 대해서 되돌아보게 되었다. 혼자만의 시간이 늘어나면서 자신이 기쁨을 얻게 되는 취미는 무엇인지 그리고 그것을 생업으로 삼을 수는 없는 것인지 생각해보게 되었다. 교육은 반드시 학교에 등교하여 교실에서 받아야만 하는 것인지 더 나아가 과연 학교가 필요한 것인지도 고민하게 되었다. 포스트 코로나 시대에는 기존의 익숙한 생활양식 및 사고방식으로부터 탈피하게 되면서 새로운 혁신을 통해서 효율성을 급격히 향상하고 창조적 문화를 꽃피우게 될 수 있다.

포스트 범유행기에 대한 한 가지 흥미로운 예측은 역사적으로 볼 때 전염병으로 힘들었던 시기가 끝나고 광적인 소비 열풍이 불어닥치던 현상이 재현되리라는 것이다. 1918년 스페인 독감이라는 팬데믹이 끝난 뒤 찾아온 것은 '광란의 20년대Roaring Twenties'로 불리는 흥청망청의 시대였다. 전쟁과 질병으로 도시를 떠났던 사람들은 다시 도시 생활의 매력을 확인하였고 라디오, 재즈, 문화예술, 스포츠 경기, 정치 집회 등 열정을 다시 불 지피는 활동에 몰두하였다. 물질적 풍요와 도덕적 무절제의 시대를 묘사한 피츠제럴드의 소설 《위대한 개츠비》의 배경이기도 하다. 물론 처참한 제1차 세계대전과 팬데믹을 함께 겪었던 시대라는 점에서 지금과는 비교하기 어렵다. 그런데 14세기 흑사병이 지나간 후의 유럽에서도 역시 궁핍과 공포에서 살아남은 기쁨으로 무절제한 향락과 소비가 만연했다는 기록이 있는 것을 보면 전염병의 대유행 이후 소비와 사회적 열정의 부활은 막연한 예상이 아닐 수도 있다.

장기적 시각으로 본 2022년: 분열과 연결

여기까지는 주로 정책과 제도, 기업과 노동, 교육과 보건의료 등 객관적인 측면에서 지난 2년, 앞으로의 2년 등 단기적으로 코로나 시대의 변화를 예상해 보았다. 하지만 이러한 변화의 밑바닥에는 더 큰 조류가 형성되고 있다. 앞서 하지현 교수는 코로나 시대가 우리 개인들에게 미친 심리적 영향에 대해서 고찰하였다. 여기서는 좀 더 장기적 시각에서 개인의 행동과 사회의 갈등의 변화양상을 살펴보고 코로나 시대가 이러한 장기적 흐름에 어떤 영향을 미칠지 짚어보고자 한다.

바다 위의 수면은 잠잠하기도 하고 파도가 일기도 하고 폭풍우가 치기도 한다. 하지만 바다 깊은 곳에는 천천히 하지만 꾸준히 일정한 방향으로 흐르는 거대한 조류가 있다. 프랑스 아날학파 역사학자 페르낭 브로델 Fernand Braudel이 사회 현상들의 밑바닥에서 영향을 미치는 더 큰 흐름을 파악하기 위해서는 사건 시간대, 국면, 장기 지속, 초장기 지속이라는 네 가지 관점을 동시에 가지고 역사를 바라보아야 한다고 주장하였다. 이러한 시각은 우리가 현재의 변화를 바라보는데 하나의 입체적 시각을 제공해 줄 수 있다.

"天下大勢 分久必合 合久必分"

이것은 명나라 초에 나관중이 쓴 소설 〈삼국지연〉의 맨 처음 문장이다. "천하의 대세는 천하가 나눠진 지 오래되면 반드시 합쳐지고 합쳐진

지 오래되면 반드시 나눠진다"라는 뜻이다. 그렇다면 21세기로 접어든 지 22년이 지난 지금은 '合'과 '分' 중 어떤 때일까. 찰스 디킨스^{Charles Dickens}의 유명한 《두 도시 이야기》 첫 문장을 본떠서 대답해본다면 "분열의 시대이고, 또한 연결의 시대이다."[5] 코로나19는 관성적으로 유지하던 기존 시스템으로부터의 분열을 가속함과 동시에 줌^{zoom} 미팅과 유튜브^{YouTube} 등 새로운 연결 또한 가속했다.

기존의 공동체나 조직, 기존의 정치적 구조나 국제 체제로부터 하위 단위들이 분열되고 서로 갈등하는 양상은 과거에도 존재했던 일이다. 20세기 내내 자본-노동 간에, 이념 진영 간에, 제국주의와 식민지 간에 첨예한 갈등이 존재했다. 하지만 21세기에 진입한 지도 20년이 넘은 지금 벌어지고 있는 갈등의 양상은 20세기와는 다른 모습을 보여주는 것 같다. 20세기의 갈등은 대체로 서구-비서구, 자본주의-공산주의, 자본가-노동자 등 전형적인 이분법적 세계관을 중심으로 전개되었다고 할 수 있다. 심지어 공산주의 진영이 사라진 이후로 21세기 초반까지만 해도 신자유주의에 기반한 미국 중심의 단극적 정치/경제 체제에 포함된 세상과 그렇지 않은 세상으로 나누어져 있었다. 그러나 2010년 이후를 거치면서 새로운 세기의 갈등은 점점 더 다원적, 다층적 차원에서 전개되고 있다.

신봉건주의에서 신부족주의로

동구 사회주의의 몰락과 중국의 시장개방이 본격화되던 90년대에 세계화 시대가 열리기 시작하였다. 이탈리아의 지식인 움베르토 에코^{Umberto Eco}는 20세기가 민족국가의 전성기였던 것에 비해서 21세기는 '新_신봉건체제'가 될 것이라고 말했다.[6] 서구 중세의 봉건 시대에는 보편종교적 영향력과 교단 조직을 통해서 국제적 권력을 휘두르는 교황과 일국적 권력을 가진 국왕과 실제로 지역에서 권력을 행사하는 영주들이 중층적인 영향력을 발휘하였다. 그가 주장한 21세기의 신봉건체제는 국제기구, 다국적 협정, 초국적 거대기업, 글로벌 시민운동 등 국경을 넘어서는 새로운 힘을 가진 주체와 제도들이 국가권력의 절대적 영향력을 밖으로부터 분점하는 동시에, 지방 거대도시를 중심으로 하는 지방정부와 다양한 시민사회 조직들이 안으로부터 국가권력을 잠식해 갈 것이라는 말이었다.

그런데 시간이 지나면서 여기서 한발 더 나아가 훨씬 더 작은 사회적 집단들이 중심이 되어 서로 갈등하는 '新부족주의'로 나아가고 있어 보인다. 한국에는 《타이거 마더》(민음사, 2011)라는 책으로 더 유명한 미국 예일대학 교수 에이미 추아^{Amy Chua}는 《정치적 부족주의》라는 책을 통해서 기존의 좌파 대 우파의 구도가 끝나고 부족별 재배열이 시작되었다고 주장했다.[7] 심지어는 좌파와 우파도 더는 무엇이 공동체를 위해 더 좋은 것인가를 놓고 논리와 정책으로 갈등 및 협의를 하는 세력들이 아니라 일종의 종교화된 좌파적 또는 우파적 문화 코드 및 수사^{rhetoric}를 통한 정체성으로 무장하고 있다고 본다. 그는 이들이 공공의 이익을 위한 합리적인 비판과 토론을 주고받는 것이 아니라 상대방을 실존적 소멸 대상으로 부정하는 부족화로 치닫고 있다고 비판하였다.

이미 30년 전인 1988년에 프랑스 사회학자 마페졸리는 개인주의가 쇠퇴하고 부족의 시대가 도래하리라고 전망했다.[8] 그는 부족주의의 행위자를 합리적 성인이 아닌 '영원한 아이'로 규정한다. 그는 "지나치게 합리화된 사회, 필사적으로 모든 위험을 막아내려는 사회, 바로 그러한 사회 속으로 야만스러운 것이 되돌아온다"고 설명했다. 그러면서 겉으로 보기에는 이질적인 요소들이 하나의 문화적 정체성으로 결집하는 부족이 증가하고 있다고 보았다. 이러한 현상의 밑바닥에는 정신적 열망과 로컬리즘이 있다고 지적한다. 정서적 유대감과 소속감이 부족주의를 강화하는 동인이라는 것이다. 나아가 부족주의가 신(神), 국가, 제도 등 서구를 특징짓는 실체화된 도식적 이념에 대한 전쟁 선포라고 역설한다. 이성과 개인을 중시한 모더니즘을 거쳐 포스트모더니즘 시대에는 감성과 부족이 부상한다는 것이 그의 생각이다.

80~90년대에 유럽에서 시작된 이러한 움직임은 2010년대 들어서 급속하게 전 세계적인 현상이 되어가고 있으며 한국도 예외는 아니다. 도대체 왜 이런 일이 지금 벌어지고 있는 것일까? 마치 코로나19가 1세기 전의 스페인 독감에 대한 데자뷔인 것처럼 이와 유사한 부족주의적 현상들이 1세기 전에도 발생했다. 이 둘 사이에는 자유지상주의적 시장주의와 사

회통합적 미디어의 부재라는 유사한 배경이 존재한다.

19세기 말과 20세기 초의 분열과 갈등

현재 국제체제와 사회 내부의 급격한 분열과 갈등 역시 1세기 전과 매우 흡사해 보인다. 최근 국제체제는 미국의 전일적 헤게모니가 약화하고 국제기구는 유명무실해지면서 중국이 새로운 강대국으로 부상하였고, 러시아와 유럽연합은 독자적 노선을 모색하고 있으며, 중동 지역에서는 이란을 비롯하여 이슬람주의 신정국가 체제가 강화되고 있다. 또한 인종간 접촉 기회가 늘어나면서 상호간 혐오 및 배제 현상도 늘어나고 사회 내부적으로도 갈등의 목소리가 높아지고 있다. 이러한 현상들은 마치 1차 대전 직전의 혼란스러웠던 국제 체제와 사회적 갈등 상황을 보는 듯한 느낌이 든다.

고립된 개인들이 무한경쟁을 벌이는 사회의 도래와 대중매체의 미발달은 1900년대와 1910년대에 비슷한 방식으로 사회의 갈등을 극단화시켰다. 미래를 내다보는 데는 젬병이었지만 자기 시대에 대한 분석만큼은 탁월했던 칼 맑스Karl Marx는 〈공산당 선언〉에서 다음과 같이 썼다.

"부르주아지는 자신들이 지배권을 획득한 곳에서는 어디서나 모든 봉건적, 가부장적, 목가적(牧歌的) 관계를 파괴했다. 부르주아지는 사람을 타고난 상전들에게 얽매여 놓고 있던 온갖 봉건적 속박을 가차 없이 토막

내 버렸다. 그리하여 사람들 사이에는 노골적인 이해관계와 냉혹한 '현금 계산' 외에는 아무런 관계도 남지 않게 되었다. 부르주아지는 종교적 광신, 기사적(騎士的) 열광, 속물적 감상 등의 성스러운 황홀경을 이기적인 타산이라는 차디찬 얼음물 속에 집어넣어 버렸다."[9]

19세기 후반과 20세기 초에 걸쳐서 이루어진 서구의 급격한 자본주의화는 전통적인 농촌 지역 및 가족 중심의 공동체적 사회구조를 해체하고 농지에서 쫓겨나 도시에서 떠도는 빈곤한 개인들을 양산해내었다. 농촌공동체의 해체는 단순히 사회적 관계의 해체만을 의미하는 것이 아니라 그에 속해 있던 개인의 정체성 기반을 허무는 것이다.

정체성을 형성한 물리적 사회적 기반이 해체되었지만 개인들이 가지고 있던 정체성은 여전히 강한 힘을 가지고 지속해서 개인에게 영향을 미치고 규정한다. 이렇게 되면 개인들은 자아의 기반인 정체성과는 적대적인 현실을 일상적으로 겪게 된다. '정보 시대' 3부작으로 유명한 스페인의 사회학자이자 커뮤니케이션학자인 마누엘 카스텔Manuel Castells은 "정체성은 사람들이 가지는 의미와 경험의 원천"[10]이라고 말했다. 사람들은 자신의 문화적 정체성을 통해서 현실과 경험을 해석하고 삶에 의미를 부여한다. 만약 자신이 사는 현실과 자신의 정체성이 괴리된다면 사람들은 정신적 혼란에 빠지게 된다. 이러한 개인들이 깊은 좌절감에 빠지게 된다. 정체성과 어긋나는 현실에 대한 이들의 반발은 존재론적 저항이기 때문에 상당히 폭력적 양상을 띠게 된다. 그렇기에 19세기 말과 20세기 초는 무정부주의적 테러, 반유대주의와 같은 희생양 찾기, 계급간의 폭력혁명으로 얼룩졌다.

　인도 출신이면서 영국 왕립문학학회 회원으로 런던에서 활동하고 있는 비판적 사상가인 판카지 미슈라Pankaj Mishra는 21세기 중동 지역을 중심으로 확산하고 있는 폭력적 갈등과 테러 현상은 서구 대 비서구의 충돌, 또는 종교적 광신도의 미친 짓이 아니라 역사적으로 깊은 뿌리가 있다고 주장했다.[11] 그에 의하면 유럽에서 18세기 후반부터 20세기 초반에 이르는 동안 변화하는 자본주의적 사회구조에 적응하지 못해 떠밀리고 뒤처지고 버려진 자들의 고통과 비애, 분노가 집단적이고 폭력적으로 분출되어 프랑스 계몽주의와 대혁명, 독일 낭만주의와 군국주의, 러시아의 무정부주의 테러, 공산주의 혁명, 이탈리아 민족주의-파시즘이라는 사회적 충돌을 만들어내었다. 그는 이러한 역사적 현상이 20세기 말과 21세기 초에 다시 공산주의 몰락 이후의 동유럽 인종청소, 중동 지역의 테러, 서유럽의 난민 혐오 폭력, 트럼프로 대변되는 미국 내의 인종주의적 포퓰리즘에서 유사한 형태로 반복된다고 보았다.

　19세기에 유럽에서 보편화된 계몽주의적 원칙들은 개인의 권리와 자유의 지상적 가치를 주장하고 전례 없는 기회와 번영을 창출했지만, 이러한 원칙들은 개인이자 보편 인류의 일원인 사람들에게 호소하는 것이다. 만약 자아가 강하고 충분한 능력을 보유하고 있는 사람들(대체로 엘리트 집단의 구성원)이라면 개인주의만으로도 삶의 안정성을 확보할 수 있다. 그렇지 못한 사람들은 자신의 생존과 안전을 위해서 악전고투하지만 결국 실패하게 되거나 끝없는 불안정성에 빠질 수밖에 없다. 이러한 상황에서 취약한 개인들은 강한 귀속감을 주는 부족적 집단을 갈망하게 된다. 개인의 불안정성과 막대한 사회적 불평등이 존재하는 상황에서 개인의 가치를 최우선시하는 보편적 원칙과 인류애는 중간지대에 있는 집단적 열정과 경쟁하기 어렵다. 이렇게 부족화된 집단은 자신과 다른 정체성을 가진 집단과의 갈등과 혐오를 통해서 자기 정체성을 강화하고 확대재생산한다.

제1차 및 제2차 세계대전과 그 이후의 안정기

제1차 대전을 전후로 한 본격적인 민족국가의 발흥은 좀 더 큰 단위의 공동체인 민족으로의 귀속감을 고취해서 부족적 갈등을 감소시켰다. 새롭게 등장한 대중매체는 이를 위한 도구로서의 역할을 충분히 발휘하였다. 그 대가로 두 차례나 국가 간의 처절한 전쟁을 겪어야 했지만, 개개인들은 소외감이나 좌절감보다는 공동체적 열정 속에서 자신들을 고양했다. 그리고 제2차 세계대전 이후 30~40년 동안 민족주의적 열정은 가라앉았지만, 개인들과 부족적 집단의 분노와 폭력이 상대적으로 감소했다. 그 이유는 원초적 자본주의하에서 생존하기 위한 개인들의 몸부림이 동일한 이해관계를 관철하기 위한 계급적 단결로 이어졌기 때문이다. 이러한 힘은 전후에 서유럽에서 정치 영역으로는 복지국가 체제를 탄생시켰고 경제 영역에서는 기업이 준공동체적인 역할을 하는 자본주의를 성립시켰다.

농촌을 기반으로 한 봉건적 사회관계가 해체되고 대도시가 형성되면서 현대적 경제 체제는 공산주의든 자본주의든 가족을 제외하면 오직 경제적 이해관계만이 존재하게 되었다. 이러한 상황에서 개인들이 새로 찾은 공동체는 기업 조직이었다. 동아시아 기업들이 슬로건으로 표방했던 '가족 같은 회사'는 아니더라도 (노조를 포함한) 기업 조직은 20세기 후반기 수십 년 동안에 걸쳐서 연약한 개인들에게 안정적 사회생활을 영위할 수 있게 해주는 귀속감을 제공하였다.

유럽에서는 노조가 경영에 참여하는 이해관계자 자본주의가 정착했으며 미국에서 50~70년대에 자리 잡은 경영자 자본주의 역시 주주의 이익보다는 경영자-노조-지역사회의 복지를 중시했던 일종의 변형된 이해관계자 자본주의로 볼 수 있다.[12] 이로 인해서 20세기 후반기에 개인들은 고립으로 인한 좌절과 폐해로부터 어느 정도 벗어날 수 있었다.

하지만 한편에서는 다른 목소리들이 나오기 시작하였다. 민족국가 수립, 민주주의 정착, 중산층 경제의 형성은 근대적 프로젝트였으며 국민을 하나의 공동체로 묶어주는 집단적 목표였고 정치는 이러한 집단적 목표를 체현하기 위한 제도였다. 이러한 근대 공동체를 형성시켜주는 프로젝트의 목표가 성공리에 완성되자 공동체를 하나로 묶어주는 이상은 이제 존재하지 않게 되었다. 성공으로 인한 역설이라고 할 수 있다. 대신에 이러한 목표를 달성하는 과정에서 소외되었던 집단들이 그동안 억눌려왔던 불만을 적극적으로 표출하기 시작하였다. 청년들 중심의 68혁명 운동, 페미니즘, 반인종차별 운동, 소비자 운동, 환경운동 등이 그러한 예였다.

한국 사회에도 공동체가 중심이 된 근대적 프로젝트가 두 차례 있었다. 첫 번째 프로젝트는 국가안보였다. 이는 북한의 남침 위협이라는 존재론적 위기감에서 출발한 것이었다. 경제개발 5개년 계획은 최종적으로 중화학공업에 의한 국방산업 육성과 북한에 대한 군사적 우위를 목표로 하였다. 이를 위해서 다른 목소리는 억제되어야 했다. 1980년대에 이르자 한국 국민들은 이미 남한 경제가 북한에 절대적으로 우위에 도달하였으며 북한이 더는 군사적으로 남한을 이길 수 없다는 사실을 인식하게 되었다.

1970년대에는 안보 의식에 억눌려서 소수의 목소리였던 민주화 운동이 1980년대에 큰 호응을 받으며 터져 나올 수 있었다. 대한민국 공동체의 두 번째 프로젝트인 민주주의는 그 후 20여 년에 걸쳐서 차례차례 의회, 청와대, 중앙정부, 지방정부, 각종 제도를 시민사회로 돌려주는 과정을 밟아서 대체로 2002년 노무현 정부가 출범하면서 마무리되었다. 그 이후 약간의 후퇴와 복귀가 있었지만 큰 방향에 영향을 주지는 못했다.

민주화운동 과정에서 다양한 사회적 그룹들은 자신들의 구체적 이해관계나 목소리보다는 정치 권력을 민주화하는 프로젝트에 함께 힘을 합쳤기 때문에 개별 그룹들은 겉으로 잘 드러나 보이지 않았다. 그러나 민주주의가 완성되고 공동체적 목표로서의 의의를 상실하자 민주화 운동의 목소리에 가려져 있던 다양한 집단들은 자신만의 목소리를 내기 시작했다.

글로벌 신자유주의의 충격과 다극화 시대

전후에 정치경제적으로 상대적 안정을 유지해왔던 국제적 환경은 90년대 들어서 환경이 갑자기 변화하기 시작하였다. 수십 년 동안 서구의 시장경제와는 분리된 채 자족적으로 운영되던 중국과 러시아 및 동유럽의 사회주의 국가 진영이 90년대 초부터 급속히 대외적으로 문호를 열면서 글로벌 시장경제에 편입되었다. 여기에 더해 전자적 원거리 통신수단의 발달이 진전되면서 자본은 자신의 이익 극대화에 가장 최적화된 지역으로 언제든지 손쉽게 공장과 설비를 이동할 수 있게 되었다. 그나마 지역에 남아있는 회사조직도 국가 간 산업 간 경계가 모호해지면서 치열한 경쟁으로 내몰렸고 비용 절감을 위해서 자신의 핵심경쟁력 이외의 기능과 인력은 상당 부분 외주outsourcing로 돌려버렸다. 노동조합은 유명무실해졌고 복지국가는 축소되었다. 정규직 취업자의 수는 축소되고 언제든지 정리될 수 있는 불안정한 신분의 비정규직 숫자가 급속도로 확대되었다. 소위 신자유주의의 시대가 도래한 것이다.

회사도 노동조합도 개인에게 더는 안정감을 제공할 수 없었다. 개인들은 끊임없이 변화하는 상황에 적응하기 위해서 허덕이며 뛰어다녀야 했다. 한쪽에서는 소득과 자산이 눈이 휘둥그레질 정도로 늘어나는데 다른 한쪽에서는 계약직과 무직 상태를 반복하는 불안정한 사람들이 급격하게 늘어났다. 플랫폼기업의 등장으로 인해서 그때그때 일거리가 생겼다가 없어졌다가 하는 플랫폼 노동은 삶의 불안정성을 더욱 심화시키고 있다. 결국 많은 사람이 현실에서 낙오하게 되고 불평등과 불공정에 좌절하여 사회에서 고립되고 생존의 두려움에 떨게 된다.

　　이들은 취약해진 자기 삶에 의미를 부여해 줄 내용과 이를 공유하는 사람들 즉 '정체성'이 같은 사람들을 절실하게 필요로 한다.[12] 합리적 모더니즘(근대주의)에서 사람들은 경제적 이해관계, 같은 직업 등을 기반으로 계약적 집단을 만든다. 반면에 독특한 취향과 마니아적 관심은 포스트모더니즘의 발현이고 어디 출신(학교, 지역, 성별 등)인지를 따지는 것은 전근대적 관계이다. 차가운 합리적 모더니즘에 저항했던 전근대적 관계는 21세기의 新부족주의 시대에 포스트모더니즘과 다시 만나게 된다. 민주주의가 정착되고 계급투쟁을 찾아보기 힘들게 된 유럽에서 오히려 지역 정당이 등장하였듯이 한국 정치권에서도 지역주의는 새로운 힘을 얻었다. 정치권에서는 지연과 학벌주의는 물론이고 '운동권 부족주의'까지 등장하였다. 온라인상에서는 일베와 메갈이 비난을 주고받는가 하면 각자의 아이돌에 대한 열광을 정체성으로 삼은 팬 조직 간에는 하루가 멀다 하고 설전이 벌어진다.

미디어와 정체성: 대중매체와 사회통합

정체성의 핵심은 다른 정체성과의 접촉 및 비교에 의한 문화적 차이에 대한 자각이고 이는 커뮤니케이션 과정을 통해서 형성된다. 따라서 정체성 형성에 있어서 미디어는 매우 중요한 역할을 한다.

20세기의 정체성은 대체로 대외적으로는 민족이었고 대내적으로는 계급이었다. 다른 민족과의 접촉 및 구별을 통해서 국민은 민족 정체성을 가지게 되었고 정당을 매개로 한 계급 간의 갈등에 의해서 주요 계층들은 계급적 정체성을 형성하게 되었다. 이러한 정체성을 형성하는 데 가장 큰 역할을 한 것은 신문, 라디오, TV방송 등 대중매체였다. 전 국민을 대상으로 한 매체는 설비와 자본이 필요했고 역으로 윤전기나 촬영 및 송출 장비 등 자본이 많이 투입되어야 하는 매체는 전 국민을 대상으로 해야만 재정상 운영이 가능했다. 이 미디어들은 시골 구석구석까지 사회 주도세력의 메시지를 전파하여 민족국가의 국민이 공동체로써 단합될 수 있도록 해주었다. 언어 또한 계층과 지역을 막론하고 국민 누구나 쉽게 이해할 수 있는 표준어를 사용하여야 했다.

이러한 매체를 운영하고 메시지를 만들어내는 주체들은 모두 고등교육을 받은 중산층 계급이었다. 저학력 저소득층이나 다수파 정체성과 다른 정체성을 가진 사회적 소수자 그룹들은 대중매체를 통해서 자신들의 메시지를 전파하는 것이 매우 어려웠다. 대중매체를 제외한 일상적 커뮤니케이션은 결국 자신이 속한 조직 내에서의 면대면 직접 대화였다.

앨버트 허쉬먼Albert Hirschman의 조직행동 이론에 따르면 일반적으로 조직 내에서 주류 집단과 의견이 다른 소수파가 취할 수 있는 행위는 3가지이다. 첫 번째는 목소리를 높여서 자기주장voice을 하여 자기가 속한 조직에 변화를 가져오는 것이다. 두 번째는 해당 조직에서 이탈exit하는 것이고 세 번째는 주류 집단의 견해에 복종loyalty하는 것이다.[13] 조직에서 이탈하였을 때 자신이 소속감을 느낄 수 있는 또 다른 사람들이나 조직을 쉽게 찾을 수 있으면 다행이지만 중앙집중적 대중매체만 존재하는 상황에서 다른 소수파 의견 집단을 찾기는 쉽지 않다. 어쩔 수 없이 이탈보다는 조직 내에서 자신의 목소리를 내고 다수파 의견의 조직 구성원들과의 면대면 대화를 통해서 의견을 개진하며 조율하고 절충하는 것이 대부분이다.

이를 통해서 개인은 자신의 의견을 부분적으로 반영시키면서 다수파의 견해도 어느 정도 수용하게 된다. 조직은 이들의 의견으로 인해서 어느 정도 변화할 수 있다. 물론 가부장적인 조직문화에서는 나이가 적고 직급이 낮고 특히 여성이면 일방적으로 자신의 의견이 무시될 수 있다. 하지만 조직의 주도적 집단은 다른 목소리의 존재를 인식하게 되었기 때문에 이를 염두에 두고 행동하게 된다. 이처럼 조직 내에서의 면대면 대화는 사회적 통합의 기제로 작용한다.

면대면 대화는 실제로 상대방의 실체와 직접 마주 보며 대화하는 것이기에 내면의 강렬한 정서를 그대로 드러내기보다는 어느 정도 억제된 상태에서 진행하게 된다. 하지만 온라인을 통해서 자신과 정체성이 같은 사람들을 쉽게 찾을 수 있고 이들과 쉽게 커뮤니케이션할 수 있다면 굳이 자신의 감정을 억제해가면서 또 자신의 주장을 타협해가면서 면대면 대화를 진행할 인센티브가 줄어들게 된다. 그렇게 되면 조직을 운영하는 중심부에서는 조직 하부의 다양한 목소리를 들을 기회가 점점 줄어들고 설득할 수 있는 계기도 줄어들게 되고 사회 통합적 기능이 축소된다. 코로나19로 인해서 확산하고 장기화된 재택근무는 비대면 커뮤니케이션을 핵심수단으로 사용하면서 이러한 추세에 가속도를 붙였다고 할 수 있다.

온라인에서는 물리적 실체로서의 사람이 아니라 ID를 내세운 비실물 대화상대와 텍스트를 통해서 커뮤니케이션한다. 따라서 자신과 정체성이 다른 집단에 대한 공격성을 온라인을 통해서 노출하는 것에 대해서 부담을 훨씬 적게 느끼게 된다. 이처럼 비대면 접촉은 사회통합적 대화를 감소시키는데 그치지 않고 사회분열적 갈등을 촉진하기까지 한다. 최신의 테크놀로지는 이러한 분열과 갈등을 더욱더 강화하는 쪽으로 발전하고 있다.

미디어와 정체성: 소셜 미디어와 부족주의

21세기의 가장 중요한 테크놀로지 2가지를 들라고 하면 단연코 인공지능과 스마트폰이다. 스마트폰은 지금까지 나온 모든 미디어 중에서 가장 개인적인 미디어이자 중단 없는 미디어다. 데스크톱 컴퓨터도 퍼스널 컴퓨터로 불리면서 개인적 성격이 강하지만 하루에 일정 시간만 사용한다. 가족 구성원들이 1대의 데스크톱 컴퓨터를 공유해서 사용하기도 하고 한 사람이 집과 사무실의 컴퓨터를 사용하기도 하며 도서관이나 PC방 등 공공장소의 컴퓨터는 다중이 사용한다. 랩톱 컴퓨터는 그보다는 더 개인적이고 접근 가능성이 높지만, 여전히 특정 개인에게 전속되어 있다고 보기 힘들다. 그러나 통신네트워크는 스마트폰에 탑재된 통신 모듈 칩에 있는 전 세계에서 유일무이한 ID identification를 식별한다. 따라서 스마트폰은 그야말로 전 지구에서 한 개인에게만 전속으로 제공되는, 시공간의 제약이 없는 미디어이다.

인공지능의 핵심기능 중 하나는 identification, 즉 검색 및 분석을 통한 '식별' 능력이다. Identification이라는 단어로부터 알 수 있듯이 이는 수없이 많은 대상 중에서 identity가 같은 대상, 즉 정체성이 같은 대상을 선별해내는 능력이다.

이 두 가지 혁신적 테크놀로지가 결합된 서비스가 바로 소셜 미디어이다. 인공지능을 활용한 소셜 미디어의 추천 알고리즘은 수천만 명, 수억 명의 사람들 가운데 나와 가장 유사한 사람들과 친구를 맺으라고 제안해준다. 그리고 언제 어디서나 그들과 나를 연결해준다. 같은 정체성을 가진 '부족'과의 접촉을 용이하게 해주어 쉽게 뭉치게 해주는 한편 정체성이 다른 타 부족과의 접촉 또한 용이하게 해주어서 이 둘 간의 갈등을 조장하게 된다.

페이스북과 같은 소셜 미디어는 알고리즘을 통해서 이러한 현상을 한층 더 부채질한다. 올해 9월에 월스트리트저널을 통해서 페이스북의 내부비리를 폭로 고발한 프랜시스 호건^{Frances Haugen}은 10월 3일 TV 프로그램에 출연해서 페이스북이 사회에 미친 해악을 고발하였다. 그녀는 페이스북의 알고리즘이 사용자 참여를 늘리기 위해서 증오심을 유발하고 사회를 분열시키고 양극화시키는 콘텐츠들을 의도적으로 사용자들에게 노출하였다고 말했다. 그녀는 만약 알고리즘을 더 사회적으로 안전한 방향으로 바꿀 경우 사람들이 페이스북에서 보내는 시간이 줄어들고 광고를 더 적게 클릭하게 돼서 돈을 못 벌게 된다는 것을 페이스북이 알고 있었다고 비판했다.

디오니소스적 부족과 새로운 결합

모든 현상에는 부정적 측면과 함께 긍정적 측면도 동시에 존재한다. 《부족의 시대》를 쓴 마페졸리는 부족주의가 반드시 부정적인 것만은 아니며 또 다른 희망의 근원이 될 수도 있다고 말한다. 그는 다원주의, 수평적 네트워크, 감성적 연대, 감각적 관계에 기반한 新부족주의에서 기존 질서를 파괴하고 상상하지 못했던 방식으로 새로운 것을 생성하는 창조적 힘을 재발견할 수 있다고 지적한다.

그가 보기에 新부족주의의 행위자는 근대적 주체, 합리적 성인이 아닌 '영원한 아이'이며, 이를 상징적으로 보여주는 존재가 '디오니소스'이다. 이성적이고 합리적이며 질서를 상징하는 아폴로와 반대로 디오니소스는 삶의 아노미적인 것들, 유희적이고 무질서한 측면을 나타낸다. 디오니소스적 에너지는 논리와 이해관계를 넘어선 새로운 즐거움을 주는 산출물을 만들어낼 수도 있다.

어쩌면 분열에 대한 우려는 이상에 맞춰 삶의 세계를 재단하고 보편주의를 당위적인 것으로 설파해온 근대 특유의 엘리트주의적 비판에서 나온 것일 수 있다. 분열은 새로운 결합을 위한 전제조건인지도 모른다. 부족들 간의 네트워크에서 갈등과 다툼도 있겠지만 결합과 연대도 있을 것이다. 오스트리아 출신 경제학자 슘페터는 혁신이란 생산요소들을 새로운 방식으로 결합하는 것이라고 정의하였다.

최근 세계적으로 바람을 일으키고 있는 여러 가지 K-콘텐츠는 결코 과거 그대로의 한국 문화가 아니라 우리 안의 다양한 요소들, 때로는 서로 갈등적일 수 있는 요소들을 솜씨 있게 버무려 새로운 매력을 만들어낸 것이다. 갈등을 회피하기보다는 그것들이 각기 충분히 발전하도록 하면서 서로 만날 수 있는 장을 마련하는 것이 오히려 사회발전에 도움이 될 것이다.

코로나19는 그렇지 않아도 그동안 점점 더 시대적 유효성이 떨어져가면서 관성적으로 유지되어오던 기존의 엄숙한 틀에 중대한 일격을 가하여 새로운 하위그룹들이 더욱 자유롭게 자신의 본질적 창의력을 발산하는

데 도움을 주었다고 할 수 있다.

지금의 20대는 유년기부터 스마트폰으로 관계 맺기를 해온 세대이다. 새로운 관계 맺기 방식은 새로운 부족을 만들어내고 새로운 갈등을 유발한다. 이들은 기성세대와 기존의 프레임 속에서 대립하는 것이 아니라 기성세대들의 기본 전제 틀들을 무시하는 방식으로 등장하고 있다. 이는 기존의 정치적 명제나 공동체 조직방식으로는 이들을 수용하고 조정하기 어렵다는 말이다. 따라서 갈등은 기존 틀 밖에서 격화될 수밖에 없고 여러 차례의 충돌을 거치면서 새로운 거버넌스 체계를 갖추게 될 것이다.

국내외적으로 분열 이후에 새로운 거버넌스 체제가 정착하게 되는 과정이 평화롭고 점진적인 과정을 거치면 다행이지만 20세기 전반기(1920~1945)의 과정을 되돌아보건대 그런 희망에 과도한 기대를 걸기도 어려워 보인다. 그나마 20세기라는 인류 역사상 가장 비극적인 국내외적 폭력의 시대적 경험이 있기에 21세기에는 조금은 더 현명하게 대처를 하리라고 기대해볼 따름이다.

1. 〈그레이트 컨버전스〉(세종연구원, 2019))

2. 〈어두운 시대의 사람들〉(한길그레이트북스, 2019)

3. 《신의 화살》(윌북, 2021)

4. 취업포털 인크루트가 올해 4월에 실시한 조사에 의하면 대기업 재직자 51.1%는 재택근무를 하고 있지만, 중소기업 재직자는 12.2%에 그쳤다. 또 지난 1년간 재택근무 경험비율로 살펴보면 대기업 재직자와 중견기업 재직자는 각 70.5%, 67.8%로 높은 수준을 보였지만, 중소기업 재직자의 경우 43.4%로 절반에 못 미쳤다.

5. "최고의 시절이자 최악의 시절이었다. 지혜의 시대이자 어리석음의 시대였다. 믿음의 세기이자 의심의 세기였으며, 빛의 계절이자 어둠의 계절이었다. 희망의 봄이자 절망의 겨울이었다. 우리 앞에 모든 것이 있었고, 우리 앞에 아무것도 없었다. 우리 모두 천국 쪽으로 가고 있었고 우리 모두 반대 방향으로 가고 있었다."(《두 도시 이야기》, 찰스 디킨스, 창비, 2014)

6. 《포스트모던인가, 새로운 중세인가》,(새물결, 2005)

7. 《정치적 부족주의: 집단본능은 어떻게 국가의 운명을 좌우하는가》(부키, 2020)

8. 《부족의 시대: 포스트모던 사회에서 개인주의의 쇠퇴》(문학동네, 2017)

9. 위키문헌 https://ko.wikisource.org/wiki/번역: 공산당_선언/부르주아와_프롤레타리아

10. 《정체성 권력》(마누엘 카스텔, 한울아카데미 2008) p.23

11. 《분노의 시대: 현재의 역사》(열린책들, 2018)

12. 《변화하는 미국경제, 새로운 게임의 룰》(마리나 휘트먼, 세종서적, 2001)

13. '정체성'이란 말은 영어 identity를 옮긴 말인데 이 단어의 라틴어 어원은 idem으로 "같은"이라는 뜻이고 명사형은 identitas으로 '나와 같은 사람들'을 말한다.

14. 《떠날 것인가, 남을 것인가》(나무연필, 2016)

3부

주제별로 살펴본 2022-2023 전망

3장

회자정리 거자필반의
세계 경제

차현진
한국은행 금융결제국 자문역

1985년 한국은행에 들어가서 조사부, 자금부, 금융시장국 등에서 근무했으며
워싱턴사무소장, 기획협력국장, 커뮤니케이션국장, 인재개발원장, 금융결제국장,
부산본부장 등 여러 직책을 통해 다양한 경험을 했다.
대통령 비서실 행정관과 미주개발은행 컨설턴트 등의 경험도 있어서 경제를
살피는 눈이 크고 남다르다.

2022년 세계 경제와 한국 경제는 지표상으로 그다지 나쁘지 않다. 잠재성장률 정도의 성장을 이어가는 가운데 고용 사정도 조금씩 개선될 것으로 보인다. 물가상승과 이를 의식한 각국 중앙은행의 금리인상 러시 등의 가능성은 크지 않다.

리스크는 중국 경제의 침체 또는 미중 관계의 악화에 있다. 현재 수습과정을 걷고 있지만, 중국 부동산 시장에서 2위를 기록하는 헝다그룹의 유동성 위기가 제대로 해결되지 않을 경우 2022년 중국과 세계 경제는 상당한 충격을 받게 될 것이다. 중국의 정책당국이 헝다 사태를 성공적으로 제어하더라도 경제체력의 손실은 불가피하다. 그렇다면, 일대일로一帯一路 계획에 추진력이 줄어들고, 이 계획에 참여하고 있는 아시아, 아프리카 국가들의 경제운용에도 주름살이 갈 수 있다.

미·중갈등도 중대한 리스크의 하나다. 트럼프 행정부 때는 무역갈등으로 표출되었지만, 바이든 행정부 2년 차인 2022년부터는 금융갈등으로 이어질 가능성이 엿보인다. 중국이 야심차게 추진 중인 중앙은행 디지털화폐(CBDC) 발행이라든가 이미 구축한 신용카드 통제 시스템(왕롄청산유한공사)에 대해 미국이 서방세계의 보이콧을 유도할 가능성이 있다. 기후변화 대응을 이유로 중국을 압박할 수도 있다. 이에 대해 중국도 여러 가지 방식으로 대응할 것이 분명하다. 이는 세계 경제를 긴장시키기에 충분하다.

한국 경제에서 재정적자나 인플레이션 등은 상대적으로 큰 문제가 아니다. 가장 큰 관건은 부동산 시장 안정과 가계부채 문제의 연착륙이다. 새로운 정부가 부동산과 가계부채 문제를 어떤 철학과 강도로 다룰 지에 따라 거시경제정책의 방향이 정해질 것이다.

코로나19, 터널의 끝이 보인다

위기 앞에서 인간은 곧잘 뭉친다. 이견과 불만은 드러나지 않으며, 차이와 특징은 무시된다. 2020~2021년의 세계 경제가 바로 그랬다. 전대미문의 코로나19 위기 앞에서 각국 정부는 민생과 안정을 내세우며 앞 다투어 돈을 쏟아 부었다. 재정적자는 아무도 걱정하지 않았고, 과도한 국가부채도 대수롭지 않게 넘어갔다. 중앙은행들은 인플레이션, 금융 불균형, 빈부격차 확대라는 불길한 단어들을 잊은 채 돈을 풀기 바빴다. 어떤 나라에서는 정부가 국채를 발행하는 족족 중앙은행이 인수해서 금융시장에서는 오히려 국채가 희귀해지는 역설적인 상황이 벌어졌다. 바로 이웃나라 일본의 이야기다(일본 국채의 50%를 일본은행이 보유하고 있다).

그런데 코로나19의 어두운 터널 끝이 보인다. 아프리카 대륙을 제외하면, 대다수 나라에서 코로나19 백신 접종률이 60%를 넘었고, 조만간 먹는 백신과 치료제까지 나올 예정이다. 금년 크리스마스 시즌부터 사회적 거리두기를 중단하고 코로나19 바이러스를 생활의 일부(with Corona)로 받아들인다는 선언이 이어질 것으로 보인다. 그렇게 되면, 세계 경제가 터널 밖으로 나가 각국이 각자의 가던 길을 향해 흩어질 것이 분명하다. 그와 함께 그동안 잊고 지냈던 불길한 단어들 즉, 빈부격차, 버블 붕괴, 국가신용등급 하락과 국가 부도, 생산성 저하 등 고질적이고 고전적인 문제들을 두고 각국이 저마다의 씨름을 이어갈 것이다.

전 세계 코로나19 백신 접종 현황 (2021년 9월말 기준)

출처: WHO

    그것이 2022년 세계 경제의 모습이다. 난국 돌파를 위해 잠시 단결했던 모습은 사라지고, 각자의 다름이 강조되고 경제정책도 차별화될 것이다. 한마디로 말해서 회자정리 거자필반(會者定離 去者必返)이다. 2022년 세계경제는 국제교역이 늘어나고 성장도 이어가겠지만, 국가간·지역간·계층간 체감 온도는 상당히 다를 것으로 보인다.

금리인상이 이어질 가능성은 낮아

2022년의 세계 경제성장률은 예년 수준(잠재성장률)을 유지할 전망이다. 2021년보다는 낮아지기는 하겠지만, 그것이 큰 걱정거리는 아니다. 2021년의 경제성장률은 전년도 세계 경제가 마이너스 성장을 기록한 데 따른 기저효과 때문에 이례적으로 높았으므로 그보다 낮아지는 것은 불가피하다. 한국의 경우 2021년의 경제성장률은 4% 안팎이 될 텐데, 이것은 잠재성장률의 거의 2배다. 그러므로 2022년의 경제성장률이 상당 폭 낮아지더라도 걱정할 정도는 아니다.

물가 면에서는 다소 걱정되는 면이 있다. 2021년 초부터 실물경제의 회복과 더불어 일부 국가에서는 물가상승률이 현저하여 인도, 터키, 러시아, 브라질 등이 빠른 속도로 금리를 인상했다. 하반기에 들어서는 국제 원자재의 가격이 상승세를 이어감에 따라 최근에는 일부 선진국 중앙은행들까지 인플레이션이 장기화될 것을 우려하고 있는 상황이다. 미국의 물가상승률[PCE]이 30년 만에 최고를 기록하기도 했다.

그러나 각국 중앙은행들이 인플레이션의 원인으로 지목하는 것은 공급망의 병목현상이다. 다시 말해서 인플레이션이 통화정책 때문은 아니라는 말이다. 경제가 정상으로 복구하면 물가상승폭이 더 커질 것으로 보는 사람들도 있지만, 원자재와 중간재의 생산과 물류가 정상화되면 물가의 상승세가 진정될 가능성이 더 크다. 결국 한국의 가계부채와 같은 특수

주요 국제기구의 세계 경제 전망

| | Year over Year | | | | Difference from April 2021 WEO Projections 1/ | | Q4 over Q4 2/ | | |
| | | | Projections | | | | | Projections | |
	2019	2020	2021	2022	2021	2022	2020	2021	2022
World Output	2.8	−3.2	6.0	4.9	0.0	0.5	−0.5	4.8	3.9
Advanced Economies	1.6	−4.6	5.6	4.4	0.5	0.8	−3.0	5.9	2.6
United States	2.2	−3.5	7.0	4.9	0.6	1.4	−2.4	8.0	2.8
Euro Area	1.3	−6.5	4.6	4.3	0.2	0.5	−4.7	4.8	2.7
Germany	0.6	−4.8	3.6	4.1	0.0	0.7	−3.3	4.9	1.4
France	1.8	−8.0	5.8	4.2	0.0	0.0	−4.6	4.5	2.5
Italy	0.3	−8.9	4.9	4.2	0.7	0.6	−6.5	4.7	2.9
Spain	2.0	−10.8	6.2	5.8	−0.2	1.1	−8.9	7.4	2.8
Japan	0.0	−4.7	2.8	3.0	−0.5	0.5	−1.0	2.2	1.6
United Kingdom	1.4	−9.8	7.0	4.8	1.7	−0.3	−7.3	7.3	2.1
Canada	1.9	−5.3	6.3	4.5	1.3	−0.2	−3.1	5.4	3.6
Other Advanced Economies 3/	1.9	−2.0	4.9	3.6	0.5	0.2	−0.7	4.1	2.9
Emerging Market and Developing Economies	3.7	−2.1	6.3	5.2	−0.4	0.2	1.6	3.9	4.9
Emerging and Developing Asia	5.4	−0.9	7.5	6.4	−1.1	0.4	3.6	4.3	5.9
China	6.0	2.3	8.1	5.7	−0.3	0.1	6.3	4.2	6.2
India 4/	4.0	−7.3	9.5	8.5	−3.0	1.6	1.5	4.2	4.9
ASEAN-5 5/	4.9	−3.4	4.3	6.3	−0.6	0.2	−2.7	4.5	3.5
Emerging and Developing Europe	2.5	−2.0	4.9	3.6	0.5	−0.3	−0.2	3.4	3.5
Russia	2.0	−3.0	4.4	3.1	0.6	−0.7	−1.9	3.9	2.7
Latin America and the Caribbean	0.1	−7.0	5.8	3.2	1.2	0.1	−3.4	3.2	2.5
Brazil	1.4	−4.1	5.3	1.9	1.6	−0.7	−1.2	2.2	1.9
Mexico	−0.2	−8.3	6.3	4.2	1.3	1.2	−4.6	5.0	3.2
Middle East and Central Asia	1.4	−2.6	4.0	3.7	0.3	−0.1	...	...	...
Saudi Arabia	0.3	−4.1	2.4	4.8	−0.5	0.8	−3.9	4.8	3.5
Sub-Saharan Africa	3.2	−1.8	3.4	4.1	0.0	0.1	...	...	...
Nigeria	2.2	−1.8	2.5	2.6	0.0	0.3	−0.6	2.6	2.4
South Africa	0.2	−7.0	4.0	2.2	0.9	0.2	−4.2	1.2	3.1
Memorandum									
World Growth Based on Market Exchange Rates	2.4	−3.6	6.0	4.6	0.2	0.5	−1.2	5.2	3.5
European Union	1.8	−6.0	4.7	4.4	0.3	0.5	−4.4	5.1	2.8
Middle East and North Africa	0.8	−3.0	4.1	3.7	0.1	0.0	...	...	...
Emerging Market and Middle-Income Economies	3.5	−2.3	6.5	5.2	−0.4	0.2	1.6	3.9	4.9
Low-Income Developing Countries	5.3	0.2	3.9	5.5	−0.4	0.3	...	...	...
World Trade Volume (goods and services) 6/	0.9	−8.3	9.7	7.0	1.3	0.5	...	...	...
Advanced Economies	1.4	−9.2	8.9	7.1	0.4	0.7	...	...	...
Emerging Market and Developing Economies	−0.2	−6.7	11.1	6.9	2.8	0.2	...	...	...
Commodity Prices (US dollars)									
Oil 7/	−10.2	−32.7	56.6	−2.6	14.9	3.7	−27.6	50.8	−6.5
Nonfuel (average based on world commodity import weights)	0.8	6.7	26.5	−0.8	10.4	1.1	15.4	17.1	−2.3
Consumer Prices									
Advanced Economies 8/	1.4	0.7	2.4	2.1	0.8	0.4	0.4	3.0	1.9
Emerging Market and Developing Economies 9/	5.1	5.1	5.4	4.7	0.5	0.4	3.2	5.1	4.1
London Interbank Offered Rate (percent)									
On US Dollar Deposits (six month)	2.3	0.7	0.3	0.4	0.0	0.0	...	...	...
On Euro Deposits (three month)	−0.4	−0.4	−0.5	−0.5	0.0	0.0	...	...	...
On Japanese Yen Deposits (six month)	0.0	0.0	0.0	0.0	0.1	0.0	...	...	...

자료: IMF World Economic Outlook

한 사정이 없는 한, 2022년 대다수 국가의 통화정책은 현재 시행 중인 양적완화를 점차 축소(테이퍼링, 자산 축소와 통화 환수)하는 수준에서 진행될

3장 회자정리 거자필반의 세계 경제

	2020	2021	2022
World	-3.4	5.7	4.5
G20[1]	-3.1	6.1	4.8
Australia	-2.5	4.0	3.3
Canada	-5.3	5.4	4.1
Euro area	-6.5	5.3	4.6
Germany	-4.9	2.9	4.6
France	-8.0	6.3	4.0
Italy	-8.9	5.9	4.1
Spain[2]	-10.8	6.8	6.6
Japan	-4.6	2.5	2.1
Korea	-0.9	4.0	2.9
Mexico	-8.3	6.3	3.4
Turkey	1.8	8.4	3.1
United Kingdom	-9.8	6.7	5.2
United States	-3.4	6.0	3.9
Argentina	-9.9	7.6	1.9
Brazil	-4.4	5.2	2.3
China	2.3	8.5	5.8
India[3]	-7.3	9.7	7.9
Indonesia	-2.1	3.7	4.9
Russia	-2.5	2.7	3.4
Saudi Arabia	-4.1	2.3	4.8
South Africa	-7.0	4.6	2.5

	2020	2021
G20[1]	2.7	3.7
Australia	0.9	2.3
Canada	0.7	3.1
Euro area	0.3	2.1
Germany	0.4	2.9
France	0.5	1.9
Italy	-0.1	1.6
Spain[2]	-0.3	2.4
Japan	0.0	-0.4
Korea	0.5	2.2
Mexico	3.4	5.4
Turkey	12.3	17.8
United Kingdom	0.9	2.3
United States	1.2	3.6
Argentina	40.4	47.0
Brazil	3.2	7.2

자료: IMF World Economic Outlook

것으로 보인다.

예를 들어 유로 지역과 일본은 아직 2019년의 경제규모를 회복하지 못했고, 코로나19 위기 중에 금리를 추가 인하하지도 않았다. 따라서 미 연방준비위원회Fed가 2021년 말부터 테이퍼링을 시작하더라도 그것이 유로 지역과 일본의 금리인상 러시로 이어질 가능성은 높지 않다. 다시 말해서 주요국의 주식시장이 긴축적 통화정책 때문에 위축될 가능성은 크지 않다. 한국도 마찬가지다. 혹시 주가가 하락한다면, 그것은 주식시장 내부의 조정 작용 등 다른 요인 때문일 것이다.

재정위기 재발 가능성도 매우 낮아

2022년 세계 경제의 회색 코끼리(잘 알려진 잠재적위험) 중 하나는 재정위기다. 잘 알려진 대로 세계 각국은 코로나19 위기 때문에 전례 없이 돈을 쏟아 부었고, 거의 모든 나라에서 국가채무비율(명목 GDP 대비)은 사상 최고 수준을 기록했다.

그러나 실물경제의 회복과 함께 2022년 이후 국가채무비율은 소폭이나마 낮아질 것이고, 대부분의 나라에서 이례적인 재정지출은 이미 누그러들고 있다. 일부에서는 10여 년 전 그리스의 재정위기처럼 일부 국가에서 재정적자 문제가 재발할 것을 염려하기도 하는데, 적어도 2022년에는 그런 일이 발생하기 어렵다고 보인다.

국제통화기금IMF의 조사(2021년 7월)에 따르면, 코로나19 위기가 시작된 이후 1년 간 각국 정부는 재정지출을 명목 GDP대비 평균 21%포인트 늘렸다. 세수를 따로 늘리지 않았으므로 지출 확대는 재정적자와 국가부채 팽창으로 이어졌다. 일본(72.5%), 독일(63.6%), 영국(48.5%), 프랑스(37.9%), 미국(30.1%) 등 경제가 탄탄하기로 소문난 선진국들이 폭발적 지출을 선도했다. 이들의 재정지출은 이탈리아(78.8%), 스페인(36.3%), 그리스(19.5%), 포르투갈(16.8%) 등 10년 전 남유럽 재정위기를 촉발했던 나라들을 크게 앞선다. 한국(18.4%)의 재정지출 확대는 G7 국가들에 비하면 '새 발의 피'에 불과할 정도다.

코로나19 위기 극복을 위한 재정지출 (명목GDP 대비 %포인트)

	직접지원	간접지원(투융자)	지급보증	기 타	계
G20 선진국					
Australia	16.1	1.8	1.0		**18.9**
Canada	14.6	4.0	3.8		**22.4**
EU 평균	3.8	6.8	0.6		**11.1**
France	7.6	15.6	14.7		**37.9**
Germany	11.0	27.8	24.8		**63.6**
Italy	8.5	35.3	35.1		**78.8**
Japan	15.9	28.3	2.9	25.4	**72.5**
Korea	4.5	10.2	3.7	6.5	**24.9**
Spain	7.6	14.4	13.4	0.9	**36.3**
United Kingdom	16.2	16.1	16.1		**48.5**
United States	25.5	2.4	2.2		**30.1**
G20 신흥시장국					
Argentina	3.9	2.0	2.0		**7.85**
Brazil	8.8	6.2		5.1	**20.0**
China	4.8	1.3	0.4	0.9	**7.4**
India	3.3	5.1	4.3	0.5	**13.2**
Indonesia	4.5	0.9	0.6		**6.1**
Mexico	0.7	1.2		1.1	**2.9**
Russia	4.3	1.5	0.5	0.5	**6.7**
Saudi Arabia	2.2	0.8			
South Africa	5.9	4.1	4.0	0.1	**14.0**
Turkey	1.9	9.4	6.4	2.6	**20.2**
G20 신흥시장국	**9.2**	**6.1**	**4.1**	**1.6**	**21.0**

자료: 국제통화기금(IMF) 2021년 6월말 현재(2020년 명목 GDP 기준)

잘 알려진 대로 글로벌 금융위기가 시작된 직후인 2009년 그리스, 아일랜드, 아이슬란드, 포르투갈이 재정위기를 맞았고, 2011년에는 스페인, 이탈리아가 같은 일을 겪었다. 그러던 끝에 미국의 국가부채까지 주목을 받으면서 S&P사가 2011년 8월 미국의 국가신용등급을 한 단계 낮추기도 했다(AAA → AA+). 그런데 이번에는 미국에서 재정 건전성 문제가 먼저 거론되고 있다. 따라서 다른 나라들은 숨을 돌릴 여유가 있는 것이 사실이다.

미국은 2020년 코로나19 위기 때문에 국가비상사태를 선포하면서 국가부채를 폭발적으로 늘렸다. 하지만 뾰족한 대책이 없어서 국가부채 한도를 1년 간 유예키로 했다. 그 유예기간의 종료 시점에 맞추어 국가부채 상한선을 지금 정치인들이 재조정하고 있는데, 그 과정이 순탄치 않다. 몇 차례의 조율 실패 끝에 바이든 대통령이 2021년 말까지 일단 연말로 그 처리기한을 늦췄다. 지금 의회에서는 국가부채 한도 증액을 두고 입씨름이 계속되고 있다. 결국 국가부채 한도가 늘어나기는 하겠지만, 미국인이 보더라도 지금의 국가부채 수준은 걱정스러울 정도다. 그렇다 해도 코로나19 위기 발생 이후 미국보다 재정지출이 적었던 남유럽 국가와 신흥시장국을 향해 선진국들이 손가락질 할 명분은 없다.

유럽의 경우 남유럽 재정위기가 한창이던 2010년 5월 재정안정기금 EFSF, European Financial Stability Facility을 조성했다. 10년 뒤인 2020년에는 경제회복기금NGEU을 조성했다. EFSF는 회원국 정부로부터 자금을 갹출하여 자금난을 겪는 나라의 국채를 매입하는 단순한 구조였던데 비해 나중에 조성된

NGEU는 기금이 직접 채권을 발행하여 회원국을 지원하는 구조다. 유로 지역이 미국의 연방정부 형태를 향해 한 걸음 더 진화하는 모습이다. 그러므로 2022년에 남유럽 재정위기와 같은 사태가 발생하더라도 이제는 다른 회원국들이 이를 방치하지는 않을 것이다. 코로나19 위기를 맞아 재정지출이 컸던 그리스와 이탈리아는 IMF는 물론이고 유럽 내 여러 기금을 통해서 도움을 받게 될 것이다.

재정건전성이 문제가 된다면, 역내 국가들끼리 결속력이 낮고 역외국가의 도움이 절실한 중남미 지역이 타깃이 될 가능성이 높다. 예를 들어 미국과의 관계가 껄끄러운 엘살바도르가 2021년 9월 미 달러화와 함께 비트코인을 법정화폐로 선언했다. 국제통화기금[IMF]은 애초에 그 계획을 강력하게 반대했다. 그러므로 비트코인의 가격변동과 함께 재정수지의 진폭이 커지면, 엘살바도르는 IMF와 미국에서 지원을 받기 어렵다.

다른 중남미 국가들도 사정이 비슷하다. 온두라스와 파라과이의 경우 중국산 코로나19 백신 시노백을 얻기 위해서 대만과 외교관계 단절을 고려하는 등 그동안 친중 노선을 표명해 왔다. 최근에는 시노백의 효과에 대한 의구심이 커지면서 어느 정도 거리를 두고 있지만, 브라질도 중국에 대해 비슷한 행태를 보였다. 중국에게 지나치게 유화적이라는 의구심을 미국으로부터 받고 있는 게오르기에바 IMF 총재가 이들 친중 성향의 중남미 국가에 위기가 닥쳤을 때 금융지원을 하기는 어려울 것이다. 한마디로 말해서 유사시 중남미는 고립무원이 되기 쉽다. 어쩌면, 친중 외교노선의 수정을 요구하기 위해서 미국이 중남미 경제위기를 기다리고 있

가처분소득 대비 가계부채 비율

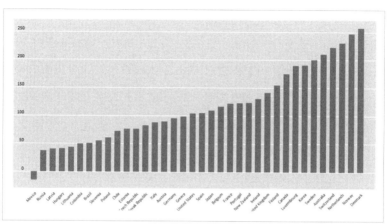

자료: OECD, Household Debt, 2021년 10월

을 수도 있다.

경제위기의 발생가능성을 따지자면, 중국의 일대일로一帶一路 계획에 참여하고 있는 아시아와 아프리카 국가들도 유력한 후보다. 잘 알려진 대로 지금 중국에서는 헝다恒大 그룹의 부도 위기가 심상치 않다. 아프가니스탄에서 이제 막 철수한 미국은 우방국을 도울 여력이 커졌지만, 재벌 그룹의 부도 사태를 처음으로 맞이하는 중국은 이를 수습하기가 벅차다. 그 결과 주변국들과 일대일로 계획을 차질 없이 진행하기가 상대적으로 어려워진다. 경제 원조를 조건으로 일대일로 계획에 협조했던 나라들이 곤란을

겨게 되는 것이다. 국제사회에서 주로 원자재와 노동력을 공급하고 있는 이들 나라들이 경제난을 겪게 되면 해당국가의 교역조건이 악화되면서 국제적으로는 인플레이션 압력이 낮아질 것이다. 하지만 해당국에 직·간접 투자를 한 채권국들은 타격을 입게 된다. 그 타격의 정도와 이로 인한 국제 금융시장의 연쇄 반응은 쉽게 가늠하기 어렵다. 2022년 세계 경제의 언노운 언노운^{unknown unknown}이다.

민간의 부채가 더 심각

지난 2년 간 실물경제의 부진 속에서도 주식과 부동산 등 자산시장은 많은 나라에서 호황을 누렸다. 완화적 통화정책의 영향이 크다. **완화적 통화정책에는 비용이 따른다.** '자산 = 부채+자본'이라는 대차대조표의 원리로 볼 때 경제 전체의 자산 가치가 상승하면, 그만큼 부채의 가치도 늘어난다. 자산의 가치가 늘어나는 만큼 그것을 담보로 한 가계와 기업의 대출도 늘어나는 것이다. 쉽게 말하면 버블이 커진다는 말이다. 위험하다.

재정 건전성 면에서 모범생인 우리나라도 가계부채 면에서는 열등생에 가깝다. 가처분소득 대비 가계부채 면에서 한국은 덴마크, 노르웨이, 네덜란드, 스위스, 스웨덴, 호주에 이어 세계 7위를 기록하고 있으며, 증가율 면에서는 세계 최고 수준이다. 거시건전성 정책의 주도권을 두고 금융

주요국의 가계부채 증가 추이(가처분소득 대비)

	2010(A)	2015	2019(B)	B-A
덴마크	326.2	293.1	252.6	-73.6
노르웨이	212.1	222.1	243.4	31.3
네덜란드	283.5	252.8	232.0	-51.5
스위스	185.6	210.9	222.6	37.0
호주	187.3	199.4	210.1	22.7
한국	147.5	162.3	190.6	43.1
스웨덴	169.2	177.4	189.8	20.6
캐나다	168.9	176.5	186.2	17.3
핀란드	116.7	125.4	147.1	30.4
영국	156.8	141.5	141.7	-15.1
아일랜드	226.1	181.1	130.7	-95.4
뉴질랜드	119.3	119.7	123.9	4.6
포르투갈	149.3	140.8	122.5	-26.8
프랑스	112.8	115.5	122.1	9.3
벨기에	97.4	111.7	116.8	19.4
스페인	145.9	119.0	105.3	-40.7
미국	128.7	108.4	104.1	-24.6

자료: OECD, Household Debt, 2021년 10월

위원회와 한국은행이 자존심을 걸고 있으면서도 이런 상황을 방치한 것은 이해하기 어려울 정도다. 금융안정 측면에서 큰 실수였다고 하지 않을 수 없다.

터키, 인도, 브라질, 러시아 등 인플레이션 압력이 현저한 나라들을 제외하면 2021년 중 금리를 인상한 나라는 한국과 노르웨이뿐이다. 가계

부채 급증에 따른 금융불균형의 사후약방문이었다. 2022년에는 금리인상과 함께 규제를 이용한 가계부채 억제정책도 강화될 가능성이 있다. 특히 우리나라는 가계부채 문제가 심각하여 주택담보대출비율(LTV)과 총부채원리금상환비율(DSR) 규제가 제2금융권으로 확대 시행될 것이다.

가계부채와는 달리 주요국의 기업부채는 비교적 잘 통제되어 왔다. 주식시장과 대출시장(위험가중치)을 통해 이중의 감시 장치가 작동하기 때문이다. 글로벌 금융위기 이후에는 소위 그림자금융shadow banking 즉, 금융기관들의 은밀하고 위험스런 자금운용도 감시대상에 포함되었다. 그런 점에서 기업의 과도한 차입이 위험요소로 불거질 가능성은 비교적 낮다.

그럼에도 불구하고 기업부채가 리스크로 부각될 수 있는 지역은 중국이다. 중국 2위의 부동산 재벌인 헝다恒大 그룹의 부도가능성 때문에 이미 2021년 9월 세계 증시가 한 차례 출렁거렸고, 어느 정도 수습한 뒤에도 여진이 이어지고 있는 상황이다. 홍콩 증시에서는 헝다 그룹 주식들의 거래가 중지되고, 스웨덴에서는 헝다 그룹 자회사의 대량해고 사태가 있었다. 헝다 그룹을 둘러싼 리스크는 이 기업의 실상을 잘 모른다는 것이다. 헝다 그룹의 부채 규모에 대해서는 100조 원에서 300조 원에 이르기 까지 의견이 분분하다. 회생 가능성 여부도 전적으로 중국 정부의 결정에 달려있다. 사정이 그러하니 2022년 세계 경제의 중요한 리스크가 아닐 수 없다. 헝다 그룹을 '제2의 리먼'이라고 부르는 이유다.

미국도 한 기업의 파산이 국가 경제를 위기로 빠뜨린 적이 있다. 2008년의 리먼 브라더스가 그러했고, 그 전에는 미국 최대 철도회사인 제이쿡앤컴퍼니^{Jay Coke & Company}의 사례도 있다. 제이쿡앤컴퍼니는 유동성 부족으로 1873년 9월 18일 파산했고, 그 여파로 미국 경제가 휘청거렸으며, 미국과 유럽에서 장기 불황이 시작되었다(그해에 영국의 월터 베젓이 발간한 책이 《롬바르드 스트리트》라는 책이다. 중앙은행의 최종대부자 기능을 소개했다).

이름에서 알 수 있듯이 제이쿡앤컴퍼니의 주인은 제이 쿡이었다. 남북전쟁 때 국채매매를 통해 재벌이 된 제이 쿡이 철도 산업에 뛰어들어 거의 전 재산을 거기에 쏟아 부었다. 남북전쟁 이후 대륙을 횡단하는 철도망의 건설 붐과 함께 제이 쿡이 미국 재계의 최대 관심사였기 때문이다. 자기 재산으로 욕심을 채울 수 없었으므로 유럽에서 막대한 채무까지 끌어들였다.

중국의 헝다 그룹은 19세기 말 제이쿡앤컴퍼니와 여러 모로 비슷하다. 각기 한 나라의 대표적 기업이고, 부동산 투자를 위해 엄청나게 부채를 늘렸다. 부채 규모는 투자자들에게 별로 알려지지 않았다. 이제 헝다 그룹이 파산하건, 존속하건 중국경제 발전의 중요한 시금석이 될 것이다. 존속한다면, 어떤 근거에서 어떤 방법으로 존속하는지가 대단히 중요하다. 시진핑의 제3기 임기에 즈음하여 정치적 판단으로 연명하는 것이라면, 외국의 의구심이 커지면서 오히려 역효과를 가져올 수 있다.

2022년 내내 지속될 헝다 그룹의 정상화 또는 정리 과정이 향후 국제 자금 흐름에 상당한 영향을 미칠 것이다. 돌이켜보건대 한국 경제도 대우그룹의 정리 과정을 통해 한 단계 도약했다고 해도 과언이 아니다. 감당할 수 없다고 여겨지던 걸림돌을 잘 제거하면, 오히려 경제발전의 디딤돌이 될 수 있는데, 중국이 그것을 어떻게 받아들일지는 미지수다.

미·중갈등, 금융 문제로 번질 가능성

헝다 그룹의 파산 가능성이 민간 부문의 위험이라면, 중국 정부 자체가 세계 경제에 큰 위험 요소로 작용할 가능성도 있다. 그 위험은 미국을 직접 겨냥한 조치와 공급망 통제를 통해 서방 세계 전체에 일괄적으로 타격을 주는 방식으로 진행될 수 있다.

잘 알려진 대로 미국의 트럼프 행정부 때는 위챗과 틱톡의 사용을 금지하는 방식으로 중국을 압박하기 시작했고, 현재는 뉴욕 증시에 상장된 중국 기업들의 회계감사 기준 준수 여부를 놓고 퇴출 가능성을 열어두고 있다. 중국은 그에 대한 대응책으로서 중국 기업들의 미국 증시 상장을 금지하거나 압박하고 있다. 2022년에도 티격태격하는 보복이 이어질 가능성이 높은데, 이런 식의 보복은 서로에게 득이 되는 것이 없는 것이 사실이다.

그래서 바이든 행정부의 2년 차에 접어드는 2022년에는 좀 더 점잖은 방식으로 미·중갈등이 전개될 가능성이 있다. 즉 개인정보 보호와 기후변화 대응 등 좀 더 보편적인 가치를 앞세워 상대방을 압박하고 궁지에 몰아넣는 방식이 이용되고, 이 때문에 세계 경제가 정치적 요인에 의해 지장을 받을 가능성이 높다.

2022년 초 베이징 동계올림픽에 즈음하여 중국 정부는 전국에 걸쳐 중앙은행 디지털화폐^{CBDC}의 발행을 공식화할 전망이다. 무역에 이어 금융 분야에서도 중국이 미국을 바짝 추격하고 있음을 알리는 것이다. 이를 의식하고 있는 미 연준은 2021년 말 경 CBDC 발행에 관한 보고서를 발표할 계획이지만, 중국처럼 당장 발행할 가능성은 전혀 없다. 오히려 중국식 CBDC는 개인의 프라이버시를 노출시키고, 현행 은행시스템의 근간을 뒤흔드는 위험성이 잠재되어 있다는, 중국의 시도에 대한 조롱이나 비아냥을 CBDC 보고서에 담을 것으로 보인다.

나아가 미국은 기존의 우방국들과 협력하여 중국을 고립할 가능성이 높다. 예를 들어 중국이 CBDC를 발행하는 순간, 중국 안에서의 신용카드 사용을 금지하거나 중국 금융기관이 발행한 신용카드의 해외 사용을 제한하는 식으로 대응할 가능성이 있다. 이미 알려진 대로 중국 정부는 2018년 왕롄청산유한공사網聯淸算有限公司를 설립하고, 이 회사를 통해 중국 안에서 모든 신용카드 사용정보를 집중하여 수집하고 있다. 서방 세계의 기준으로 보면 중국 정부가 개인의 상거래 내역을 속속들이 파악하는 빅 브라더가 되는 것이다. 따라서 미국을 비롯한 외국 정부가 개인정보 보호를 이유로 중국을 보이콧할 명분이 충분하다. 그렇게 되면 중국은 국제금융사회에서 고립되고 무역갈등이 아닌 금융갈등이 시작될 수 있다. 2022년 세계 경제는 살얼음판이 되는 것이다.

중국도 반격할 카드는 있다. 중국 정부는 이미 수 년 전부터 비트코인 등 암호자산의 채굴, 보관, 매매를 불법화했다. 2021년에는 거의 마약이나 총포류에 준하는 수준으로 금지의 강도를 높였다. 이로써 상당량의 암호자산이 해외로 팔렸고, 그것이 2021년 하반기의 가격하락을 유발한 것으로 추정된다.

한때 각종 암호자산 채굴 활동이 가장 활발한 곳이 중국이라고 알려졌으나 이제는 그렇지 않다. 그러므로 과도한 전력소비와 자금세탁 가능성 등 보편적 가치를 내세워 암호자산의 거래와 보유를 금지하거나 제한할 경우 중국의 피해 규모는 상대적으로 작다. 따라서 2022년 중국 정부가 국제사회를 향해 암호자산 시장에 대한 공동 대응 또는 공동 규제를 제안할 경우 다른 나라들이 진퇴양난에 빠진다. 지금까지 암호자산을 부정적으로 평가해 오기는 했지만, 막상 암호자산 시장이 붕괴되면 자국 금융시장과 자국 국민들의 타격이 뒤따르기 때문이다. 암호자산 거래의 전면 금지 제안 앞에서 미국과 유럽은 한 목소리를 내기 어렵고, 중국을 향한 단합과 연대는 흔들릴 것이다. 그러는 가운데 세계 각국의 금융시장에서 예기치 않았던 현상들이 나타날 수 있다. 암호자산 시장 자체가 미궁 속에 있으니 그 효과를 추정하기란 거의 불가능하다.

기후변화 대응, 공급망 차질의 주요 원인 될 수 있어

미국과 중국의 갈등이 가장 첨예하게 맞부딪칠 분야는 기후변화 대응이다. 잘 알려진 대로 기후변화에 대한 세계 각국의 노력은 1992년 리우 유엔환경회의에서 채택된 기후변화협약UNFCCC을 시작으로 1997년의 교토의정서로 구체화되었다. 그러나 당시에는 온실가스 배출량 1위인 중국이 개발도상국으로 분류되어 감축의무가 부여되지 않았고, 온실가스 배출 2위인 미국은 경제적 이유를 들어 교토의정서를 비준하지 않았다.

2015년 파리협약은 그것을 극복하는 체계다. 감축의무를 일괄적으로 부과하는 대신 각국이 자발적으로 온실가스 감축목표NDC, Nationally Determined Contribution를 설정하고 이행하는 방식이다. 트럼프 행정부는 그것조차 거추장스러워하면서 파리협약을 탈퇴했지만, 세계 곳곳의 기상이변이 속출하면서 이제 기후변화 대응은 전 인류적 과제가 되었다. 그러는 가운데 2021년 11월 영국에서 기후변화당사자 회의COP26가 개최된다. 독일과 미국이 범람과 홍수를 경험한 직후 개최되는 것이라서 당사국들의 자세가 여느 때와 다를 것이다.

국제원자력기구IAEA의 원자력 감시활동과 국제결제은행BIS의 자기자본 규제는 강제력이 상당하다. 그에 비하면, 온실가스 감축은 대단히 느슨하다. 더구나 세계 최대 온실가스 배출국가인 중국은 여전히 개발도상국으로 분류되어 있어 미국, 독일, 일본 등이 불만을 가질 수밖에 없다. 따라서 30년 전의 교토의정서 수준으로 탄소배출에 대해 강력한 준칙을 통해 중국이 이를 강제적으로 준수하기를 바라는 마음이 크다.

20여 년 전 국제결제은행을 통해 '적정 자기자본' 비율이라는 개념을 고안한 뒤 일본계 은행들의 자산 팽창을 제한했고, 이것이 30년 째 계속되는 일본의 장기불황의 시작이 되었다. 만일 서방 세계가 기후변화 대응에 대해서도 비슷하게 접근하면, 중국 경제는 심각한 타격을 입을 것이다. 2021년 11월에 개최되는 COP26가 그 시작이 될 수 있다.

현재 중국은 간접적으로 저항하는 것으로 보인다. 2021년 하반기부터 이미 탄소가스 배출 절감을 이유로 석유화학 제품의 생산을 줄이고 있는데, 이것이 수입국들에게 상당한 인플레이션 압력으로 작용하고 있다. 그것을 그린플레이션이라고 부른다. 한 마디로 말해서 중국과 서방 세계는 기후변화 대응을 빌미로 서로의 멱살을 잡고 있는 셈이다.

20년 전 세계무역기구WTO에 가입한 이후 중국이 세계의 공장으로 부상했지만, 미국은 그 대신 중국을 향해 석유와 석탄 공급의 목줄을 잡고 있다. 향후 화석연료 사용을 줄이고 재생 에너지를 쓰게 되면 그 목줄은 느슨해지지만, 그것은 먼 훗날의 이야기다. 당장은 기 싸움의 주도권을 누가 잡고 있는지 예측하기 어렵다. 거기에 상당한 공해를 발생하는 희토류 문제까지 가미되면, 세계 주요 원자재 및 중간재의 공급과 가격은 경제 외적 요인에 의해 흔들릴 가능성이 상당하다. 기존의 계량분석을 통해서는 물가와 생산을 예측하기 힘든 국면이 전개되는 것이다. 2022년이 그 출발선이 되기 쉽다.

한국 경제, 실물보다 금융 쪽에 리스크가 커

종합해 보건대, 2022년 한국 경제가 실물경제 면에서는 애로가 적을 것으로 판단된다. 경제성장률은 전년보다 다소 낮아지겠지만, 세계 경제의 회복과 함께 수출이 호조를 이어나가는 가운데 물가도 안정적일 것으로 보인다. 사회적 거리두기 때문에 극히 부진했던 서비스업은 코로나19와 더불어 살기with Corona 전환에 힘입어 매출을 회복하고, 관련된 고용도 어느 정도 제자리를 찾을 것으로 기대된다. 다만 코로나19 위기 과정에서 비대면 사회로 급속히 이동했으므로 고용이 늘어나더라도 정규직보다는 비정규직의 증가 폭이 훨씬 빠를 것이다. 이런 형태의 고용 회복은 임금 상승 압력을 높이지 않는다. 임금을 인상시키는 주요 원인은 전반적인 인플레이션인데, 현재로서는 그 가능성이 높지 않다고 보인다.

실물경제 면에서 가장 큰 관건은 소비의 회복이다. 경제흐름의 중요한 축을 차지하는 소비는 그동안 급격히 늘어난 가계부채와 금리 인상 등의 영향으로 크게 늘어나기 어렵다. 이는 모처럼 훈풍이 부는 경제 회복을 더디게 만드는 주요 원인으로 작용할 것이다. 뾰족한 대책도 없다.

금융 면에서 최대 관건은 부동산 가격이다. 지난 수년 간 가파르게 상승했던 주택 가격이 어느 정도 정점에 이른 것 같기는 하지만, 하락세로 반전될 경우 금융시장에서는 대혼란이 불가피하다. 담보가치의 하락에 따른 대출회수와 원리금 상환 압력이 악순환으로 이어질 가능성도 배제할 수 없다. 이른바 버블 붕괴다. 소위 '영끌 대출'을 통해 '빚투'를 한 20~30대가 그 충격에 가장 많이 노출되어 있다. 신혼을 전후한 이들의 경제난은 한국 경제의 활력을 장기간 낮출 것이다. 따라서 2022년은 부동산 시장의 움직임에 대해서 대중요법과 원인처방을 병행해야 하는, 중요한 시기가 아닐 수 없다.

아울러 내년에는 대통령 선거를 치른다. 그 결과가 어떠하든 2022년 예산이 상당 폭 수정될 가능성이 있다. 디지털 뉴딜, 그린 뉴딜, 휴먼 뉴딜, 지역균형 뉴딜 등 4개 요소로 구성되어 추진되고 있는 '한국판 뉴딜' 계획은 여야의 시각이 크게 달라 새로운 정부 출범 이후 변경 가능성이 높다. 예를 들어 디지털 뉴딜과 지역균형 뉴딜 사이에서 현 정부가 확보해 둔 예산이 상당 수준 조정될 수 있다. 더구나 시장금리가 들먹이고 그에 따라 주식시장이 약세가 되면, 금융시장을 의식해서라도 예산 조정이 신속하게 처리될 수 있다. 이 글의 원고가 작성되는 시점에는 예산심의가 아직 시작되지도 않았지만, 2025년까지 34조 원 정도가 투입될 디지털 뉴딜 예산은 전반적으로 삭감될 가능성이 높다고 보인다. 야당이 집권할 경우 9.5조 원이 투입되는 휴먼 뉴딜 관련 예산도 축소되기 쉽다. 인력양성·취업지원 및 디지털 격차 해소 등 정부 주도의 '포용적인 사람투자'의 시의성과 우선순위에 대해서 야당이 크게 공감하지 않기 때문이다.

가계대출에 대한 규제는 예측하기 힘들다. 2021년 하반기부터 강력하게 시행되고 있는 가계대출 억제 대책은 완전하지 않다. 수도권 자금수요자들이 수협·새마을금고·산림조합 등 지방의 제2금융권을 찾아 나서는, 소위 '원정 대출'이 성행하고 있지만 정부는 이를 애서 눈감아 주고 있는 실정이다. 그러나 2022년 선거가 끝나면, 이런 식의 애매한 규제 방식은 정리가 될 것으로 보인다. 효과도 없이 불만만 이어지는 형식적 가계대출 억제정책을 완화할 것이냐, 좀 더 체계적으로 관리할 것이냐는 다음 정부의 판단에 달려있다.

결론적으로 2022년 한국 경제는 산업과 경제주체에 따라 체감온도가 다를 것으로 보인다. 수출산업은 호황이 지속되고 서비스업도 어느 정도 숨통이 트이지만, 제조업은 원자재 가격 상승 때문에 수익성이 떨어지고 가계는 부채상환 압력을 크게 느껴 소비를 늘리기 어렵다. 2022년의 세계 경제를 회자정리會者定離라고 요약한다면, 2022년의 한국 경제는 "불행한 가정은 저마다의 이유 때문에 불행하다(Every unhappy family is unhappy in its own way.)"라는 톨스토이의 말(《안나 카레니나》)로 요약할 수 있을 것이다. 부디 세대 간·계층 간 그 불행의 격차가 크지 않기를 바랄 뿐이다.

4장

**민주당 vs 국민의힘,
엇갈리는 위기와 기회**

윤태곤
의제와전략그룹 더모아 정치분석실장

70년대에 태어나 90년대에 대학을 다녀 이른바 X세대로 분류된다.
연세대학교에서 영문학을 공부했으나 마치지 못했다. 〈프레시안〉에서 기자로
일하며 여러 정당과 청와대를 번갈아 취재했다. 기자 생활을 마치고 대선,
서울시장 선거 등에 참모로 참여했고 국회에서도 일했다. 이후 더모아에서
공공전략과 정치 캠페인을 컨설팅하고 여러 방송과 매체를 통해서 한국 정치를
분석하고 있다. 2015년 1월부터 현재까지 매주 '이주의 전망'이라는 제목의
정치분석 리포트를 발간하고 있다. 《50년 금단의 선을 걸어서 넘다》
《김근태, 당신이 옳았습니다》 등의 공저가 있다.

2022년 정치 상황은 정권 재창출이냐 정권교체냐에 따라 극명하게 달라질 수밖에 없다. 현재 상황에서 여와 야의 강점과 약점을 분석해 대선 전개를 전망해봤다. 이 과정에서 여야 유력 후보들의 공통점을 찾아볼 수 있었다. 이어 1987년 이후 역대 대통령 선거 과정에서 당선자들의 선거 캠페인 기조와 당선 후 국정 운영 사이의 연속성과 변화지점을 짚어봤다. 이를 통해 여당 후보 당선 시, 야당 후보 당선 시 각각의 위기와 기회 요소들을 점검해본다.

무엇이 대선 승패를 결정지을 것인가?

이 글을 쓰는 현재(2020년 10월 초) 여야 정당들은 대선 후보 경선을 한참 진행하고 있다. 이 시점에서 대선과 새 정부 출범, 지방선거가 이어지는 내년 정치 상황을 충실하게 예측하는 것은 불가능하다. 따라서 현시점에서 대선의 흐름을 짚어보고, 선거 승패 경우의 수에 따른 정국 시나리오를 제시할 수밖에 없음에 대한 양해를 먼저 구하고자 한다.

누가 이번 대선에서 이길지 지금으로선 알 수 없다. 하지만 승자와 패자를 결정지을 몇 가지 흐름을 짚어볼 순 있다.

기법상으로는 자동응답(ARS)과 전화면접, 문항별로는 진영 내 적합도, 단순 지지율 비교, 가상 양자 대결 등 대선과 관련한 다양한 여론조사 결과가 몇 달째 쏟아지고 있다. 수치들이 어지럽게 출렁거리고 있지만, 현직 대통령의 지지율이 견고하다는 점을 제외하고도 변함없는 결과가 하나 있다. 모든 여론조사에서 정권교체론이 정권 재창출론을 앞서고 있다는 것이다.

이런 맥락 아래서 야당이 지난 4·7 재보선에서 압승했고 윤석열과 최재형 후보가 국민의힘에 조기 입당하며 진영 맞대결, 양자 구도가 일찌감치 짜였다. 정의당이 완주를 자신하고 있고 김동연 후보 등도 있지만, 진영 대결의 압도적 구심력에 큰 영향을 미치진 못할 것으로 보인다. 대선을 한참 남겨둔 시점의 인물 중심 여론조사가 인지도 내지 정치고관여층 동원 경쟁에 가깝다는 점을 감안하면 정권교체론이 지속해서 우세하다는 점은 매우 중요한 요소다. 야당의 우세 요인이 분명하다.

또한 현 정권에서 이반한 20~30대가 유입되면서 '태극기 부대'로 표상되던 야당 지지층의 구성과 이미지, 성향도 상당히 달라졌다. 30대 0선인 이준석이 당 대표로 선출된 점, 전직 대통령 두 명을 구속시킨 대표 이력을 가진 윤석열 후보가 중도층보다 야당 지지층에서 분명한 강세를 보이는 점, 김종인 전 비대위원장 등판 요구가 높다는 점 등은 모두 야당 지지층의 전략적 변화를 보여주는 사례들이다. 정치 이력의 일천함, 과거 보수 세력과 구원舊怨, 이질적 스타일 등은 일반적으로 볼 때 야당 유력 후보들의 분명한 약점이다. 하지만 재구성된 야당 지지층들은 이 약점을 과거와 단절할 수 있는 지점으로 보고 있다.

하지만 정권교체 여론이 높다는 점이 곧바로 야권 승리로 연결되지 않는다는 점은 과거 사례들이 증명하고 있다. 대통령 직선제 부활 이후 여당은 모두 네 차례의 정권 재창출에 성공했다. 야권이 전면적으로 분열한 1987년, 여권이 연합적 질서를 구축한 1992년을 제외하면 2002년 대선과 2012년 대선에서 여당 후보가 승리했는데, 당시 임기 말 대통령의 지지율은 지금 문재인 대통령의 지지율과는 비교하기 어려울 정도로 낮았다.

승리한 여당 후보인 노무현과 박근혜는 애초부터 전임자와 차별적 캐릭터의 소유자였고 유권자들에게도 계승이 아니라 변화의 이미지를 심어줄 수 있었다. 이번 민주당 경선에서 '다른 캐릭터'의 소유자인 이재명 후보가 압도적 강세를 이어가는 것도 그 연장선으로 볼 수 있다. 실제 여론조사에서도 '이재명 당선도 정권교체라고 본다.'라는 응답이 만만치 않게 나오고 있는 형편이다.

그런데 성공적 차별화에는 후임자의 역량뿐 아니라 현직 대통령의 호응도 필수요소다. '전두환-노태우', '김대중-노무현' 조합은 전략적 역할 분담의 공감대가 있었고 '노태우-김영삼', '이명박-박근혜' 조합은 후보의 거친 차별화를 대통령이 감수했다. 반면 김영삼-이회창 조합의 경우 후보의 차별화가 현직 대통령과 충돌했고 노무현-정동영 조합은 후보의 차별화도 대통령의 용인도 없었다.

문재인-이재명 조합이 성사된다면 문 대통령의 스타일상 김영삼, 노무현 대통령처럼 대선 후보의 차별화에 거칠게 반발할 가능성은 극히 낮다. 또 민주당이 '범친문 단일대오'인 점을 감안하면 여당 대선 후보가 김영삼, 이회창, 박근혜 후보처럼 현직 대통령과 전면적 차별화를 시도할 가능성도 마찬가지로 낮다.

하지만 현직 대통령과 여당 후보 캐릭터의 분명한 차별성에도 불구하고 대통령 지지층의 충성도가 범여권 내에서 압도적인 점, 여권 내에 신주류 그룹이 잘 안 보인다는 점 등에서 과거 정권 재창출 케이스들에 비해선 아직은 연속적 느낌이 더 강하다. 향후 본선 과정에서 여당이 얼마나 완벽하게 '후보의 당'으로 변모할 수 있느냐가 중요한 포인트가 될 것이다.

10년 주기설, 둘 중 하나는 벌써 들어맞아

정권교체와 재창출의 관점 외에 네거티브 경쟁, 공약과 비전, 중도층에 대한 소구력 등 중요한 요인이 많지만, 현시점에서 짚어볼 수 있는 포인트가 하나 더 있다. 바로 주기설이다. 실제로 1987년 직선제 실시 이후 정권 교체의 주기는 십 년(2기)이었다는 점이 그 근거다. 여당의 관점에서 보면 축적된 인적, 물적 역량은 1회 정권 재창출을 하기에는 충분하지만, 그 이후엔 긴장의 이완, 비전의 부재, 내부 분열, 민심과 괴리 등으로 동력을 상실한다. 야당의 관점에서 보면 첫 패배 이후엔 책임 소재 공방과 분열, 강경파의 득세에서 헤어나지 못하지만 두 번 패배 이후에는 정권 탈환을 위한 결기가 강해지고 민심에 부응한다는 가설이다.

그런데 인물을 중심으로 본다면 역대 대선 국면에서 또 다른 주기를 발견할 수 있다. 1992년과 1997년 대선에선 평생을 정치인으로 살아온 카리스마적 리더 스타일 정치인 김영삼과 김대중이 연속 집권했다. 이후 십 년 동안엔 앞선 두 사람과 달리 개성과 활동력이 강한 해방 후 세대 노무현과 이명박이 차례로 집권했다. 그 이후엔 그 두 전임자와 달리 차분함과 정제된 스타일을 강점으로 내세운 양 진영의 정치적 상속자 박근혜와 문재인이 차례로 집권했다. 세력 교체의 주기와 스타일의 주기가 교차하는 양상이다.

이런 관점에서 보면 현 상황은 십 년 전과 유사하다. 당시 빅3였던 문재인, 박근혜, 안철수는 이념적 차별성에도 불구하고 노무현, 이명박과 상반된 스타일이라는 공통점이 있었다. 내성적 성격, 작은 말수, 언론 접촉을 즐기지 않는 면모 등은 일반적으로는 정치인의 약점으로 치부되는 특성이지만, 당시에는 유권자들에게 전임자들과의 차별성 내지 강점으로 받아들여졌고 이로 인해 '그들만의 리그'가 형성될 수 있었다.

2022년 대선을 앞둔 현재의 빅3 윤석열, 이재명, 홍준표 역시 마찬가지다. 홍준표 후보 정도가 '보수 진영의 적장자'를 자임하지만 세 사람 다 정치적 레거시와는 거리가 먼 자수성가형 인물이고, 차분하고 정제된 풍모와는 거리가 먼 터프한 언행의 소유자들이다. 반면에 이낙연, 정세균, 최재형 등 화려한 이력과 안정된 품성을 강점으로 내세운 인물들은 하나같이 예선에서부터 어려움을 겪었다.

정권 교체냐 재창출이냐 여부는 아직 알 수 없다. 하지만 지난 10년과 다른 스타일 대통령의 당선은 현 상황에서도 매우 가능성이 높다. 이런 스타일의 변화는 대선 캠페인에도 상당한 영향을 미칠 것이다. 2012년 이후 십 년 만에 진영 대 진영의 전면전이 치열하게 펼쳐지는 동시에 양 후보 당사자들 간에도 단기접전單騎接戰의 혈투가 벌어질 가능성이 매우 높다.

새 대통령을 기다리고 있는 조건

집필 시기의 특성상 어쩔 수 없이 글의 무대를 내년 3월 9일로 옮기겠다. 누가 당선되느냐에 따라 정치사회적 변화의 방향이 엄청나게 다르겠지만, 새 대통령을 기다리는 공통적 조건들이 있다.

대선과 같은 날 서울 종로 등 전국 상당 지역에서 보궐선거가 실시되지만, 민주당이 압도적 우위를 점하고 있는 국회 의석 분포는 그대로다. 다음 총선은 2년 후 4월이다. 그리고 대선 3개월 후에는 전국동시지방선거가 실시된다.

좀 더 시야를 넓혀보면 방역 상황과 별개로 코로나19의 사회적·경제적 여파가 지속하고 있을 것이다. 이번 대선에서도 영호남의 표심은 엇갈리겠지만 선거 과정에서 지역갈등이 부각되기보단 세대, 젠더 갈등이 더 심화하여 있을 가능성이 높다. 이와 중첩적으로 진영대립 양상도 극심해질 것이다. 높은 자살률과 낮은 출생률로 대표되는 인구 위기, 저성장과 불평등 환경 역시 새 대통령을 기다리고 있을 것이다. 이 밖에 미·중 전략경쟁, 기후 위기 역시 '디폴트값'이라 할 만하다.

게다가 만약 윤석열, 이재명 두 사람 중 한 명이 당선된다면 군사 쿠데타로 집권한 박정희와 전두환을 제외하고는 헌정사상 최초로 의회 경험이 없는 대통령이 탄생하게 된다(이승만 대통령은 제1대 총선 동대문갑 지역구에서 당선된 제헌의원이다. 초대 대통령은 제헌의회 의원들이 선출했다).

이와 같은 환경들이 공통 조건이지만, 누가 당선되느냐에 따라 잘하는 일, 할 수 있는 일, 해야만 하는 일은 달라질 것이다.

역대 대통령들, 대선 기조와 국정운영이 이렇게 달랐다

2022년 새 대통령의 국정운영을 예측해보기 전에 역대 대통령들의 사례를 짚어보자. 대통령 후보, 대통령이 되기 위한 과정의 약속과 흐름이 꼭 당선 후까지 이어졌던 것은 아니다. 선거 때야 모두가 장밋빛 공약을 내놓기 마련이다. 이 공약들이 현실의 벽에 부딪힌 경우도 있지만 그렇지 않은 경우도 있다. 이 관점에서 역대 대통령들의 사례를 살펴보면 상당히 흥미롭다.

역대 대통령 가운데 가장 낮은 지지율로 당선된 노태우는 취임 불과 두 달 후 총선에서 헌정사상 최초로 여소야대 상황에 처하게 된다. 정통성 시비, 낮은 지지율, 적대적 의회 환경에 둘러싸인 것이었다. 이와 같은 정치 환경은 대선 당시부터 예견된 것이었다. 노태우는 '보통 사람의 위대한 시대'를 슬로건으로 내걸고 정치사회 민주화에 대한 여러 공약을 제시했다. 당선되자마자 민주화합추진위원회를 구성해 5·18을 '광주 학생·시민의 민주화를 노력과 투쟁의 일환'이라고 규정하는 등 일단의 개혁 드라이브를 걸었다.

총선 이후에는 야당의 요구에 따라 국회에서 5공 청문회, 광주 청문회가 잇달아 열렸고 전임자 전두환은 백담사로 떠났다. 큰 틀에선 대선 당시 약속의 흐름이 이어진 것인데 여론과 정치 환경의 변화로 인해 그 강도가 더 높아진 것이다. 하지만 이로 인해 '상왕' 노릇을 할 것으로 예견되기도 했던 전두환은 물론이고 그 친위 세력의 영향력을 여권 내에서 일소시킬 수 있었다. 구세력의 반발이 만만치 않았지만, 야당과 여론이 노태우의 방패막이 노릇을 해주었다.

이 과정에서 국정 주도권이 야권으로 일부 넘어가긴 했지만, 노태우는 구세력과 단절적 이미지를 강화하고 야당과 신뢰를 축적하는 반대급부를 얻을 수 있었다. 이후 스스로가 주도권과 권위를 지니고 3당 합당을 성사해 국정 운영 시스템은 물론 보수 정치의 기반을 완전히 재구성하였다.

김영삼의 경우는 또 다르다. 3당 합당의 한 축으로서 민자당 대선 후보였던 김영삼은 김대중과 경쟁한 1992년 대선 과정에서 개혁과 안정을 축으로 '신한국 창조'를 슬로건으로 내걸었다. '이제는 바꿉시다'를 내건 야당 후보 김대중과 대비되는 여당 후보다운 캠페인이었다.

하지만 그는 1993년 2월 취임식에서부터 "오늘 우리는 그렇게도 애타게 바라던 문민 민주주의의 시대를 열기 위해 이 자리에 모였다. 오늘을 맞이하기 위해 30년 세월을 기다려야 했다."면서 "부정한 수단으로 권력이 생길 때, 국가의 정통성이 유린당하고 법질서가 무너지게 된다. 이 땅에 다시는 정치적 밤은 없을 것이다."라며 전임자와 철저한 단절을 선언했다.

구속 수감되어 법정에 출두한 노태우와
전두환
사진 출처: 연합뉴스

전임 대통령 자격으로 취임식에 참석했던 노태우는 이후 회고록에서 "전 정권과 한국 현대사의 정통성을 송두리째 부정하는 그의 취임사를 듣는 순간 나는 깜짝 놀라지 않을 수 없었다, 나와 함께 2년간 얼굴을 마주하면서 국정을 논의하고 나라의 장래를 걱정하고 포부를 피력할 때와는 너무나 거리가 멀었다."라고 김영삼 대통령에 대한 배신감을 토로했다.

김영삼은 같은 해 5월에는 '역사바로세우기 특별담화'를 통해 "1980년 5월 광주의 유혈은 이 나라 민주주의의 밑거름이 되었다."라고 하면서 "분명히 말하거니와 오늘의 정부는 광주 민주화 운동의 연장선 위에 서 있는 민주 정부"라고 선언했다. 하나회 숙청, 5·18 특별법 제정, 전두환과 노태우 두 전임자의 구속 등이 같은 맥락에서 이루어졌다. 캠페인과 초기 국정운영 사이에 매우 전략적이고 의도적인 차이가 존재한 것으로 해석할 수밖에 없다.

캠페인과 초기 국정운영의 차이가 거의 없었던 것이 김대중의 경우다. 3당 합당에 비견되는 DJP연합 체제로 1997년 대선에 나선 김대중은 대선 기간 내내 안정, 화합, '준비된 대통령'을 강조하면서 과거 민주투사의 이미지에서 벗어나려 애썼다. 대선 때 불거진 IMF 사태 극복이 난제였지만, 이로 인해 김대중은 캠페인 과정의 기조를 이어갈 수 있었다. '국난'으로 불린 위기가 여소야대 환경에도 불구하고 집권 초 청와대의 권위를 강화하고 집행력을 높이는 기회로 작용했기 때문이다.

'새로운 대한민국, 낡은 정치 청산'을 내걸고 집권한 노무현은 집권 초 정치 시스템과 문화적 변화를 시도했지만, 대선 시기부터 집권 초에 걸친 여권의 분열, 대북송금 특검, 여야에 걸친 불법대선자금 수사와 측근 비리 파동 등으로 인해 주도적 국정운영에 큰 어려움을 겪었다. 노무현은 열린우리당 창당, 탄핵소추와 복귀, 17대 총선의 승리의 과정을 거친 이후 집권 2년 차가 되어서야 실질적 힘을 발휘할 수 있었다.

캠페인 슬로건으로 '국민 성공시대'를 내걸었던 이명박은 대선에서 압승했고 인수위에서부터 ABR^Anything But Roh(노무현과 반대라면 뭐든지)이라는 말이 회자할 정도로 거침없는 행보를 보였다. 취임 두 달 만에 진행된 총선에서 야당은 참패했고 압도적 힘을 쥔 이명박은 전임자가 추진했던 한미FTA를 마무리 지으려고 강한 드라이브를 걸다가 광우병 촛불집회라는 암초를 만났다. 엄청난 규모의 촛불집회는 이명박 집권 첫해 상반기 내내 이어졌다.

이명박은 국민들 앞에 고개를 숙였고 한반도대운하 사업이 4대강 사업으로 전환되는 등 국정 기조도 상당한 변화를 겪었다. 이렇게 볼 때 노무현과 이명박은 '타의'와 '환경'에 의해 캠페인과 집권 초 국정운영의 상당한 차이가 발생했다는 공통점을 갖는다.

2012년 박근혜 후보는 대선 과정에서 '국민행복시대, 내 꿈이 이루어지는 나라'를 슬로건으로 걸고 경제, 외교, 정치 영역에 중도화 드라이브를 걸어 무난한 승리를 거뒀다. 여권 내는 물론 2연속 대선 패배로 내분에 휩싸인 야권도 큰 정치적 위협이 되지 못하는 안정적 환경에서 대통령에 취임했다.

하지만 무난함을 넘어 무색무취한 라인업(초대 총리 정홍원, 초대 비서실장 허태열)을 구축했고 반일-친중-친미라는 독특한 외교 기조 속에서 개성공단 완전 철수 등 강경한 대북 정책이 시행됐다. 대선 캠페인과 국정운영 사이에 상당한 거리가 있었지만, 김영삼과 같은 전략적, 의도적 변화라 볼 수도 없고 노태우나 김대중같이 불리한 환경을 적극적으로 활용한 경우도 아니었고 노무현이나 이명박같이 정치적 요인이나 여론에 의해 뜻이 꺾인 것도 아니었다. 이런 특이점이 결국 탄핵으로 이어진 것인지도 모르겠다.

탄핵에 이어진 조기 대선을 치른 문재인 대통령은 경선과 캠페인 기간 동안 '나라를 나라답게'라는 슬로건을 걸고 안정과 통합을 우선순위에 놓았다. 탄핵으로 인해 전 정권과 보수진영이 궤멸적 타격을 입었지만, 정치 상황에 대한 국민들의 불안감 역시 높은 상황에서 적절한 선택이었다. 취임사에서도 통합과 공존, 권력 분산, 소통 강화 등이 취임사의 주요 내용으로 제시됐다. 문재인은 41.1%라는 낮은 득표율로 당선됐지만, 안정적인 정부, 대통령의 존재 자체에 국민들은 힘을 실었다.

문재인의 초반 지지율은 김영삼을 방불케 했고 야권은 지리멸렬을 거듭했다. 그런데 이 같은 높은 인기 속에서 문재인은 통합과 공존보다는 '적폐 청산' 쪽에 힘을 실었다. 캠페인 당시의 기조와는 다른 모습이었지만, 임기 초반 국민들도 적극적으로 호응했다. 캠페인과 초반 국정운영의 변화는 김영삼의 그것처럼 전략적·의도적 결과물이라 볼 수 있을 것이다.

이재명, 당선되면 역대 가장 강한 대통령⋯ 바로 그것이 위험요인

여당 후보가 내년 대선에서 승리해 정권 재창출에 성공한다면 새 대통령은 과거 그 누구보다도 안정적인 정치적 환경에서 취임하게 된다. 의석분포와 지방정부를 여당이 압도하고 있다. 여당의 연승은 야당의 패배를 의미하는바, 야당 대선주자는 물론 현 지도부가 모두 정치 전면에서 사라질 것이고 당분간 야당은 내상 극복과 재정비에 몰두할 수밖에 없을 것이다. 현재 야권 주자 중에 강력한 자기 지지층을 바탕으로 곧바로 2026년 대선 준비에 뛰어들 사람도 보이지 않는다.

법원이나 검찰, 경찰, 공수처 등 사정기관들의 현재 구성도 부담스럽지 않다. 윤석열, 최재형이 자진사퇴하고 야당 인사가 된 것이 문재인 대통령에게는 큰 부담이었지만, 새 대통령에게는 오히려 메리트로 작용할 것이다.

상대적으로 예측하기 어려운 것이 여권 내의 역학 구도지만, 문재인 대통령의 캐릭터상 퇴임 후 정치적 영향력을 행사하려 할 가능성은 작아 보인다. 그렇다고 해서 이명박 정부 때처럼 경선 경쟁자가 자기 기반을 바탕으로 대통령 임기 초부터 '여당 내 야당' 노릇을 할 형편도 아니다. 게다가 총선은 2년 뒤지만 대통령 취임 한 달 뒤에는 지방선거가 실시된다. 대통령의 장악력이 극대화될 수밖에 없다.

종합하자면 1987년 대통령 직선제 부활 이후 가장 유리한 환경 속에서 가장 강력한 힘을 발휘할 수 있는 조건이 마련되는 셈인데, 뒤집어 말하면 어디를 둘러봐도 브레이크가 보이지 않는다. 이재명 후보가 대통령에 당선되어 민주당이 정권 재창출에 성공한다면 강한 캐릭터의 대통령, 급진적이고 강력한 공약, 대통령의 의중을 뒷받침하기 너무나 용이한 정치적 환경이라는 삼박자가 맞게 된다.

스타일 면에서는 강력한 추진력과 집행력, 행정권의 과감한 행사 등이 이재명 후보의 강점이다. 이재명 후보는 정치 역정 내내 야당, 보수 진영, (메이저) 언론에 매우 강경한 태도를 취했고 이것이 정치적 성공 요인이기도 했다. 심지어 '이재명은 합니다'가 캠프의 트레이드마크 격이다. 공약 역시 매우 급진적이다. 경선 막바지 현재 이재명 후보의 주요 공약으로 인식되고 있는 것은 기본소득, 기본주택, 기본대출 등 '기본시리즈'들이다.

물론 당내 경선에서는 지지층에 부합하는 행보를 보이고 본선에서는 중도적 스탠스를 취하는 것이 선거의 일반론이기 때문에 이재명이 대선 후보로 확정된다면 캠페인 기조의 변화가 나타날 가능성도 없진 않다. 하지만 이른바 '대장동 의혹'과 이에 대한 강경한 대응이 장기화할 경우 대선 본선에서 안정감 강화 쪽으로 무게중심을 옮기기는 어려울 것이다.

바로 이런 배경이 위기 요인이 될 수 있다. '여당 내 야당의 존재'라는 점만 제외하면 이명박 정부 역시 호조건 속에서 출발했다. 차점자와의 차이도 500만 표에 달했다. 거칠 것이 없었던 만큼 브레이크도 없었다. 하지만 결국 야당을 비롯한 제도적 버퍼 존 없이 민심의 저항에 직면하고 말았다.

의회나 언론 등이 반대할 경우 이를 우회해 지지층과 직접 소통하고 확충 시켜 정치적 동력을 획득하는 경우들은 적지 않다. 이재명 후보도 이런 대목에서 여러 번 성과를 낳았다. 하지만 반대 여론이 거센데 이를 대변하는 제도화된 정치적 상대가 미약할 때는 매우 난감한 상황에 처한다. 이명박 정부 초기 광우병 촛불집회 정국이 대표적인 예다. 현 정부 들어 조국 전 법무부 장관을 둘러싼 대립이 극에 달했던 때도 마찬가지다.

이 같은 우려에 대해 이재명 후보 측 인사들은 하나같이 "그는 철저한 현실주의자"라고 반박한다. 이념보다 실용, 명분보다 성과를 우선으로 해온 것이 이 후보의 일관된 노선이라고 설명한다. 그 설명이 맞는다면 이재명 후보도 전략적이고 의도적으로 캠페인 기조와 초기 국정 운영 사이에 변화를 둘 수 있을지도 모르겠다.

'민주정부 4기' 대통령이 탄생한다면 그에게 필요한 것은 일관성보다는 유연성, 반대 진영에 대한 목적의식적 배려, 자기 공약의 수행보다는 국가와 사회 과제의 해결에 대한 노력일 것이다.

국민의힘 대통령, 악조건을 기회로 만들어야

그런데 이번 대선은 박빙 승부가 펼쳐질 가능성이 매우 크다. 민주당 후보를 찍지 않은 유권자들이 50%에 육박할 것이라는 이야기다.

윤석열, 홍준표 등 야권 후보가 내년 3월에 당선되어서 정권 교체에 성공한다면 앞서 짚어본 민주당 후보와 정반대 상황에 처하게 된다. 국회와 지방정부는 여전히 야당의 압도하에 있고 법원이나 사정기관 등과의 긴장감도 만만치 않을 것이다. 존재감이 낮아져 있던 다수 시민단체는 권력에 대한 감시라는 본연의 역할을 강화할 것이다.

다만, 정치적 유동성이 높아질 가능성은 현 여권의 승리 시나리오보다 매우 커지게 된다. 여권은 정권을 탈환한 대통령을 중심으로 뭉치겠지만, 야권은 기존의 무계파 단일대오 체제가 오히려 약점으로 작용하면서 질서 있는 수습에 어려움을 겪을 가능성이 크다. 국민의힘 출신 대통령이 국정운영을 무난하게 하면 야당(현 여당)은 온건파와 강경파로 갈리면서 내홍을 겪고 정계 개편 시나리오도 난무하게 될 것이다.

만약 국민의힘 후보가 당선되고 이와 같은 정치적 유동성이 현실화됐을 때 이를 활용해 국정운영을 매끄럽게 하기 위해서는 대통령의 정치력과 의지가 필수적이다. 국민의힘 출신 후보가 대통령에 당선될 경우 전철로 삼을 만한 인물이 두 명이나 있다. 노태우와 김대중이다.

사실 역대 정권에 대한 전문가들의 평가는 일반 대중의 그것과 상당한 거리가 있다. 정치뿐 아니라 여러 영역의 전문가들이 노태우 정부와 김대중 정부에 높은 점수를 주고 있다. 두 정부의 공통점은 매우 많다. 모두 당선자 득표율도 낮았고 의회 환경도 열악한 소수파 정권으로 출발했다. 두 대통령 모두 취임 때부터 강함보다 부드러움을 내세웠고 상대 진영과 대화 및 타협에 적극적이었다. 이로 인해 집권 초기부터 성과를 낼 수 있었다.

또 하나 짚어볼 점은 두 사람 모두 캠페인 당시부터 자신들이 집권하더라도 반대파가 강력할 것이라는 점을 상수로 두고 이를 극복하는 방안으로 대화와 타협, 온건한 스타일의 거버넌스를 약속했다는 점이다. 이 약속은 집권 후에도 이어졌다. 게다가 대통령에 취임한 후에는 자신을 지지하지 않는 다수 세력으로 인한 정치적 압박을 '알리바이'로 삼아 기존 지지층의 요구를 제어하는 정치력까지 발휘했다.

이런 점에서 보면 오히려 국민의힘 후보는 민주당 후보보다 그 실천이 어려워서 그렇지 선택지는 단순하다. 당선을 위해서도, 성공적 국정운영을 위해서도 캠페인 단계에서부터 대화와 타협, 연합 정치를 내세워야 한다.

대통령에 당선만 되면 지지자들의 성원을 바탕으로 국회 상황과 여러 정치적 어려움을 돌파하고 모든 것을 뒤집겠다는 주장이 본선 과정에서 유권자들로부터 설득력을 얻기는 만무하다.

만에 하나 그런 주장을 통해 대통령이 당선되고 그 기조로 국정운영에 나서면 야권(현 여권)은 온존하면서 거대한 저항 세력이 될 것이다.

물론 정치적으로 어려운 환경을 기회로 전환하는 것은 매우 힘든 일이다. 검은 두루마기를 입은 카리스마적 정치인이었던 김대중은 생존과 승리를 위한 부단한 자기 진화의 과정을 거쳐 멜빵바지를 입은 채 DJ DOC와 춤을 추는 대통령 후보로 변신할 수 있었다. 이런 역설적인 행태는 노태우의 탁월성에서도 드러낸다. 평생을 군인으로 산 쿠데타 세력의 핵심인 그가 군복을 벗은 지 불과 6년 만에 캠페인과 국정운영에 능력을 발휘한 것이다.

솔직히 현재로 보아서는 국민의힘 주자 중 김대중은 물론이고 노태우에 비견할 만한 사람을 찾기는 어려워 보인다. 하지만 김대중과 노태우의 제1 성공 요인은 그들의 정치력과 인품의 탁월성 보다는 어려운 정치적 환경과 소수파라는 자기 본질에 대한 냉정한 인정이었다. 국민의힘 출신 대통령이 선출된다면 그도 거기서부터 출발할 수 있을 것이다.

5장

새로운 문화전쟁:
약좌弱座의 게임

이선옥

작가

2010년 전태일문학상 기록문 장편 부문을 수상했다. 젠더 이슈에 대한 비평집《우먼스플레인》과 에세이《단단한 개인》을 출간했고, 1인 미디어 '이선옥닷컴(leesunok.com)'과 유튜브 채널 '이선옥TV'를 운영중이다.

오늘날 우리사회에 일고 있는 문화적 변화와 남녀갈등의 기저에는 정체성 정치와 PC주의가 자리한다. 이것들이 만들어낸 남녀 사이 문화전쟁에는 몇 가지 특징적 키워드가 존재한다. PC주의자들은 모든 편견과 위해 요소가 멸균된 '위생 언어'만이 통용되는 무균사회를 지향한다. 이런 식으로 문화전쟁에서 PC주의자들은 말의 위험을 강조해 표현을 검열하고 통제하는 권력을 쟁취했다. 당사자성과 결과론을 강조하던 PC주의자들은 개인이 아닌 '집단적 권리'라는 개념으로 혼란을 제압하려 하고, 여기에는 온라인이라는 매체가 큰 역할을 했다. 온라인 재판과 여론 형성을 통해 '피해자 되기'와 '폭로정치' 방식을 택하기 용이하기 때문이다. 이런 식으로 문화전쟁의 탈을 쓴 '약좌弱座의 게임'에서 여성들은 정체성 자체로 승리자의 위치를 점하며, 남성들은 법적 지위의 불평등이라는 실질적 차별을 겪고 있다.

정체성 정치와 PC주의

오늘날 우리사회에 일고 있는 문화적 변화와 남녀갈등의 기저에는 정체성 정치Identity politics와 PC주의(Political Correctness: 정치적 올바름 혹은 정치적 교정주의)가 자리한다. 정체성 정치란 젠더, 종교, 장애, 민족, 인종, 성적지향, 문화 등 공유되는 집단 정체성을 기반으로 배타적인 정치 동맹을 추구하는 정치 운동이자 사상을 말한다. PC주의는 말의 표현이나 용어의 사용에서 인종·민족·언어·종교·성차별 등의 편견이 포함되지 않도록 하자는 운동으로 정체성 정치가 구현되는 한 방식이다.

정체성 정치는 노동자 대 자본가, 국가권력 대 시민, 제국 대 속국과 같은 전통적인 대립 관계 대신 정체성 집단 사이의 권력관계에 집중한다. 이러한 탐색이 구 대립질서가 놓친 본질적 문제를 해결한다고 여긴다. 정체성 정치의 대표집단은 여성이다. 부자인 여성은 빈민 남성보다 사회경제적으로 우월하지만, 하층계급에 속한 남성일지라도 그에게 강간의 공포를 느끼는 상류층 여성은 약자다.

페미니스트인 힐러리 클린턴은 자신이 가진 수많은 억압자 점수는 카운트하지 않고, 여성이라는 피억압자 점수는 부풀리는 선거운동을 벌였다. 강대국 출신, 백인, 중산층, 명문대, 법률가, 상원의원, 퍼스트레이디, 국무장관, 대통령 후보까지 강자집단의 모든 요소를 갖추었지만, 여성이라는 단 한 가지 요소를 내세워 스스로를 약자의 지위에 포진시켰다. 그녀는 '억압자들이 만든 유리천장을 깨는 데 실패한 여성'으로 자신을 정체화한다. 여성은 언제나 구조적 피해자라는 논리를 내면화한 페미니즘 운동이 정체성 정치와 정치적 올바름을 주도하는 것은 당연한 현상이다.

정체성 정치가 현실에서 구현되는 방식은 두 가지다. 하나는 약자 그룹에 권력을 부여하는 정치투쟁이고, 다른 하나는 약자에 대해 어떠한 형태로든 불쾌감, 공포심, 위협, 불안을 조성하는 말(표현)을 금지하는 문화운동이다. 정체성 정치 집단 중 가장 세력이 큰 여성운동이 이를 주도하므로 성차별과 여성혐오 표현물이 제1의 타깃이 된다. 남성지배문화 속에서 공기처럼 자리 잡은 성차별적 표현을 제거하는 일은 중요한 과업이다. '여성혐오', '혐오표현', '성인지감수성'과 같은 개념이 문화전쟁의 상징이 됐다.

정치권력의 배분은 특정한 영역에서 소수만이 독점하므로 대중의 일상적 이해관계와 얽히지 않지만, PC주의 운동은 생활문화 전반이 개조 대상이 되므로 이를 향유하는 남성대중에게 직접 영향을 끼치게 된다. 오늘날 표현의 자유를 위협하는 데에 대한 저항의 전선이 국가 대 시민사회가 아닌 페미니스트와 창작자, 페미니스트와 남성 소비대중 사이에 그어지는 것은 이러한 이유 때문이다. 이 전선이 상시적으로, 가장 첨예하게 대립하는 전장이 온라인 커뮤니티다. 2021년 현재 청년 남성과 여성들은 문화전쟁 중이다. 특히 성性적 영역은 그 가운데에서도 첨예하다. 정체성 정치와 정치적 올바름 운동이 만들어낸 남녀 사이 문화전쟁에는 몇 가지 특징적 키워드가 존재한다.

위생 언어의 권장: 무균사회의 지향

정치적 올바름 운동은 언어의 교정과 검열에 매진한다. 제도적 차별에서 찾지 못한 위협은 문화적 감수성을 통해 길어올려진다. 이 운동의 궁극적 목표는 모든 편견과 위해 요소가 멸균된 '위생 언어'만이 통용되는 무균사회다. PC주의 운동에서 말은 곧 칼이 되어 사람을 찌를 수 있고, 약자 정체성 집단에게 실질적 차별과 지위의 하락을 가져오는 가장 위협적인 무기이며, 권력 그 자체이자 모든 것이다. 보편적 도덕관념이 개인 간의 소통에 기본 규범으로 작동하는 사회에서 표현의 교정을 원하는 성인들의 대화는 이렇게 전개된다.

> A: 나는 너의 말에 불쾌감을 느꼈어.
> B: 그런 의도는 전혀 없었는데 그렇게 됐구나. 다음에는 주의할게.
> A: 그래. 다음부터 주의해줘. 그렇게 받아들여주니 고맙구나.

정체성 정치에 몰입한 집단은 '얼마간의 불의는 존재하지만 보편적 정상성에 도달한 사회'라 결론 내리는 대신, 보이지 않는 차별을 예리하게 감지해내어 여전히 위협이 존재하는 사회임을 입증하는 길을 택한다. 해악이 되는 표현의 목록은 끝없이 추가된다. PC주의 규범이 작동하는 사회는 성인의 언어 대신 멸균의 대화가 전개된다.

A: 니가 사용한 절름발이라는 말은 편견을 조장해. 장애인(약자그룹)을 차별하는 표현이야.

B: 그런 의도는 전혀 없었는데?

A: 의도는 중요하지 않아. 차별은 의도가 아니라 결과야.

B: 나는 그들을 차별하려는 마음이 없어.

A: 그들을 심각하게 위협하는 차별을 인식조차 하지 못하는 것이야 말로 니가 강자라는 증거야.

B: 나는 그들의 권리를 존중해야 한다고 생각해. 나의 말이 왜 차별인지 모르겠어.

A: 너는 너의 선량함을 믿겠지만 우리는 모두 선량한 차별주의자가 될 수 있어.

이런 운동은 주로 진보 진영과 페미니스트가 주도한다. 오히려 PC주의에 대한 대항은 좌파와 전통주의자들의 것이 자연스러운데도 말이다. 좌파라면 언어검열과 도덕주의로는 해결하지 못하는 본질적인 계급투쟁에 매진하라고 요구할 것이다. 전통주의자라면 공동체를 유지시켜오던 관습들에 대해 트집에 가까운 언설로 해악이라 규정하는 급진성과 미덕의 파괴에 항의할 것이다. 그러나 PC주의 운동은 좌파의 새로운 얼굴마담(이러한 용어를 여성혐오, 차별언어라 규정하며 즉각 교정을 요구하는 PC주의자들에게 나는 언어에 위계를 둔 도덕주의적 검열은 '마담'이라 칭해지는 여성들의 권리 신장과 무관하므로 차별의 딱지붙이기 놀이에 심취한 어린아이처럼 굴지 말라고 요구할 것이다)이 됐고, 전통주의자들은 힘없는 사람들에게 상처 주지 않는 말을 쓰는 것이 바람직하지 않느냐는 도덕적 관심과, 문화적 지체자로 취급받을 두려움 때문에 위생 언어를 새로운 표준new normal으로 수용한다.

이처럼 정치적 올바름 운동에는 논리적 비판을 가하는 조직적 대항 세력이 없다. 비조직된 대중들의 그저 난사되고 마는 항의가 이들이 마주하는 장벽의 전부다. 문화전쟁에서 PC주의자들은 말의 위험을 강조해 표현을 검열하고 통제하는 권력을 쟁취했다. 그런데 만일 PC주의자들의 주장대로 말의 영향력이 실제 그토록 위협적이라면, '말은 진짜 칼이 아니므로 실제로 아무도 찌를 수 없다'는 말을 약자들에게 강조하는 것이야말로 말의 위협을 방어하는 효과적인 방법이 아닌가? 통제 권력의 획득이 아닌 약자들을 강하게 만드는 것이 진정한 목표라면 더 반복적으로 말은 칼이 될 수 없다고 말해야 하는 게 아닌가? 그러나 위생 언어의 강조는 점점 더 많은 멸균목록을 만들어낼 뿐 면역력의 증가에는 관심이 없다. 사소한 표현에도 상처와 고통을 호소하는 응석받이 어른을 만들어낸다. 성숙한 어른은 악의 없는 호기심과 경멸을 구분할 줄 알며 두려움 없이 타인과 기꺼이 소통한다. 미국의 정치철학자 조엘 파인버그는 말(표현)의 통제에 대해 이러한 성찰을 제시한다.

"어느 경우건, 대부분의 사람이 그토록 취약하지 않다는 것은 다행한 일이다. 그렇지 않으면 외설스러운 말은 위험한 화약류 무기와 같아서, 우리는 모두 강력한 무기로 상대방을 상처 입힐 수 있는 이빨로 무장한 셈이 될 터이기 때문이다. 분명히도 그러한 상황을 막는 더 현실적인 전술은 장래의 피해자들을 강하게 만드는 것이지, 언어에 대한 엄격한 감시를 통해서 공중을 무장 해제하는 것이 아니다."[1]

위생 언어의 감별사: 신흥귀족의 탄생

정체성 정치는 위계를 타파하고 다양성을 구현하는 대신 도덕적 우월감으로 무장한 새로운 엘리트 집단을 만들어냈다. 대부분의 성인은 사회적으로 합의된 보편 규범에 따라 행동하고 책임을 진다. 당사자가 부정적 감정에 대해 예의를 갖춰 표현하면 상대방은 자신의 의도를 설명한 후 이를 수용하거나 해명하여 해결한다. 그러나 관습적 해결이나 대항력을 가진 개인을 권장하지 않는 정체성 정치는 권력의 장에 신흥 귀족을 탄생시켰다. 정치적 올바름은 약자그룹에 대한 차별을 예민하게 감지하는 자들이 주도한다. 위생 언어의 예민한 감별사인 이들은 약자 그 자신으로부터 요구되지 않은 권리를 대행하는 것으로 실질적인 권력을 차지한다.

2020년 8월, 한국 사회에 일어난 한 사건은 이러한 대행 권력의 지형을 드러낸다. 유명 인물로 분장한 졸업사진을 찍어 매년 화제가 된 의정부고등학교 학생들이 인터넷 명사인 흑인 그룹 '관짝소년단'의 춤을 패러디했다가 인종차별 논란에 휩싸였다. 가나 출신의 방송인 샘 오취리는 흑인들 입장에서 매우 불쾌한 행동이라며 비판했다. 학생들과 학교 측은 흑인

비하나 혐오의 의도는 전혀 없었으며(당연하지 않은가? 흥겨운 밈^{meme}을 단지 재연했을 뿐인데) 학생들의 풍자에는 어떠한 정치적 의도도 담겨있지 않음을 강조했다. 그러나 이러한 해명은 받아들여지지 않았다. 비판자들은 의도는 중요하지 않을 뿐 아니라 결코 변명이 될 수 없으며, 인종차별행위를 인식조차 하지 못하는 한국사회의 후진 인권감수성을 개탄했다.

정작 패러디의 원본인 관짝소년단의 반응은 어땠을까? 이들은 SNS에 직접 의정부고의 패러디를 거론하며 졸업을 축하한다는 메시지를 남겼다. 세계 각국에서 자신들을 패러디한 영상이 올라올 때마다 이들은 감사 인사를 해왔다. 같은 흑인이지만 샘 오취리와는 전혀 다른 반응을 보인 것이다. 샘 오취리는 이 사안에서 약자그룹 구성원임에도 피해의 당사자가 아닌 예민한 차별 감지자로 흑인권리의 대행자 역할을 했다. 정체성 정치에서 중요한 요소는 당사자의 의사다. 패러디의 원본인 흑인 당사자 관짝소년단은 전혀 불쾌해하지 않았으며 오히려 흥겹게 화답했다. 이 패러디는 그들에게 차별, 혐오, 위협, 권리침해로 작용하지 않았다. 오히려 차별을 주장하고 나선 건 권리에 예민한 다른 흑인, 차별표현에 민감한 감별사들이었다.

당사자성과 결과론을 강조하던 PC주의자들은 개인이 아닌 '집단적 권리'라는 개념으로 혼란을 제압하려 한다. 페미니스트인 손희정 문화평론가는 '당사자의 말이 '모든 것'이라고 보기보다 합리적인 차원 안에서 어떤 윤리적 판단기준을 가질 것인가 논의해가는 게 중요하다'고 말한다. 보통의 성인들 사이에서 '합리적인 차원의 윤리적 판단기준'은 특정된 상대방이 불쾌감을 느끼지 않는 표현은 문제 삼지 않으며 이를 권리의 침해로 여기지 않는 것이다. 예를 들어 친한 친구 사이에 별칭을 사용하는 일은 흔하며 이는 그들 사이에 양해된 규칙이다.

그러나 PC주의 운동에서 권리의 대행자들은 당사자 사이의 상호작용에 따라 다르게 적용되던 규칙을 집단적 차원의 강제규범으로 격상시킨다. 약자그룹의 개별 당사자가 동의하지 않는 경우에는 개인의 판단력을 인정하지 않는다. 집단적 정체성 속에서 권리 대행자들의 지침에 동의하지 않는 개인은 천덕꾸러기가 된다. 페미니즘을 거부하는 여성, 흑인의 약자성을 부인하는 흑인, 교조적 교리를 비판하는 무슬림은 신흥 귀족들에 의해 집단의 해악으로 낙인찍힌 후 정치적으로 추방당한다. 다양한 집단의 평화롭고 평등한 공존을 주장하는 정체성 정치가 확산될수록 다양성의 기본 단위가 되어야 할 '개인'이라는 존재는 지워진다.

그러나 온라인이라는 새롭고 강력한 문화는 개인들의 정치권력 획득 투쟁을 지금까지와는 다른 방식으로 폭발시켰다. 이 환경은 PC주의자들에게도 결코 나쁘지 않다.

온라인 폭로, '피해자 되기'의 정치

온라인을 도구로 한 직접적·개별적 주권 행사가 대의제의 지위를 넘보는 시대가 됐다. 대의제로 상징되어온 근대 민주주의의 작동원리는 디지털 원주민 세대가 문화의 주류가 된 지금 다른 형태로 진화 중이다. 오늘날 대중의 권력 획득 방식은 포스트 민주주의 시대의 일면을 보여준다. 의제를 발굴하고, 동맹을 형성하고, 이를 대의할 정치조직을 만들거나 압박해 권력을 획득하는 지난한 과정을 거쳐야 가능했던 일이 이제 온라인 주목끌기로 단숨에 가능해졌다. 대중들은 복잡한 사법절차 대신 온라인 재판을 택하고, 제도적 검증이 필요한 일은 여론을 압박해 통과시킨다. 온라인을 통한 권력획득이 훨씬 효율적이란 사실을 발견한 것이다. 그 효율성을 최대치로 높여주는 방식이 '피해자 되기'의 정치다.

정체성 정치는 피해자 되기의 정치에 최적화되어 있다. 온라인을 이용한 피해자 되기의 정치는 특히 약자로 자신을 정체화한 이들에게 적합한 방식이다. 대략 2015년쯤부터 활발하게 일어난 여성들의 폭로문화는 데이트폭력 폭로, 미투운동을 거치며 약자인 피해자들의 유일한 방어수단이라는 명분으로 활용되기 시작했다. 이러한 규칙은 페미니즘 운동의 성공과 궤를 함께 한다. 이전에도 인터넷을 통한 사적 영역의 폭로는 있어왔으나 정당한 행위로까지 인정받지는 못하였다. 그러나 약자들의 목소리를 듣는 것이 진실이자 정의라는 법칙은 약자의 지위에 여성집단 전체를 대입하는 공식을 만들어낸 페미니즘 운동에 의해 비약적으로 증가한다. 폭로의 정치화는 여성들에게 통제력의 상실과 피해의식을 지속적으로 부추겼다. 미디어의 전폭적인 지지도 이 현상을 가속하는데 기여했다. 폭로는 성범죄에 국한되지 않았다. 적정절차로는 피해를 보상받을 수 없는 실제 약자와, 정념의 폭정에 휘둘린 사적 복수자의 경계가 사라졌다.

성인인 여성들이 사적 관계의 문제를 공개적인 장에 올리는 데에는 명분이 필요하다. 피해자 되기의 정치는 '권력관계'라는 개념으로 이를 정당화한다. 정체성 정치, 특히 페미니즘은 세상의 모든 관계에는 일상적으로 권력이 작동하며, 모든 개인적인 것은 정치적인 것이라 주장한다. 이제 페미니스트가 아닌 여성도 사적 사건의 폭로를 공적 의제로 만드는 방법을 안다. 이들은 '이것은 제 개인의 문제가 아니라 모든 여성들이 일상적으로 겪는 문제'라 말한다. 페미니즘에 동조하지 않는 여성일지라도 자신의 행동을 정당화시키는 논리를 거부할 이유는 없다.

한 유명 남성 VJ와 수년간 교제하다 헤어진 여자 친구는 사귀는 동안 낙태를 '당했'고, 제대로 '돌봄을 받지 못했다'며 폭로를 했다. 최초 주장과 달리 이들은 남성의 경제력이 없던 시절 합의 하에 낙태를 하였으며, 형편이 나아진 후 남성은 수년 간 주생계부양자로 일하며 여성의 경제활동까지 지원했다. 여성은 수차례 외도 사실이 들통 나 결국 결별하였다. 남성의 해명이 올라온 후 여성은 다음과 같은 사과문을 올렸다.

"전 제가 세상에서 제일 불쌍하다고 생각했어요. (...) 나는 이렇게 불행한데 (...) 이렇게 해놓고 넌 행복하네? 이런 원망만 점점 커져서 정신을 놓아버렸네요. (...) 제가 한 건 생각도 안 하고 피해자인줄 알고 원망만 했습니다. 죄송합니다."

이 사건에는 피해의식, 폭로의 일상화, 온라인 재판, 피해서사의 조작, 사생활 전시, 통제력의 상실, 온라인 주목경쟁, 폭로와 조리돌림, 안전이별 공포, 가스라이팅, 병리적인 불안정서, 응석받이 어른 등 이 시대의 문화적 특성이 모두 담겨있다. 여성은 자신이 '세상에서 제일 불쌍하다고 생각'하며, 이는 자신을 '버린' 남성 때문이라고 여긴다. 결별 후 잘 사는 남성을 보며 현재 자신의 비참함의 원인을 남성에게서 찾는다. 교제 중 성인으로서 동의와 합의를 거친 선택들에 대해 구조적 권력관계에 의한 비자발적 피해사례로 기술한다.

여성들은 폭로를 통해 피해자의 지위를 선점하고, 정체성 정치는 이를 정치권력 투쟁의 장으로 활용한다. 피해자 되기 정치가 권력과 자원을 획득하는 주요 통로가 된 것이다. 피해자 되기에는 가해자의 존재가 필수요소다. 남성들은 폭로정치에서 구조적인 가해자 집단으로 낙인이 찍혔으니 피해자 되기를 활용할 수 없다. 전투를 통해 상대를 무찔러 강자의 자리를 차지하고 결국 권력을 쟁취하는 고전적인 정치투쟁에 익숙한 남성들은 피해자 되기의 정치를 통해 강자보다는 승리자가 되는 여성들의 전략에 속수무책이다. 여성은 집단적으로 약자이며 그러므로 언제나 구조적 피해자라는 공식은 단순하게 여성의 권리를 신장시키거나 인권을 증진한다는 식의 추상적 당위를 넘어섰다. 근대적 국가를 가능하게 했던 문명에 대한 도전으로까지 이어지는 정치 지형을 만들어냈다.

근대의 파괴: 권리 비중의 해체와 재구성

정체성 정치는 근대적 국가들이 보편적으로 적용해왔던 권리체계와 보상체계를 해체한다. 인간에게는 저마다의 고통이 존재하며 그 주관적 크기는 계량할 수 없다. 그러나 생각해보자. 인간의 삶에 필연적으로 수반되는 고통에 대해 각각의 개인이 느끼는 주관적 감정이 곧 고통의 크기로 인정된다면, 고통에 대한 사회적 보상과 처벌의 기준은 모호해진다. 정체성 정치는 권리의 객관적 비중이라는 개념을 무력화시킨다.

예를 들어 성범죄 피해에 대한 여성의 고통을 묘사하는 말들은 그 자체로는 진실되다. 이들은 "성범죄는 여성의 삶에 평생 지우지 못할 상처를 남기며, 여성들은 죽음보다 더한 고통을 겪는다"라고 말한다. 그러므로 성범죄자는 살인죄보다 더 무거운 형량을 선고해야 하며, 범죄자가 주거하는 공동체에 신상을 공개하고, 피의자가 되는 즉시 취업에 치명적인 불이익을 가하고, 신체를 훼손하는 처벌도 불사해야 한다는 요구가 제기된다. 이는 근대적 법치국가의 운영원리를 부인하는 주장들이다. 그러나 거역할 수 없는 사례들 앞에서 자유의 견해는 위축된다. '측량할 수 없는 여성의 고통'은 근대적 규범으로서 지켜져 왔던 권리의 서열체계와 보상체계를 간단히 해체한다. 법학자 김두식은 그의 책《욕망해도 괜찮아》(창비. 2012)에서 이 문제를 지적한 바 있다.

"특별법에 규정된 성폭력 범죄의 상당수는 이미 오래전에 살인죄의 법정형을 훌쩍 뛰어넘었습니다. 그래도 부족하다고 경쟁적으로 법정형을 더 올리려고만 합니다. 그러나 성폭력 범죄가 보호하고자 하는 성적 자기결정권이 아무리 중요한 법익이라 해도 살인죄가 보호하는 생명보다 더 중요할 수는 없습니다. 레토릭으로는 '강간당한 아픔이 살해당한 것보다 더 크다'고 말할 수 있을지 모르지만, 우리 법체계에서 생명보다 소중한 법익은 없습니다."

근대법치국가에서 범죄와 범죄자에 대해 합의한 규칙은 사적 제재를 허용하지 않고, 무죄추정의 원칙과 증거재판주의와 같은 적정절차에 의해 처벌을 행하며, 처벌 후에는 공동체의 구성원으로 복귀하도록 사회가 돕는 것이었다. 그러나 성범죄는 우리가 합의한 근대적 원칙과 가치를 거꾸로 돌리고 있다. 사적 보복과 여론재판이라는 태생적 한계를 지닌 미투운동이 사법적 절차를 대신하고, 실체적 진실을 알고자 하는 시도는 2차 가해와 피해자 중심주의에 막히며, 가해자로 지목된 자는 방어권이 주어지지 않은 채 공소시효 없는 명예형에 처해진다. 이 모든 과정에 무죄추정의 원칙은 지켜지지 않는다.

폭로의 정치는 만인이 24시간 접속한 뒷담화의 장에서 주의를 끌고, 이를 통해 자신의 편을 많이 만들수록 실제적인 권리와 물질적 이득에서 유리한 고지를 점하게 된다. 적정절차를 통해 피해의 구제를 보상받으려는 사람은 수사기관과 사법기관을 오가며 긴 시간 일상에 타격을 받아야 하지만, 폭로를 통해 대중적 관심을 받은 사람은 여성단체의 도움으로 인신의 보호, 법률지원 등 필요한 자원을 예외적 절차로 즉각 획득한다. 지지 여론을 형성해 재판에서도 유리한 위치에 선다. 적정절차를 위반한 폭로자에게 초법적인 권리가 부여되고 자원마저 제공되는 운동을 헌법기관인 입법부·사법부·행정부 모두 지지하고 장려하기까지 하는 자기부정 현상은 포스트 민주주의의 징후라 할 수 있다.

유해한 남성성의 제거: 남자와의 전쟁

성性적 영역에 대한 급진적 규제 조치들은 남성들의 반발을 불러일으킬 수밖에 없다. 위생 언어의 사용, 피해자 되기, 폭로정치, 권리 비중의 파괴는 대부분 성적인 것과 결부되어 있다. 여성의 주도적이고 주관적인 감정이 판단 기준이 되며, 남성을 표적으로 한다. 이런 문화전쟁에 가장 유효한 약자되기, 주관적 감정 호소하기, 피해자 자처하기 전략을 남성들은 사용할 수 없다. 약좌※※의 게임에서 여성들은 정체성 자체로 승리자다. 남성들은 법적 지위의 불평등이라는 실질적 차별을 겪고, 이는 남성과 여성 사이의 성적 상호작용에 부정적인 영향을 끼친다. 피해 정보의 공유가 가장 신속하고 활발한 온라인 커뮤니티의 주 이용자인 청년남성들은 잠수함의 토끼처럼 위협적인 사회가 도래했음을 감지한다. 이러한 문화의 변화가 남성의 실존을 위협하며 그동안 믿어왔던 근대적 법치국가의 원칙들이 더는 자신을 보호해주지 않는다고 느끼게 됐다.

정체성 정치의 대표자인 페미니스트는 약자의 자리를 고수하기 위해 불변적인 요소를 이용한다. 만일 피해가 정체성이 아닌 상황 때문에 일어난다면 약좌의 주인은 수시로 바뀔 수 있다. 그러한 가변적인 요소를 제거하기 위해서는 불변의 특질을 고정시켜야 한다. 유해한 남성성 toxic masculinity이라는 개념은 이 공격에 적합하다. 남성에게는 공격적이고, 충동적이며, 타인을 억압하고 지배하려는 유해한 속성이 있다고 주장한다. 젠더 관점에서 성별 고정관념은 도태시켜야 할 요소였다. 그러나 남성도, 여성도 그렇게 태어나는 것은 없으며 사회적 압박으로 길러진다던 주장은 이제 여성에게만 해당되는 듯이 보인다.

오늘날 개조의 대상이 된, 남성에게 더 도드라지게 속한 요소들은 인류의 문명을 개척하게 한 원동력이었다. 우월한 힘, 도전정신, 강인함, 적극성, 왕성한 성욕, 구애의 역할은 경멸과 제거의 대상이 아니었다. 여성에게 도드라진 속성들도 마찬가지다. 한쪽 성에게만 부여된 유해한 존재라는 낙인은 부당하다. 그리고 남성성이라는 특질이 유해한 것으로 규정됐고 남성을 반문명적인 존재로 혐오하는 문화가 자리 잡았다. 남성의 욕구에 대해서는 어떠한 타협도 하지 않으려 하며, 이를 수용하는 것은 곧 남성지배의 강화라 비난하는 정치가 승리 중이다. 이는 근대 인권의 논리에서 매우 엄중하게 다뤄야 할 위험한 주장이다. 인종차별주의와 우생학의 뿌리 또한 이러한 논리에서 시작한다. 그러나 오늘날 반성차별·성폭력 교육, 성인지감수성 교육 등은 남성 개조작업임을 굳이 숨기지 않는다. 이러한 주장을 어떠한 제약도 없이, 심지어 매우 정의로운 운동인 양 말할 수 있는 토대는 성범죄의 희생자, 상시적 성폭력의 대상이라는 피해자의 지위를 점유했기 때문이다. 여성들은 이 유리한 지위를 놓을 생각이 없다.

근대적 자유와 권리를 쟁취하는 투쟁에서 해방의 동반자였던 남성은 오늘날 혐오의 대상이 되었다. 수년 전 갑자기 점화된 이 전쟁에서 청년 남성들은 선전포고자가 아니다. 민주화와 인권의 장을 연 부모 세대가 차별 없이 키워낸 성 평등 세대인 이들은 어느 날 부여된 강자, 가해자, 기득권자, 억압자, 악덕의 공유자, 혐오를 내면화한 자, 범죄자, 본래적 유해성을 가진 자라는 부당한 집단적 낙인에 저항하는 중이다. 한 번도 경험하지 못한 전쟁이다 보니 단일한 대오 정비는 불가능하다. 리더도, 구심이 되는 이념도, 정교한 언어도 없다. 때론 비합리적이고, 불의한 모습을 띤다. 이 전쟁을 끝낼 방법을 이들은 알지 못한다.

2022년 문화전쟁의 양상은?

혹자는 약간의 부작용은 있다 해도 페미니스트와 PC주의 운동이 있어 우리 사회의 문제를 드러낼 수 있지 않았느냐고 한다. 그러나 어떤 운동의 결과가 일어난 문제보다 더 나쁜 상황을 만들었다면 그건 해결책이 될 수 없다. 여성혐오를 없애겠다며 시작한 미러링은 결국 혐오의 총량을 늘렸다. 언어의 검열에 주력하는 PC주의 운동은 악의가 없이 행해지던 관습에 악덕의 낙인을 찍는다. 악의를 예민하게 감지해내지 못하는 것이야말로 새로운 악덕이 되었다. 특수하게 보호받는 집단의 등장으로 법적 지위의 평등이라는 원칙은 무너졌다. 성을 매개로 한 전쟁은 개인의 가장 프라이빗한 영역에 국가권력의 개입을 요구한다. 인간에게 독보적인 쾌락의 상호작용이었던 섹스는 가장 엄격한 행동준칙을 준수해야 하는 행위가 됐다. 이 준칙을 어겼을 때 맞닥뜨릴 결과는 여성과 남성이 같지 않다. 남성 앞에는 형사처벌이라는 위협이 기다린다.

경제적 어려움이 해결되면 청년남녀의 갈등도 사라질 것이라는 2021년 현재의 분석은 그래서 안일하다. 지금 상대방을 증오하는 청년남녀가 모두 취업에 성공하고, 내 집을 마련한다면 증오가 멈춰질까? 서로의 속성을 경멸하고 비난하던 감정을 버리고 우애와 협동을 회복할 수 있을까? 그렇지 않다. 이들이 서로를 무너뜨려 획득하고자 하는 전리품은 경제적 안정이 아니기 때문이다.

지난 수년 동안 크고 작은 전투에서 승리를 거둬온 페미니즘 기반의 여성운동과 PC주의 운동 진영은 일정한 정치화 경로를 만들었다. ①불편함의 적극적 발굴 - ②소셜 미디어 등을 이용한 온라인상의 의제화 - ③친 페미니즘 매체들의 보도 - ④사회적 의제화 - ⑤기업과 정치권의 호응 - ⑥제도적 장착으로 이어진 경로는 꽤나 효율성이 높다. 남성들도 같은 경로의 대항을 시도했으나 1단계부터 쉽지 않다. 최근 화제가 됐던 '남혐손가락 포스터 논란'은 이례적으로 남성들의 항의에 기업이 반응한 사례다. 2022년에도, 그 후에도 한동안 이런 경로의 정치투쟁은 계속될 전망이다. 이 경로를 벗어나 새로운 길을 모색해야 한다는 목소리가 다수 의견이 되기 어렵다. 내부의 균열이 극대화되거나 외부의 압력이 거세어 운동의 존립이 위태롭거나 하는 상태가 되어야 변화 가능성을 기대할 수 있으나 지금은 둘 다 요원하다.

남성들에게서 한 가지 변화는 감지된다. 4월 7일 재보궐 선거로 투표를 통한 성취에 효능감을 맛본 청년 남성들은 대의제를 중요한 투쟁방식으로 선택했다. 대통령 선거와 보궐선거, 전국동시지방선거를 앞둔 2022년에 이들의 정치투쟁이 얼마나 성공을 거두는가에 따라 여성들이 일방적으로 승리해왔던 문화전쟁의 지형이 조금은 달라질 수 있다.

여성운동과 PC주의 운동에 대한 대중의 피로감은 6년 전에 비해 높아졌다. 그러나 자신들의 요구를 제도로 안착시켜온 성과는 쉽게 무너지지 않을 것이며, 문화전쟁은 PC주의와 반PC주의를 내면화한 사람들에게 일상적인 전투로 자리 잡을 것이다. 단 여성들은 이전에 없던 새로운 요구들(여성폭력에 대한 처벌과 보호 강화, 여성혐오 개념의 사회적 인정, 적극적 우대조치의 확대 등)을 얻어낸 포지티브한 전리품들이 있지만, 남성들은 이를 완화하거나 저지하는 것 외에는 새로운 요구를 얻어낼 수는 없다. 희생자를 줄이는 것만으로도 소득이다.

문화전쟁이 격렬해질수록 희생자는 늘어가지만 주류적 반응은 여전히 부수적 피해론(사회의 진보에 따른 불가피한 희생)과 균형적 낙관론(자정작용을 통해 균형을 찾으리라는)에 머문다. 이러한 주장은 주로 여성의 희생을 경험한 윗세대 남성들이 주도한다. 청년 여성의 피해자 되기 정치는 윗세대의 여성과 남성 모두에게 지지와 연민의 대상이 된 반면, 청년 남성의 억울함 호소는 윗세대 남성들에게 질시와 비난의 대상이 됐다. 문화전쟁에서 청년 남성들의 적은 청년 여성만이 아니다.

정체성 정치와 정치적 올바름이라는 혼돈의 해악

나는 여성혐오 개념이 전면 등장하면서 남녀갈등의 시작점이 된 2015년부터 이 전쟁의 발발과 전개 과정을 지켜보았다. 정체성 정치와 PC주의 운동의 폐해를 계속 목격했다. 사실 전쟁이라는 표현이 무색할만큼 여성들은 일방적으로 정치적 승리를 거뒀다. 남성의 반격이라 기록될 만한 일은 2021년 서울시장과 부산시장 재보궐 선거에서 '이대남'이 부각된 사건 정도다. 정체성 정치의 문제는 보편적 연대보다 정체성 집단끼리의 배타적 동맹을 추구한다는 점이다. 집단 내 개별적 인간들 사이의 차이보다 집단 간 상징적이고 의도적인 위계를 부각한다. 이들은 자국의 동일한 계급적 지위보다 타국의 동일한 정체성 집단에 더 동질성을 부여한다. '만국의 노동자여 단결하라'는 구호는 전 세계의 여성은 모두 남성의 식민지라는 구호로 대체된다. 여성을 집단적 피해자로 설정할 때 남성은 집단적 가해자가 된다.

지금 이 문화전쟁의 형태는 제로섬 게임이다. 모두가 모두를 억압하고 검열하면서 상대방을 괴롭혀서 빼앗으려 한다. 어떤 행위가 정당하게 제한할 수 있는 것인가, 보편적인 권리의 몫은 어떤 것인가 하는 담론이 실종됐다. 제로섬밖에 없으니 약자가 얻는 것이 무조건 정의라는 공식만 남아 악순환이 계속된다. 서로가 약좌^{弱座}를 차지하려 한다.

결국 인간사회의 문제는 의제를 어떻게 설정하느냐에 따라 달라진다. 제로섬 게임은 자연적으로 고착화되는 게 아니라 의제를 설정하는 방식에 따라 달라진다. 이 게임을 벗어나려면 보편 규범에 대한 합의가 달라져야 하고, 그러한 합의를 위한 언어를 복구시켜야 한다. 누가 더 절실한가가 아니라, 각자가 가질 자격이 있는 권리는 무엇이고, 그 분배를 어떻게 결정할 것인가 하는 도덕담론이 있어야 한다. 남녀가 분쟁상황에 처했을 때 예전에는 공적 기관에 가서 적법절차에 따라 해결하는 게 정상 과정이었다. 지금은 그중 한 당사자가 뒷담화의 장에 올린다. 나는 여기에 공론장이라는 말을 사용하고 싶지 않다. 공론장은 규칙이 있어야 한다. 우연히 여론의 관심을 받았다는 이유로 국가기관이 개입해서는 안 될 사적 영역의 일에 반응을 보이는 현상은 민주정치 관점에서 기이한 일이다. 이는 국가가 무분별한 열정을 부추겨 공적 자원을 낭비하게 한다. 정치의 질적 변화에 대한 통찰이 있어야 지금 성별갈등에 관련한 담론대립을 올바르게 이해할 수 있다.

청년세대 남녀가 치르고 있는 문화전쟁은 성^性적 억압과 자유, 검열과 표현의 자유, 고유한 권리자로서 개인의 복원이라는 근대 문명의 가치들과 결부되어 있다. 권리의 대변자라는 신흥귀족의 출현과 피해자 되기 정치는 포스트 민주주의의 징후를 드러낸다. 온라인 원주민, 주목경쟁의 내면화, 개인적 대항력에 취약한 응석받이 어른, 정념의 폭정에 휘둘리기 쉬운 정서적 약체라는 세대적 특성은 예측이 불가능한 전투를 만들어낸다. 이 전쟁의 끝을 알 수는 없다. 그러나 이 전쟁이 끼친 해악은 그저그런 예측의 범주를 뛰어넘는다. 우선 근대적 가치의 훼손만으로도 그렇다. 성적 억압과 규제는 인간의 본성을 강제하려는 시도다. 개인의 자유는 계속 축소된다. 프라이버시의 쇠락은 위선과 전체주의의 토양이 된다. 이는 우리가 일군 문명의 퇴행이다.

그러므로 다시 정치의 문제가 제기된다. 보편적인 권리담론, 합리적인 정책적 논의, 도덕적인 사운드바이트[2]를 지향하는 담론의 특성은 지루함이다. 전 사회적으로 이러한 지루함을 참지 못하는 문화가 지배한다. 사람들은 자신이 속한 정체성 집단에 따라 결론을 내리고 미리 상대를 깎아내린다. 이러한 행위를 해악으로 간주하고 중심을 잡는 상당한 수의 집단이 존재해야 개선이 가능하다. 정치가 이 역할을 해야 한다. 근대의 가치를 확인하고, 권리의 단위를 정체성 집단이 아닌 개인으로 복원시키고, 공적 자원의 분배에 대해 약자성 우선이 아닌 개인의 취약성에 대한 대처로 이동시켜야 한다.

무엇보다 짧은 시간에 청년 남녀를 갈라놓고 한 번도 경험하지 못한 문화전쟁의 소용돌이로 밀어 넣은 정체성 정치와 PC주의 운동의 영향력을 인지하는 일이 필요하다. 우리는 모두 선녀와 나무꾼을 읽고 자랐지만,

그 동화에서 여성을 납치하고, 감금하고, 강간하는 일이 정당하다는 규범을 습득하지는 않았다. 그러나 PC주의자들은 백년이 넘었을지 모르는 이 동화의 나무꾼을 정치적 올바름의 법정에 세워 납치범이자 성폭행범이라 판결한다. 성범죄를 예방할 다른 방법이 없었기 때문일까? 당연히 그렇지 않다. 우리 중 누구도 그 동화 때문에 강간범으로 자라지 않았듯, 어떠한 문제에 대해 그 방식이 아니고는 도저히 해결할 수 없어서 이러한 운동이 생긴 것은 아니다. 해결 가능한 다른 방식이 있는데도 이 운동을 지속할 때 이득을 얻는 세력이 이를 추동하고 전쟁을 부추긴다. 정체성 정치와 PC주의 운동의 해악을 정확하게 인식하는 것이야말로 이 문화전쟁을 종식시키기 위한 첫걸음이다.

---

1. Joel Feinberg, "Obscene Words and the Law", Law and Philosophy, Vol. 2, No. 2 (Aug., 1983), p. 142.

2. Sound bite: 미디어나 정치인이 주장을 핵심적으로 전달하려 뽑아낸 짧고 강렬한 문장. '여자라서 죽었다', '피해자의 목소리가 증거다', '집은 돈벌이 수단이 아니다'와 같은 예가 있다.

6장

청년들은 왜 중국을
싫어하는가?

임명묵

작가

1994년에 태어나 조치원고등학교를 졸업했으며, 이후 서울대학교에서
서아시아 지역학과 지리학을 전공했다. 역사, 과학기술, 대중문화 등에 대한
폭넓은 관심을 엮어서 글을 쓰는 것을 좋아한다. 지은 책으로는 중국에서
시진핑 시대로의 전환을 다룬 《거대한 코끼리, 중국의 진실》과 한국 사회에 대한
비평서인 《K를 생각한다》가 있다. 그 외 <서울신문> 등에서 정기적으로 기고를
하고 있다.

최근 청년층을 중심으로 급속도로 확산된 반중, 혹은 혐중 정서를 이해하기 위해서는 먼저 한국 사회가 중국을 어떻게 인식해왔는지를 살펴보아야 한다. 1970년대생까지는 중국 고전 문화와 홍콩 문화 등으로 중국의 소프트 파워가 비교적 작동하는 편이었으나, 1990년대생부터는 그런 소프트 파워는 전혀 영향력을 발휘하지 못하게 되었다. 대신에 중국 자체의 국력이 커지면서 전혀 다른 결과가 나타났다. 한국 청년들은 중국공산당과 국가가 제기하는 강력한 외교적 압박은 물론이고 부상한 중국의 애국주의 청년들을 인터넷 공간에서도 마주해야 했다. 특히 세계로 뻗어나간 한국의 대중문화를 둘러싼 한중 청년 세대 간의 충돌은 그들로 하여금 중국을 실제적 위협으로 인식하게 만들었다. 한편 청년층의 독특한 미디어 환경과 반중 의식의 상호작용을 이해하지 못하는 기성세대로 인하여, 반중 문제는 국민 감정을 넘어서 세대 문제로까지 인식되고 있는 상황이다.

'조선구마사'와 폭발적 거부 반응

2021년 3월에 SBS에서 방영한 '조선구마사'가 그토록 폭발적인 반응을 불러일으킬 것이라 예상한 사람은 아무도 없었다. 그러나 제작진에는 몹시 안타깝게도, 반응은 긍정적 의미로 폭발한 것이 아니었다. 오히려 그 폭발적 반응의 성격은 파괴적이라고 부르는 게 더 맞았다.

1화가 방영되자마자 온라인 커뮤니티에서는 고려 말~조선 초를 다룬 이 드라마에 중국적 요소가 너무 많이 나온다고 비난하는 글들이 올라오기 시작했다. 월병이나 양갈비 같은 중국 식문화도 그렇고, 복식도 조선의 것이라기엔 이질적인 면모가 많다는 이유였다. 나아가 교황청의 도움으로 조선을 건국한다는 전체적인 시놉시스도 한국의 역사를 폄하한다는 이유로 논란의 대상이 되었다.

문제는 논란이 여기서 그치지 않았다는 데 있다. 대본을 쓴 박계옥 작가의 이름이 연변 조선족 같다는 의혹을 시작으로, 이 드라마가 한국 대중문화를 잠식하기 위한 중국의 계획적 음모의 일환이라는 주장이 우후죽순으로 쏟아졌다. 이제는 한국 인터넷에서 여론 압박과 세력 과시에 필수적 수단이 된 청와대 청원이 등장했다.

초유의 관심사가 된 '조선구마사'의 운명은 끝내 광고주들이 광고 계약을 연달아 철회하면서 사실상 끝이 났다. 드라마는 방영이 중단되었고, 배우와 제작사를 비롯하여 모든 관계자가 사과문을 게재했다. 고작 2회 차가 방영되고 나서 벌어진 일이었다.

식자층에서는 드라마에 대한 폭발적 여론과 폭발의 동력이라고 할수 있는 반중 정서에 대해 상당한 우려를 표했다. 그들의 주장을 요약하자면 '조선구마사'는 표현이 부주의하긴 했어도 역사 왜곡과는 거리가 멀었고, 오히려 인터넷에서 터져 나온 대중의 불만은 반중 '감정'에 근거한 비합리적이고 폭력적인 반응이었다. 그들은 한국인들 사이에서 점차 불거지고 있는 반중 정서, 나아가 '혐중'이라고까지 할 수 있는 정서가 장차 불길한 결과들을 만들어낼지도 모른다며 우려하는 듯했다.

하지만 '조선구마사'를 둘러싼 대중의 반중, 아니 혐중 정서가 식자층을 놀라게 한 가장 큰 이유는 따로 있었던 것 같다. 문제는 단순히 '시청자 불만'이라는 명목으로 포장된 대중 여론으로 인해 드라마 한 편을 폐지했다는 게 아니었다.

첫째로 놀라운 점은 그러한 현상의 폭발성과 갑작스러움이었다. 그이전부터 중국 PPL에 대한 거부감을 비롯하여 중국과 관련된 잡음은 계속되고 있었지만 '방영 폐지'라는 극단적 요구로까지 터져 나오진 않았다. 따라서 '조선구마사'에 대해 논란을 예상했다 하더라도 이 정도로 강한 요구가 갑작스럽게 터져 나와서 관철되는 충격적 흐름까지 예측할 수는 없었다.

그보다 더 중요한 점은 둘째로 혐중 여론을 주도한 이들의 정체였다. 반중은 보통 보수 정당 지지와 연결되고 보수 정당 지지는 노년층과 연결된다는 것이 흔한 '스테레오 타입'이다. 하지만 '조선구마사'를 폐지하라는 목소리를 가장 크게 낸 이들은 청년층이었다. 노년층의 반중·반북과 중년층의 반일, 때로는 반미를 거쳐 청년층에서는 이제 민족주의가 약화하고 있다는 종래의 관측과는 전혀 반대되는 일이 벌어진 것이다.

따라서 다음과 같은 질문이 꼬리를 무는 것은 아주 자연스러운 일이다. 중국과 맞부딪힐 일도 많지 않은 청년층이 왜 이토록 갑작스럽게 중국에 반감을 표하는 것일까? 이것이 청년층의 보수화 내지는 극우화의 증거이며, 여성혐오나 난민혐오를 주도하는 정서의 연장 선상일까? 혐중은 한국 사회에 대한 어떤 위험 신호가 아닐까?

혐중 정서는 일시적 현상이 아니다

그러나 이런 질문은 청년이나 혐중에 대해 답을 줄 수 있는 질문이 아니었고, 오히려 질문을 던진 이들이 청년층의 대외 인식에 대해 별로 관심이 없었다는 사실만 드러낼 따름이었다. '조선구마사'로 폭발한 반중 정서가 그 이전의 수준과 구분되는 깜짝 놀랄 만한 수준인 것은 맞지만, 그것이 결코 갑작스러운 것은 아니었다. 한국 청년층은 짧게는 수년, 길게는 십수 년에 걸쳐서 중국에 대한 반감을 축적해왔다.

게다가 한국의 청년층이 중국이나 중국인과 그다지 접촉할 일이 없었다는 것도 사실과 거리가 멀었다. 청년층은 그들의 공간에서 중국, 중국인, 중국 정부와 맞닥뜨려야만 했다. 다만 그곳이 기성세대에게는 잘 보이지 않는 공간이었을 뿐이다. 이런 분리는 기성세대가 청년층의 대중 인식에 관심을 기울일 수 없었던 이유이기도 했다. 일단 보이지가 않는데 어떻게 알 수 있겠는가. 하지만 보이지 않는다고 현상이 없어지는 것은 아니다. 수면 아래에서 청년층의 중국에 대한 불만과 반감은 착실히 누적되고 있었다. '조선구마사'는 그것이 수면 위로 부상한 일련의 현상 중 가장 도드라진 것이었을 뿐 결코 갑작스럽거나 유일한 것은 아니었다.

마지막으로 혐중 정서 자체보다도 혐중 정서를 단순히 혐오라는 이유만으로 대중의 비합리적 정서라고 일축하고 계몽의 대상으로 인식하는 것이 더 문제다. 먼저 민주주의 사회에서 대중의 정서는 계몽과 통제의 대상이 아니라 설득과 토론의 대상이다. 게다가 이런 대외 인식 문제는 오히려 식자층이 인식하지 못하고 있는 상황에서 대중이 위기를 감지하고 본능적인 방어 기제를 작동시킨 것일 수도 있다.

실제로도 중국은 한국의 최대 경제 협력국이자 동시에 최대 안보 위협국이기도 하며, 그 위협은 정치·경제뿐만 아니라 사회와 문화 영역까지도 전방위적으로 전개되고 있다. 이를 이해하지 못하고 대외적 경계 의식을 혐오로 일축한다면, 식자층과 대중의 심리적 간극만 커질 수밖에 없다. 이런 심리적 간극은 미국과 유럽의 포퓰리즘 물결을 만들어내 정치적 분열의 시대를 열어젖혔다. 따라서 청년층의 혐중 정서는 비난의 대상이 아니라 설명과 이해의 대상으로 인지되어야 하며, 그 토대 위에서만 중국에 대한 합리적인 대응 방향을 논할 수 있는 것이다.

기성세대는 왜 중국을 싫어하지 않는가?

그렇다면 이제 본격적으로 질문에 대해 답을 찾아보기로 하자. 대체 청년층은 왜 그렇게까지 중국을 싫어하는 것일까? 이를 이해하기 위해서는 그 이전에 시선을 과거로 돌려볼 필요가 있다. 청년층은 반대로 이렇게 물을 것이기 때문이다. "왜 기성세대는 우리처럼 중국을 싫어하지 않는가?"

한국의 근현대사를 생각해본다면 이 질문도 꽤 타당한 질문일 수 있다. 구한말 서구 열강과 일본이라는 '인식 바깥'의 존재들이 조선에 영향력을 행사하고자 했을 때, 청 제국의 여전한 위상은 조선인, 특히 엘리트 식자층이 믿고 있던 세계 질서가 유의미하다는 하나의 상징과 다름없었다. 그러나 청 제국이 서구 제국주의를 학습하고 조선을 전통적 조공국이 아니라 근대적 식민지 내지는 경제적 배후지로 삼고자 했을 때, 중국과 중국인은 조선에서 위협으로 인식될 수밖에 없었다.

청 제국의 야심은 이어지는 청일전쟁에서 일본에 패배하면서 꺾였지만, 민간 차원에서 중국의 진출은 그 뒤로도 계속되었다. 중국 상인과 노동자들이 조선에 진출하기 시작했으며, 오늘날까지 이어지는 재한 화교를 형성했다. 조선과 만주에서 중국인과 조선인의 접촉이 잦아지면서 충돌도 늘어났는데, 특히 조선인들의 신경질적 반응은 1927년과 1931년의 배화폭동에서 잘 드러난다. 이 시기 형성된 화교들의 경제적 영향력에 대한 경계는 1960년대 박정희 정권이 시작한 화교 억압 정책으로 나타난다.

1931년 중국 지린성 만보산에서 일어
났던 조선인과 중국인 간의 충돌 현장
에 출동한 일본 경찰
출처: 위키백과

　식민지 조선이 독립하여 대한민국으로 바뀌었을 때도 중국에 대한 인식은 부정적일 수밖에 없었는데, 건국 후 채 몇 년도 지나지 않아 벌어진 참혹한 전쟁에서 중공군이 대규모로 투입되었기 때문이다. 구한말부터 심화한 반중 정서, 공산주의에 대한 반감, 통일이 좌절되었다는 데서 오는 안타까움, 광범위하게 퍼진 교전 경험들이 중국에 대한 부정적 인식의 재료가 되었다. 냉전을 통해 최종적으로 완성된 반중 정서는 현재까지도 큰 맥락을 공유한 채로 이어지고 있다.

　흥미로운 것은 동아시아 냉전으로 인해 단절된 중국과의 관계가 한국전쟁 이후에 태어난 세대에게는 오히려 새로운 대중관對中觀을 만들어냈다는 것이다. 몇 가지 우연한 요소가 겹쳐 주로 1960년대 생을 중심으로 한 현재의 중년층들은 중국을 친숙하게 여기게 되는 흐름이 형성되었다. 한국과 중국의 역사적 관계가 갖는 성격상 완전히 '친중'이라고까지는 못해도 적어도 앞세대나 뒷세대의 격렬한 반중 의식과 비교하자면, 상대적으로 중년층이 중국에 우호적인 경향이 분명히 있는 듯하다. 이 말인즉 현재 청년층의 혐중 의식은 부분적으로는 중년층의 중국관을 형성한 요소들이 위축되거나 아예 사라지면서 발생한 것으로 추측해볼 수 있다. 그렇다면 중년들이 인식한 중국은 무엇이었을까?

첫째, 그들이 처음 접한 중국은 '축소된 중국'이었다. 거대한 대륙은 죽의 장막에 갇혀 한국과 40년 동안 교류할 수 없게 되었다. 한국인들이 교류할 수 있는 중국은 대만으로 피신한 중화민국과 영국의 식민지인 홍콩으로 극단적으로 축소되었다. 박정희 정권의 화교 억압 정책과 맞물려서 중국이 한국에 갖는 정치·경제적 영향력은 아예 없다시피 할 정도가 되었다. 이는 그들의 앞세대가 접한 한국에 침투하는 중국과는 확실히 구분되는 변화였다.

둘째, 대만과 홍콩으로 축소된 중국은 한국과 대등하거나 대개는 우월한 문화적 역량을 보유한 중국이었다. 홍콩은 그중에서도 각별한 공간이었다. 전후 홍콩은 공산당을 피해 건너온 본토인들과 영국 식민 당국이 만나며 동서양의 문화가 만나는 허브로 부상했다. 여러 장르의 홍콩 영화를 비롯하여 무협지와 같은 대중 소설, 등려군과 같은 가수와 주윤발 등의 배우들은 당대 한국인들의 정신세계에 엄청난 영향을 끼쳤다. 이런 세련된 문화는 홍콩과 대만, 나아가 중국 전체를 친숙한 곳으로 인식하게 만드는 중요한 징검다리였다.

셋째, 중국과의 교류가 극적으로 줄어든 것과는 별개로, 한국 고전 문화의 연장 선상으로서 중국 고전 문화가 여전히 강력한 존재감을 뽐내고 있었다. 한자 지식은 물론이고, 삼국지나 수호지 같은 중국 고전들은 당시 사람들에게 때로는 원전 그대로, 때로는 다양한 방식으로 재해석되며 최고의 엔터테인먼트로 계속 남아 있었다. 고전은 죽의 장막으로 막혀있는 대륙이라는 공간에 대한 친숙함을 지속시켜주었다.

게다가 마침내 1992년에 한중 수교로 거대한 대륙이 문을 열었을 때, 현재의 중년 세대는 중국과의 교류를 통해서 많은 이득을 얻을 수 있었다. 1990년대와 2000년대는 한국과 중국의 경제 수준 격차가 가장 컸고, 중국의 성장세가 가장 폭발적인 시기였다. 이 시기 중국은 한국과의 무역 및 투자 관계를 통해 자국의 성장을 도모하고자 했으며, 한국인들은 자신들의 높은 경제력을 중국에서 사업이나 관광 등의 활동에 십분 활용할 수 있었다. 문화적으로 친숙한 공간을 유리한 경제적 지위로 누릴 수 있으니 우호적인 인식이 형성되는 것은 자연스러운 일이었다.

달라진 중국, 성장하는 중국

하지만 상기한 요소들은 모두 급작스럽게 마치 녹아내리는 것처럼 사라졌다. 이는 1990년대 이후 한중관계가 근본적으로 변화함과 동시에, 한국의 새로운 세대들이 전혀 다른 환경 속에서 성장했기 때문이다. 먼저 1992년의 한중 수교가 있었다. 이제 중국은 대만과 홍콩처럼 한국과 유사한 정치·경제 체제에 기반한 세련된 문화를 자랑하는 곳이 아니었다. 10억 명이 넘는 인구를 가진 대륙, 중화인민공화국이 곧 중국이 되었다. 중국이 성장하고 한국과 교류가 늘어날수록, 구한말과 같은 식의 경제적, 인적 침투가 일어날 것은 명약관화였다. 그다음에는 문화적 변화가 있었다. 한자 교육이 쇠퇴하고 즐길 수 있는 콘텐츠가 많아지면서 중국 고전이 갖는 지위는 계속해서 하락해 중국은 점점 낯선 땅이 되어갔다.

홍콩 문화의 생명력이 끊긴 것도 중요한 변화였다. 1997년 홍콩이 중국에 반환되면서, 동서양의 허브로서 홍콩이 갖는 지위는 급속하게 중국에 속한 여러 도시 중 하나로 떨어졌다. 동아시아 대중문화에서 독보적 위상을 자랑하던 홍콩 문화는 더는 재생산되지 못하고 청년층에게서 외면받게 되었다. 홍콩 영화의 전설은 '어른들의 옛날이야기' 정도로나 통하는 것이지 지금 현실에서 볼 수 있는 중국과는 전혀 다른 것이었다. 대신 여전히 생명력을 유지하고 있는 미국과 일본의 문화, 혹은 빠르게 발전하는 한국 문화가 그 빈자리를 채워나갔다. 중국 고전 문화와 홍콩 문화가 과거의

1994~2007년 홍콩 영화산업의 변화

연도	작품수	관객수	상영수익률(HDK)	홍콩 영화 점유율 성장률(%)
1994	143	1301	973.50	-15.06
1995	143	1301	785.27	-19.34
1996	108	1168	686.36	-12.60
1997	86	1141	547.49	-20.47
1998	85	991	423.91	-22.34
1999	163	1100	345.71	-18.45
2000	144	1112	346.11	0.12
2001	119	1130	456	31.75
2002	91	1221	360	-21.05
2003	77	1169	416	15.56
2004	63	1094	421	1.20
2005	57	1139	308	-26.84
2006	51	—	282	-8.445
2007	51	—	227	-19.50

자료: 자오웨이펑(2008), 〈홍콩영화산업의 진화〉, 중국예술연구원 박사학위논문

빛바랜 콘텐츠가 되어가는 가운데, 한국의 청년층은 전혀 다른 경로를 통해 중국을 접하고 있었고, 그렇게 접한 중국의 첫인상은 결코 좋지 못했다.

그들이 중국을 처음으로 접한 창구는 TV나 책이 아니었다. 그들은 컴퓨터 모니터와 인터넷 통신망으로 중국에 대한 첫인상을 형성했다. 인터넷 유머 사이트에는 고도성장기의 혼란한 모습과 중국 사회의 아노미가 드러나는 각종 기상천외한 사진과 뉴스들이 수시로 올라왔다. 가만히 있

다가 음료수가 터졌다든가, 신발을 신었는데 상표의 잉크가 그대로 발에 붙었다든가, 녹화 사업을 위해 산에 녹색 페인트를 칠했다든가 하는 그런 '신기한' 일들은 얼마 안 가 '대륙의 기상'이라는 이름으로 통용되었다. 사실 그런 모습 중 대다수는 과거 한국 고도성장기에도 볼 수 있는 일이었으나, 1990년대 생에게 과거의 한국은 말 그대로 다른 나라나 다름없었다. 중국은 다른 나라를 넘어 마치 '다른 세계'처럼 인식되었다. 가난하고 더럽고 후진적이고 혼란한, 그러면서도 거대한 어떤 곳이 중국이었다.

하지만 1990년대 생들이 20대가 되고, 2000년대 생들이 10대가 되는 2010년대를 거치면서 상황은 다시금 급격하게 변했다. 변화의 원인은 중국이 성장세를 계속해서 이어가고 중진국 반열에 들어서면서, 고도성장의 혼란기가 마무리된 데 있었다.

이제 중국은 꽤 괜찮은 제품들을 자체적으로 내놓으며 세계를 놀라게 하는 국가가 되었다. 예전에 이런 것들은 '대륙의 실수'라며 '중국답지 않은 것'으로 통했으나, 나중에는 그런 수식어도 사라졌다. 현대화에 박차를 가하며 성과를 내는 중국이 이제는 부정할 수 없는 현실로 다가오게 된 것이다. 하지만 이런 변화는 중국에 대한 인식을 바꾸기는커녕 도리어 한국 청년층의 어마어마한 반중 정서를 끌어내는 도화선이 되고 만다.

중국의 민족주의 vs 한국의 대중문화

문제의 핵심은 중국이 부강해지면서 자연스럽게 중국 안에서 민족주의적 열정이 끓어올랐다는 것이었다. 개혁개방 이후에 태어난 중국의 청년층은 가난하고 후진적인 중국이 고도로 현대화된 국가로 탈바꿈하는 모든 과정을 실시간으로 지켜보았고, 자연히 국가와 국가를 영도하는 당에 대해 강한 신뢰를 갖게 되었다. 이런 자신감은 곧이어 중국 바깥으로 넘치게 되었다.

중국의 '애국적' 청년들은 중국의 '핵심 이익'을 침해하고 중국에 대하여 왈가왈부하는 외부 행위자들에게 신경질적이고 폭력적인 반응을 쏟아냈다. 그들은 중국이 실제 위상에 걸맞은 대우를 받지 못하고 있다고 생각했으며, 중국을 후진적이라고 깔보는 외부인들에게 본때를 보여야 한다고 믿었다.

중국 공산당은 중국 청년들 사이에서 끓어 넘치는 애국주의를 자신들의 정치적 목적에 맞게 활용했다. 그들은 개혁개방으로 인해 이완되는 당의 통치 정당성이나 사회 통제력을 민족주의의 언어로 정당화하곤 했다. 지도부는 내키지 않는 상황에서도 대중들의 민족주의적 요구를 충족시키기 위해 강경한 대외정책을 쓰고, 상대국을 향해 고압적이고 무례한 언사를 내뱉거나 외교 관계에 비가역적 타격을 입히는 조치를 시행했다. 물론 이는 많은 경우 중국 공산당, 특히 보수적 강경파들의 실제 대외 인식과 태도를 반영하는 것이기도 했다.

한국의 대중들은 중국발 미세먼지 문제, 서해 불법 조업 문제, 결정적으로 사드 배치로 인해 촉발된 중국의 경제적 보복인 한한령 등에서 중국의 일관된 패권적 행동 양식을 확인할 수 있었다. 이런 행동들은 중국을 후진적인 국가라고 어렸을 때부터 무시해왔던 청년층에게는 더욱 큰 충격으로 다가왔고 자신들의 인식이 맞았음을 확신할 수 있었다.

그러나 더 큰 문제는 2010년대 들어 청년층이 중국과 접촉하는 면이 중국 정부와 당이 관장하는 영역보다 훨씬 넓어진 데서 왔다. 한국의 청년층은 이 시기 중국에서 새로 부상한 애국주의 청년들과 직접 대면하게 되었는데, 이는 당이 통제하려고 노력하던 중국 대중의 애국주의 정서를 날 것으로 마주했다는 뜻이었다. 한중 청년들이 만나는 공간은 역시나 인터넷이었다.

2010년대의 인터넷은 한국과 중국의 소식들을 단편적으로 접하는 수준의 공간이 아니었다. 이 시기는 한국의 대중문화가 글로벌로 뻗어 나가고, 중국은 소비력을 바탕으로 거대한 문화시장을 갖추면서, 공급 우위가 있는 한국과 시장 우위가 있는 중국의 이해관계가 절묘하게 맞아떨어진 시기이기도 했다. 한국의 K-POP 아이돌, 게임, 드라마 같은 문화 상품이 중국에서 선풍적으로 인기를 끌었고, 한국 대중문화는 일본에 이어 중국 시장을 성장의 발판으로 삼을 수 있었다.

그리고 한중 청년 충돌의 주된 전장이 바로 이 영역이었다. 중국은 당의 힘과 시장 지배력을 바탕으로 한국 대중문화의 침투를 자신들의 뜻대로 통제하고자 했다. 여기에 더해 실제 문화를 소비하는 중국인들은 온라인 공간에서 일종의 소비자 운동을 조직하여 집단으로 한국 대중문화에 영향력을 행사하고자 했다. 'K-컬처'의 종주국을 자처하며 자부심을 느끼고, 무엇보다 그 자신들이 가장 열렬한 소비자인 한국의 청년층이 이에 가만히 대응한다면 그것이 오히려 이상한 일이었다.

2010년대 후반이 되었을 때 대중문화의 숱한 영역에서 한중 청년층의 충돌은 일상이 되었다. 온라인 게임에서 한국 게이머들은 해킹과 반칙을 일삼는 중국 게이머들과 마주하며 그들의 몰상식함에 혀를 내둘렀고, 게임에서 중국인을 만나면 어떤 식으로 그들을 조롱해야 하는지 노하우를 공유했다. K-POP 팬덤은 아이돌 그룹 내부에서 중국 멤버를 열성적으로 지지하는 중국인들의 움직임을 경계했고, 특히 중국인 멤버들이 중국 활동에만 집중하며 그룹 활동에 소홀히 하는 데 분노했다. K-POP 팬덤은 새로운 그룹이 중국 멤버를 끼워 넣는다고 하면 기획사의 인식이 안일하다며 공격했다.

드라마에서는 중국 문화 자본이 침투하면서 PPL에 중국 상품이 들어가는 등 한국 시청자들에게 위화감을 주는 흐름이 계속 이어졌다. 그런 와중에 중국의 애국청년들이 한복, 김치 등 한국의 문화적 상징을 자신들의 것이라고 주장하거나, 방탄소년단이나 블랙핑크와 같은 글로벌 스타들이 중국을 존중하지 않았다고 공격받는 일이 이어지면서, 대중문화 전선에서 한중 청년 갈등은 돌이킬 수 없는 수준이 되었다. 달리 말해, 기성세대가 '청년들이 중국을 왜 저렇게 싫어하는지 모르겠다'라고 의아해하

아악. 왕 Yealy
2020-10-23출신 iPhone XS

평화 역사를 기억을 소중히 여길!

@. 인민 일보:(# 197653 #우리는 이 숫자를 기억하고 있다. !]
오늘날, 중국 인민 지원군 출국 작전 기념 70주년 기념 대회에 참
전했다가 진행될 예정이다.태엽의 트위터를 통해 차제에 위. 열사
위령제 한국 전쟁 197653평화 역사를 기억을 소중히 여길!

왕아러 웨이보 / Weibo

'걸스플래닛' 프로그램 오디션 참여자
이자, 항미원조 기념을을 게재해 논란
이 된 왕야러의 웨이보

는 바로 그 순간에도 한중 양국의 청년층은 치열한 싸움을 벌이고 있었다
는 것이다.

바로 여기서 중국에 대한 기성세대와 청년세대의 인식 차이가 극명
히 벌어졌다. 기성세대도 패권주의적으로 나오는 중국을 그다지 좋아하지
는 않았지만, 그런 중국을 인식하는 통로는 주로 뉴스 기사였다. 더욱이 그
들은 한국이 얼마나 중국과 경제적으로 긴밀하게 얽혀있는가를 충분히 이
해할 위치에 있는 사람들이었다. 따라서 기성세대에게 중국은 불쾌하지만
실리를 위해서라면 어쩔 수 없이 교류해야 하는 이웃이자 옛날에는 조금
괜찮게 보였던 이웃이었다.

청년층의 상황은 반대였다. 그들은 정체성의 핵심을 형성하는 대중

문화 영역에서 중국의 패권주의를 가장 직접적으로, 날 것으로 체험하고 있었고, 중국이 한국의 가장 심원한 위협이라는 것을 중국인 네티즌들과의 전쟁을 통해 뼈저리게 느끼고 있었다. 반면에 실물 경제에서 중국의 존재감은 훨씬 막연하게 느껴질 수밖에 없었다. 중국과 떨어졌을 때 안게 될 여러 경제적 후폭풍보다 당장 내 눈 앞에 펼쳐진 전장에서 중국, 중국 자본, 중국인들을 몰아내는 것이 시급한 일이 된 것이다.

청년층의 혐중 의식은 그러므로 자연스럽게 세대 문제와도 크게 연관되어 있다. 기성세대가 청년층의 혐중 의식에 화들짝 놀라며 그들의 쇼비니즘이나 혐오 정서에 개탄하는 동안, 청년층은 기성세대를 향해 '당면한 중국의 위협이라는 현실에 눈을 감고, 중국 시장이 당장 주는 안락함에나 취해 있다'라는 비난을 퍼부었다. 민주당은 이런 비난이 집중되는 대상이었으나 유일한 대상은 아니었다. 중국과 맞닿아 있는 사실상 모든 영역에서 중국 문제는 세대 갈등의 주요 테마로 등장했기 때문이다. 이는 세대 갈등에 더 적극적으로 나서는 20대 남성층에서 특히 두드러졌다.

한중 민족주의의 최전선은 대중문화다

청년층의 혐중 정서는 그것이 형성된 원인과 과정을 고려했을 때 절대 쉽사리 사그라지지 않을 것이 분명하다. 무엇보다 그 갈등의 연료라고 할 수 있는 대중문화를 둘러싼 한중 청년층의 갈등이 꺼질 기미가 전혀 없기 때문이기도 하다. 이러한 갈등은 '조선구마사'에서 나타났던 것처럼 인터넷 세계에 국한되지 않고 더 넓은 현실의 곳곳에서 표면화되고, 훨씬 실제적인 상처를 남길 가능성이 크다. 실례는 이미 많다. 걸그룹 '트와이스'의 대만 멤버 쯔위를 둘러싸고 폭발한 양안 청년층의 갈등은 대륙으로부터 독립을 주장하는 대만 민진당이 청년층의 전폭적 지지를 받게 된 가장 중요한 계기 중 하나였다.

한국 또한 다른 모든 것은 제쳐두고라도 반중을 말한다는 이유 하나만으로 표심을 결정하게 될 청년층이 점점 늘어날 것이다. 정치권에서도 그런 정서를 이용하고자 하는 이들이 점점 많아질 것이다. 그럴수록 중국과의 무역·투자 관계에서 여전히 많은 이익을 보고 있는 이들은 청년층이 뭘 몰라서 저런 소리를 한다고 반박하려 들 것이다. 그러나 반중 청년층 입장에서 정말 문제를 모르는 이들은 그들일 수 있다. 그러는 사이 이미 기성세대는 중국에 대한 입장을 확실히 하라는 폭발적 요구에 선택을 강요받고 있는 상황에 왔다.

사실 그 점에서는 청년층의 시선이 타당한 면이 있다. 중국은 앞으로도 한국에 가장 중요한 국가 중 하나로 남을 것이다. 하지만 미중 패권 경쟁이 격렬해지는 가운데, 과거의 용중用中은 점점 택하기 어려운 선택지가 되어가고 있다. 이제는 한국이 용중을 가능한 한 오래 끌고 가고자 하더라도 강력한 정치적 의지와 결단이 요구된다. 이런 상황이라면, 가장 중요한 일은 문제의 근원이 과연 어디인가를 되짚어보는 것이다. 많은 이는 중국이 독재국가이고 패권적 행태를 보이기 때문에 중국을 싫어한다고 말한다. 타당한 말이지만 이 설명은 한국의 모든 세대에 다 통용되는 것이다.

청년층의 유난히 격렬한 혐중 정서, 즉 무언가 특별한 '싫음'을 설명하기 위해서는 그동안의 인식과는 '특별히 다른 것', 즉 대중문화를 볼 필요가 있다. 일반적으로 정치·경제적 문제가 문화에 큰 영향을 끼친다고 인식하지만, 반대로 문화가 정치와 경제에 엄청난 급변을 몰고 올 수도 있다. 또 지금 같은 미디어 범람 시대에는 어쩌면 후자의 영향이 더 클 수도 있는 노릇이다.

그러니 혐중 정서를 환영하는 이들은 대중문화에서의 한중 충돌을 누구보다 반길 것이고, 여전히 중국이 필요하다는 이들은 대중문화로 인해 또다시 지진이 일어나지 않을지 걱정 가득한 눈길로 콘텐츠들을 지켜볼 것이다. 누구라도 청년층의 이 격렬한 감정이 어디에서 시작되어 어디로 흘러가는지를 보고자 한다면, 세계로 뻗어 나간 한국 대중문화를 보아야 한다. 바로 그곳이 한중 민족주의의 가장 주된 전선이기 때문이다.

7장

K의 미래:
지금은 K의 정점이 아니다

한윤형
새로운소통연구소 조사분석실장

몇몇 기관에서 여론조사 분석 및 선거 컨설턴트 활동을 했으며, 한국 사회의
청년세대 문제, 미디어 문제, 그리고 현실 정치에 관한 글을 주로 써왔다.
《뉴라이트 사용후기》(2009), 《청춘을 위한 나라는 없다》(2013),
《미디어 시민의 탄생》(2017) 등의 저서와 《열정은 어떻게 노동이 되는가》(2011),
《안철수 밀어서 잠금해제》(2011), 《추월의 시대》(2020) 등의 공저가 있다.

한국 사회에는 언제나 대체로 비관론이 유행했다. 지금도 현 시기가 한국의 최전성기란 식의 비관론 내지는 파국론이 훨씬 더 일반적이다. 그러나 여기서는 이 통상적인 견해에 반대하며, 한국의 국가 이미지 상승이 가져올 파급효과가 이제부터이기 때문에 'K의 정점'은 아직 오지 않았다고 주장한다. 심지어는 여러 제반 상황을 따져보건대 제조업 경쟁력 분야에서도 그렇다고 주장할 것이다. 물론 해결하지 못한 당면한 위기들이 있어서 장밋빛 미래를 그리긴 어렵지만, 한국이 몇 년 안에 바로 쇠퇴의 국면으로 빠지진 않으리라고 본다.

담론은 비관론, 콘텐츠는 낙관론에 들어선 한국

1993년, 열한 살 무렵의 일이었던 듯하다. 미국에서 살다가 한국에 다시 돌아온 동급생의 집에서 비디오테이프로 〈백 투 더 퓨처〉를 보게 됐다. 미국에서 들고 와서 한국어 자막이 없었는지라 그 친구의 설명을 들으면서 봤다.

그때 느꼈던 충격은 영화가 대단하다 이런 것이 아니었다. 주인공 마티가 타임머신을 타고 한 세대를 거슬러 올라간 그들 부모의 세상이 내가 사는 곳보다 훨씬 풍요롭고 자유로워 보인다는 것이었다. 훗날 확인해보니 마티가 살던 연대는 1985년, 거슬러 간 부모들의 연대는 1955년이었다. 1993년의 한국만 해도 '1955년의 미국'과 '1985년의 미국'을 구별하는 게 무의미할 만큼 선진국에서 동떨어져 있는 곳이었다는 뜻이다.

시간이 흘러 2010년, 20대 후반에 처음으로 도쿄와 홍콩을 방문했다. 그때만 해도 도쿄와 홍콩의 고층빌딩은 서울의 것보다 훨씬 세련되어 보였다. 고개를 들어 아득한 고층부를 쳐다보고 있으면 아래쪽이 희미해져 도시 전체가 하늘에 붕 떠 있는 천공의 성 라퓨타 같다는 느낌이 들 정도였다. 귀국해서 집에 돌아오는 길에 한강 변에 가득한 아파트를 보면서 나는 서울의 아파트가 '뚱뚱하다'는 생각을 했다.

그러던 2016년 개인사에서 별로 좋은 일이 없었을 무렵, 자주 한강 다리를 건너는 동선으로 일하게 되었는데, 어느 날 서울이 '아름답다'고

느꼈다. 그전에는 가져본 적이 없는 감상이었다. 그리고 이후 해가 지날수록 그 감상은 점점 더 자주 다가왔다. 아저씨들의 공간이었던 을지로가 갑자기 많은 젊은이가 돌아다니는 '힙지로'가 되고, 코로나19 비대면 시대를 맞아 인왕산 등산이 잠시 인스타그램 인기 키워드로 떠오른 시대가 되었다. 서울에서의 삶은 이제 그곳에서 사는 우리가 예전에는 자연스럽게 행하면서도 '구리다', '촌스럽다'라고 생각했던 어떤 것들까지 멋스러운 것으로 소비하는 것이 되고 있다.

이런 종류의 개인적이면서 사회적이기도 한 '이야기'로 시작하는 것은 지금부터 하려는 논의를 사람들에게 받아들이게 하는데, 그나마 이런 방식이 낫다는 사실을 지난 몇 년간 경험으로 체득했기 때문이다. 한국은 모든 것이 빠르게 변하는 나라다. 그 속도에 적응한 사람들은 순간순간을 영원처럼 느끼고 살아가면서 지나간 순간들을 쉬이 망각한다. 일 년 전에는 알지도 못했던 가치 기준을 '상식'으로 삼아 타인의 삶을 재단하기 위해서는 '일 년 전의 나'가 기억나지 않아야만 한다.

그렇게 끊임없이 미래를 추격하던 사회에 적응한 사람들에게 '우리는 이미 상당한 수준에 이르렀어.'라는 이야기를 하면, 어떤 지표를 들이밀더라도 방어적 반응을 보인다. 속도에 적응한 평범한 생활인들에게 그런 논의는 본능적으로 '나더러 그만 멈추라는 얘기가 아닐까?'라는 공포를 불러일으키기 때문인 것 같다. 일부 진보주의자들은 도덕적 차원에서 그 논의를 거부하는 듯하지만, 그 부분은 일단 넘어가기로 하자. 그래서 이 '이야기'를 하려면 다른 지표를 들이댈 게 아니라 '나의 경험'을 말하고 내

감각을 소환하면서 청자의 기억과 경험과 감각을 끌어내려고 시도하는 쪽이 효과가 좋았다. 거기서 '그때는 좋았지.'라는 복고적 감정이 들든, '세상 참 좋아졌네.'라는 낙관적 감정이 들든(이 두 감정을 모두 죄악시하는 이도 있지만 사람 사는 게 다 그렇지 어쩌겠는가), 그와는 상관없이 여기서부터 이야기가 가능해지는 것이다.

'기억'과 '감각'을 소환하다 보면 지면이 짧아지기 때문에 논의는 빠르게 진행하겠다. 개인적으로 한국은 '비관론의 나라'이며, 그 '비관론'에서 '추격의 동력'을 찾았던 나라라고 파악한다. 과거를 망각하든, 현재의 자신을 과소평가하든, 그와 상관없이 그 태도는 지금까지는 매우 잘 작동하는 기제였다. 현대 한국의 성과를 만들어낸 기제라고 봐도 좋다.

그러나 사실상 한국이 더 추격할 것이 딱히 남아 있지 않은 상황에서 그러한 비관론은 현실 인식을 방해할 가능성이 커졌다. 이는 지금의 정치 지형에서 소위 '보수'의 정책대안이든 '진보'의 정책대안이든 마찬가지다. 현재 문재인 정부가 '진보'로 분류되니까(물론 이 분류가 너무 편협하며 한국의 두 거대 야당이 모두 보수파라는 견해도 존중하지만, 그래도 양자의 접근에 차이가 존재하는 것은 사실이다), 지금 벌어진 사태만 적자면 부동산에서의 파행과 의료 부문 개혁의 지지부진도 그 한 예시라고 볼 수 있다. 부동산에서든 의료에서든 현 정부는 거칠게 말하면 '유럽 진보파'들의 정책대안의 대강을 약간 한국적으로 변용해서 적용하면 효과를 볼 수 있다고 봤던 것 같다. 1990년대의 한국이었다면 얼추 그렇게 됐겠지만, 이제 유럽과는 다른 경로로 제 삶의 균형을 이루고 살아온 이 사회에서 그런 정책들은 삐

걱거리기만 했다.

　부동산 문제에선 애초의 정책목표와 달리 매매가 급등한 뒤 전월세 대란까지 초래한 다음에야 '(우리가 생각한 유럽식 진보의 삶을 따르자면) 전세는 어차피 사라져야 하는 제도였다'라는 식의 허망한 변명을 낳았다. 의료 문제 영역에서는 '문재인 케어'가 야심 차게 추진됐지만 '조금 더 내고 보장성을 좀 더 강화한다'라는 직관적으로 명쾌한 정책 대응이 나름의 성과에도 불과하고 의료 실수요자들에게 생각만큼의 만족은 주지 못하고 있으며, 의사들의 불만도 큰 실정이다. 양쪽 다 한국이 그간 확립한 미묘한 균형을 무시했기 때문일 것이다. 노파심에서 말하지만 이와 같은 문제는 '부동산 공급을 늘리면 돼'나 '영리의료를 하면 돼'와 같은 보수파의 해법을 따른다고 하더라도 비슷하게 발생할 것이다.

　한국은 계속해서 발전하고 있는데 미국이나 유럽에서 배운 해법들이 작동하지 않으니 우리의 담론은 노상 '비관론'이다. 심지어 요즘은 '비관론'을 넘어 '파국론'이다. 정권을 빼앗겼다고 생각하는 쪽에서는 '친북 주사파 정권' 때문에 민주주의가 파탄 나고 경제가 붕괴할 거라 여기지만, 정권 지지자들에게도 다른 종류의 파국론이 광범위하게 공유되어 있다. 현재 한국이 처한 모든 조건과 지표를 생각해본다면 기묘한 파국론이다. 백번 양보해서 한국 경제가 정점을 찍고 내려오기 시작했다는 감상 정도는 가질 수 있을지언정 파국이라니?

　그런데 요즘 한국은 담론에서는 파국론인데 콘텐츠 분야에서는 낙관론을 보여주는 미묘한 상황에 처해있다. BTS나 블랙핑크와 같은 케이팝, 〈오징어 게임〉이나 〈D.P〉 그리고 〈스위트홈〉과 같은 케이드라마의 인기 등 식상한 사례를 끌어오지는 않으려고 한다. 오히려 작년 8월부터 '이날치 신드롬'을 일으켰던 한국관광공사의 일련의 광고 시리즈와 그 광고 시리즈의 흥행을 믿지 못해 딴지를 걸었던 일군의 사람들이 일으킨 논란에서부터 시작해보고자 한다.

자긍심으로 재해석되는 현대 한국과 그 미래

본론에서는 크게 세 가지를 논할 것이다. 먼저 '이날치 논란이 보여주는 것'에서는 한국인들의 애국주의가 '열등감-애국주의'에서 '자긍심-애국주의'로 전환되고 있는데, 담론은 그 지점을 선도하기는커녕 전혀 따라잡지도 못하고 있다는 점을 지적할 것이다. 나는 '이날치 신드롬'으로 시작된 한국관광공사 홍보 콘텐츠의 연이은 성공을 '제법 발전한 한국 사회와 한국인에게 외국인이 기대하기 시작한 것'을 콘텐츠가 감각적으로 따라잡은 것으로 정의할 것이다. 그리고 그 콘텐츠가 외국인들에게 어필하는 것을 보고 한국인은 새삼 본인들의 '자긍심-애국주의'를 깨닫고 그것을 강화해 가고 있는데, 담론이 이 점을 분석하기는커녕 전혀 따라잡지도 못하고 있었다는 점을 지적할 것이다.

　　다음으로 '킬빌과 기생충 사이 15년 동안에 있었던 일'에서는 21세기

초라는 시기가 한국이 세계인들의 인식체계에서 동아시아라는 권역 속 중국과 일본 사이에서 가까스로 별도의 존재감을 가지게 된 기적과 같은 시간이었다는 점을 지적할 것이다. 그리고 이것의 함의가 전혀 이해되지 못하고 있기 때문에, 특히 코로나19 팬데믹 이후 한국이란 나라의 소프트파워에 대한 재인식과 국가 브랜드 가치의 전면적인 재고가 가져올 기회에 대한 대비가 부족하다고 지적할 것이다. 이 책이 '전망' 시리즈임을 감안해 한국의 관광산업이 2022년으로부터 몇 년 동안 양적·질적 도약을 맞이할 거라는 대담한 (개인의 관점에선 범상한) 전망을 할 것이다.

마지막으로 '삼성전자는 예외적 기업인가?'라는 물음을 통해 한국의 국가 브랜드 가치 상승과 소프트파워의 획득과는 별개로 제조업 분야에서도 당분간 경쟁력을 잃기는커녕 더욱 상승할 여지가 있다는 다소 과감한 전망을 할 것이다. 이러한 포괄적인 전망은 사실 지나치게 포괄적이기 때문에 엄밀한 산업전문가일수록 하기 힘들다. 여기서는 일종의 문화비평적 관점에서 그렇게 추정하는 이유를 '변화에 잘 적응하는 개발도상국의 특질을 그대로 간직한 채 3만 달러 선진국이 되어 격변하는 세계를 맞이한 신흥선진국'이라는 도식으로 정리할 것이다.

말하자면 선진국이 되면 정체되고 굳기 마련인데, 한국은 아직 말랑말랑한 채로 선진국이 된 상황에서 세계사적 격변이 벌어졌다. 따라서 보통의 선진국보다 유연하고 대부분의 개발도상국보다는 동원할 수 있는 자원이 많은, 경쟁에서 유리한 위치에 서게 되었다는 진단이다. 동료들과 힘을 합쳐 공저한 졸저《추월의 시대》에서는 'K 라이징의 진정한 원인'으로 일종의 역사문화적 분석까지 감행하였으나 이 글에서는 분량상 그 부분은 생략한다.

'이날치' 논란이 보여주는 것

2020년 7월 30일, 한국관광공사가 운영하는 외국인 대상 유튜브 홍보 채널인 'Imagine your Korea'에 'Feel the Rhythm of KOREA'라는 시리즈 제목으로 이날치 밴드와 엠비규어스 댄스컴퍼니가 출연한 관광홍보영상이 세 편 올라온다. 각각 서울, 부산, 전주를 홍보하는 영상이었다. 2020년 10월 13일에는 안동, 목포, 강릉 편이 올라왔는데, 후속편 3편이 올라오기 전에 이미 신드롬이 형성되어 있었다. 2020년 8월부터 유튜브 알고리즘의 추천으로 외국인들의 댓글 반응이 폭발적으로 달리기 시작했으며, 그 사실이 알려지자 한국인들이 다시 영상으로 몰려와 한국인들 사이에서도 흥행하는 흐름을 보였다.

2020년 11월에는 이미 '3억 뷰'니 '5억 뷰'니 하는 기사가 올라와 있었는데, 이는 이날치와 엠비규어스가 출연한 6편의 총조회수는 아니고 그때까지 'Feel the Rhythm of KOREA' 시리즈로 올라온 모든 영상의 조회수를 합한 것이었던 것 같다. 내가 2021년 2월에 조회 수를 합산했을 때엔 영상 한 편당 평균 4천만 뷰가량으로 6개 합산 2억 4천만 뷰 정도였기 때문이다. 그리고 2021년 9월 말 기준으로 6개 영상 합산 3억 뷰에 육박하는 수치가 되었다.

그런데 이 이날치와 엠비규어스의 'Feel the Rhythm of KOREA'의 흥행에 대해 처음부터 일각에선 '그럴 리가 없다'라며 불신하는 조류가 있었다. 그들의 불신을 정리해서 요약하자면 '이날치 신드롬'은 자연스러운 알고리즘의 흥행이 아니라 과도한 바이럴 마케팅을 통해 억지로 끌어올린 것이고, 사실 이 영상들이 외국인을 대상으로 흥행한 바도 없다는 주장이었다.

그러던 중 2020년 12월 말 〈매일경제〉는 국민의힘 의원실에서 입수한 자료를 바탕으로 이날치 관광공사 홍보영상의 90% 이상이 세금으로 유튜브 유료 광고를 써서 만들어냈다고 보도했다. 이때의 기사 댓글 반응을 보면 "노래며 의상이며 춤추면서 나오는 거 꼴 보기 싫었는데 인기가 많을 리가 없지.", "억텐 질린다. 재밌나 저게?", "이놈의 정부는 조작이 없으면 국뽕을 못해요."와 같은 것들이 있었다.

이 홍보 영상 중 가장 유명했던 'Feel the Rhythm of KOREA: SEOUL' 편이 이날치의 노래 '범 내려온다'를 활용했고, '범 내려온다'라는 문구는 2021년 여름에 개최된 '2020 도쿄올림픽' 한국 대표팀 선수촌의 현수막에도 쓰였기 때문에, 'Feel the Rhythm of KOREA: SEOUL' 편 영상에는 '국뽕'을 비웃으려는 '국까' 네티즌들의 악성 댓글이 지속해서 달렸다. 그러나 그 영상을 벗어나 'Feel the Rhythm of KOREA'의 다른 편 영상을 보거나 이날치의 다른 '범 내려온다' 영상을 보면 댓글 분위기가 전혀 달랐다.

〈매일경제〉 보도에 대해 간략히 반박해 본다면, 한국관광공사에서 세금을 들여 만든 홍보 영상을 유튜브에 올렸을 때 세금으로 유료 광고를 돌려 조회 수를 얻으려고 노력하는 것은 너무나 당연한 일이다. 국민의힘 의원실이 입수한 자료는 유입경로의 90%가량이 유료 광고였다는 것인데, 유료 광고를 통한 유입도 그 파급이 계속해서 이어져야 커질 수 있는 것이다. 단순히 세금을 들이부어 유튜브 수천만 뷰를 만들어낼 수 있다면 한국관광공사나 'Imagine your Korea' 채널의 영상 전부를 수천만 뷰로 만들어낼 수 있어야 한다. 물론 그럴 수도 없고 그럴 필요도 없다.

2021년 2월에 '이날치 신드롬'이 '조작 국뽕'이란 믿음에 어떻게 생채기를 낼 수 있을까 자료조사를 했을 당시, 이날치의 여섯 개 영상과 비슷한 시기에 올라온 'Imagine your Korea' 영상들의 조회 수는 적게는 수천부터 많게는 수만에서 수백만까지 제각각이었다. 될 것 같은 영상에 광고를 돌리기도 했겠지만, 광고를 돌린 영상들 사이에서도 효과는 제각각이었을 거란 추정이 합리적이다.

개인적으로는 2020년 8월 중순에 해외 네티즌 반응을 번역하는 사이트에서 '범 내려온다' 광고 영상을 처음 접했고, 그 후 그 영상들을 보면서 영어 댓글이 더 많던 영상에 뒤늦게 유입된 한국인들의 댓글이 점점 늘어나는 광경을 지켜보았기 때문에 '조작 국뽕', '세금 광고' 논란에 어안이 벙벙했다. 무엇보다 'Imagine your Korea'의 이날치와 엠비규어스의 영상이 외국인들에게 회자한 게 사실이 아니라면, 세계적인 영국의 록밴드

콜드플레이가 엠비규어스 댄스컴퍼니를 초청해서 뮤직비디오를 찍었을 리가 없다. 그런데도 2020년 12월은 물론 콜드플레이의 뮤직비디오가 이미 공개된 이후인 2021년 8월까지도 '조작 국뽕' 운운하는 이들의 신념은 대단하다고 하지 않을 수 없었다.

그들에게도 어떠한 논리체계가 있었는데, 파편적인 댓글들을 읽으면서 논리를 복원해보자면 이런 것이었다. 현대 한국 대중문화의 성공은 철저하게 현대적인 것을 통해 가능했는데, '판소리'니 '한복'이니 하는 전통문화를 억지로 끼얹는 것은 외국인들에게 외면받는 길이며, 그 사실을 인정하지 못하고 무능한 전근대 조선왕조를 숭앙하는 현 정부 좌파들이 세금으로 분칠하여 '한국 전통문화에 열광하는 외국인'이란 현상을 날조해내고 있다는 것이었다.

사실 이날치의 노래가 판소리에 기반을 두었고 엠비규어스의 의상이 한복의 요소를 받아들이긴 했지만, 전통을 그대로 수용한 것도 아니었다. 오히려 전통의 코드를 '가지고 놀았다'고 볼 수 있다. 그것은 과거의 한국인들이 흔히 그랬듯이 "이것이 저희의 전통입니다. 당신들 것 못지않게 괜찮죠? 제발 봐주세요."라고 하는 것처럼 우리 전통문화에 대한 승인을 구하는 태도가 아니었다. 판소리와 한복이란 요소는 처음에 외국인들이 인지한 요소도 아니었고, 오히려 영상에 매력을 느낀 다음에 저것이 무엇인지를 물어보면서 발견한 요소였다.

말하자면 외국인들이 이날치 영상에 열광하는 모습을 보면서 한국인들이 강화한 것은 과거처럼 뒤떨어진 내 나라를 위로 끌어 올려야만 한다는 강박을 가진 '열등감-애국주의'가 아니라 지금 여기 살아가고 있는 내 모습을 긍정하는 '자긍심-애국주의'였다고 볼 수 있다. 이날치 영상에 전근대 조선의 요소가 있다는 이유만으로 깎아내리려고 한 '국까'들은 '자긍심-애국주의'를 보고도 그것을 '열등감-애국주의'라 느끼고 촌스러운 것이라 치부하려 했다. 그러므로 그들은 '민족순수주의적' 태도를 물구나무 세운 것 같은, 민족주의적인 모든 요소를 배격해야 한국이 성공할 수 있다는 '반민족순수주의적' 태도를 취했다고 볼 수 있다. 하지만 현대 한국인의 삶은 '열등감-애국주의'는 물론 '반민족순수주의적' 태도마저 추월하여 '자긍심-애국주의'로 향해 있다.

그 사실은 최근 한국관광공사가 'Imagine your Korea' 채널을 통해 최근 새로 공개된 'Feel the Rhythm of KOREA Season 2'(2021년 9월 3일 업로드)에서 더 적나라하게 드러나고 있다. 언론에선 주로 '머드맥스' 서산 편만 소개됐지만, 시리즈 모든 영상에서는 예전이었다면 낙후나 촌스러움으로 치부되고 숨기기에 급급했을 현대 한국의 삶의 풍경과 노인들의 모습이 집중 조명되고 있다. 이 영상의 기획자들은 '자긍심-애국주의'라는 식의 담론적 해석을 들어본 적도 없겠지만, '시즌1 이날치 시리즈'의 성공을 통해서 사람들이 원하는 콘텐츠가 무엇인지를 알아내고 대응했다.

그리고 이 새로운 시리즈의 영상 밑에서 이제 사람들은 '우리가 사는 모습을 보여줘서 너무 좋다', '기성세대의 삶의 고난이 느껴져서 너무 좋다'는 식의 댓글을 달고 있다. 이 영상들은 이날치 시리즈처럼 영어권 외국인들 사이에서 먼저 히트 친 게 아니라, 한국인들 사이에서 뜨거운 자긍심의 호응을 불러일으킨 후 서서히 외국어권 시청자들의 댓글이 달리고 있다. 영상 퀄리티는 어떤 의미에서는 이날치의 시즌 1보다 좋지만 그렇게 즉각적으로 흥행하지는 못했다. 그러나 일 년 후를 두고 본다면 누적된 성과는 거의 대등할 것으로 예측된다. 담론은 삶을 따라오지 못했지만, 콘텐츠는 삶을 따라온 것이다.

'킬빌'과 '기생충' 사이 15년 동안에 있었던 일

이날치를 둘러싼 논란은 현대 한국인들이 본인들이 어떠한 구간을 지나치는지를 미처 알지 못한다는 느낌을 받게 한다. 나는 우리가 어떤 시대를 지나치고 있는지를 설명할 때 "쿠엔틴 타란티노의 〈킬빌〉(2003~2004)과 봉준호의 〈기생충〉(2019) 사이에 있었던 일"이 무엇인지를 생각해 보라고 한다. 두 시기 사이엔 15년이란 시간의 간격만이 있을 뿐이다.

　〈킬빌〉을 지금 와서 다시 보면 쿠엔틴 타란티노 감독이 중국과 일본 대중문화에 바치는 수많은 오마주 속에서 한국의 존재감은 깃털만큼도 없다는 사실에 새삼 놀라게 된다. 돌이켜보면, 그 당시엔 그게 너무 당연한 일이었기에 우리는 억울해한 바도 없다. 오히려 주인공 킬러가 원수들을 대면할 때 울려 퍼진 배경음악이 (홍콩 영화가 아니라 홍콩 영화에 영향을 미친) 한국 영화에서 처음 나온 것이라는 아주 사소한 사실을 자랑했을 정도였다.

긴 역사적 문맥을 짚어보자면 이렇다. 아시아의 나라 중에서 중국과 인도와 같이 거대하고도 지극히 오래된 문명국들은 실크로드가 열릴 때부터 유럽 사회에 그 존재가 알려졌다. 일본은 마르코 폴로의 《동방견문록》을 통해 본격적으로 유럽에 그 존재가 알려졌다. 그러니까 동아시아만 국한해 보더라도 중국이란 나라와 일본이란 나라의 이미지는 유럽인들에게는 대항해시대부터 누적된 것이라는 이야기가 된다.

한국은 그 당시에 존재감이 없었다. 20세기까지 한국의 이미지는 그 존재를 아는 이들에게도 '중국 비슷한 나라'거나 '일본 비슷한 나라', 혹은 '중국과 일본을 적당히 섞어놓은 나라'였다. 중국과 일본 사이에서 독자적인 존재감을 가진다는 것은 독립적인 역사와 문화를 유지하면서 살아왔던 제법 큰 규모의 나라인 한국에게도 20세기 말까지만 해도 너무나도 어려운 과업으로 여겨졌다.

멀리 갈 것도 없이 2019년부터 넷플릭스 오리지널 드라마로서 세계적인 인기를 끌고 있는 한국 드라마 〈킹덤〉의 제작진이 맞닥트린 현실도 그랬다고 한다. 넷플릭스 측에서 만들어온 설정집이 본인들이 보기에는 중국 의상, 혹은 일본 의상이기 때문에 한국 의상팀이 사극 의상을 처음부터 다시 작업해야 했다는 것이다. 그러나 그 결과는 〈킹덤〉이 외국인들로부터 '멋진 모자와 좀비의 이야기'라 불리는 결과를 가져왔으며, 거슬러 올라가 구한말의 프랑스인들 몇몇이 조선을 '모자의 나라'라고 불렀고 패션에서 높은 평가를 했다는 사실까지 재조명됐다.

말하자면 '킬빌'과 '기생충' 사이의 15년은 한국이란 나라가 세계사

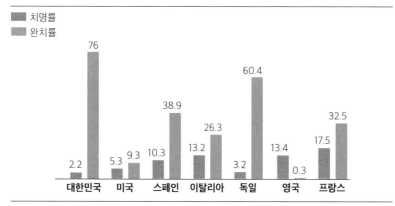

국가별 코로나19 치명률·완치률

■ 치명률
■ 완치률

- 대한민국: 2.2 / 76
- 미국: 5.3 / 9.3
- 스페인: 10.3 / 38.9
- 이탈리아: 13.2 / 26.3
- 독일: 3.2 / 60.4
- 영국: 13.4 / 0.3
- 프랑스: 17.5 / 32.5

자료: WHO

의 시트콤에 동아시아의 주요국으로서 존재감을 지니며 데뷔하는 시공간이었다. 이것은 거의 대항해시대 때부터 누적된 전 세계에서의 중국과 일본의 막중한 존재감 사이를 결코 환영받지도 못한 상황에서 순전히 본인의 힘만으로 찢어발기고 등장한 격으로, 지금은 무슨 일이 일어났는지도 다들 지각을 못 하고 있지만, 후세엔 놀라운 순간으로 기억될 것임이 분명하다.

한국은 제조업 위주 경제성장을 이룩한 이후 그 바탕 위에서 민주화가 진행되고, 그 바탕 위에서 대중문화가 부흥하고, 대중문화에 대한 외국인들의 호응이 결국 전통문화에까지 관심을 가지게 하는 그런 나라가 되

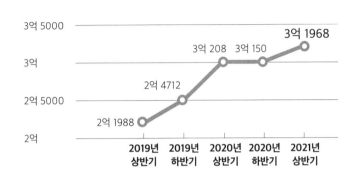

반기별 라면 수출·수입액 추이 (단위: 달러)

었다. 이 추세만으로도 놀라웠는데, 코로나19 팬데믹 이후 각국의 대처에 대한 국제적인 비교 보도는 한국이라는 나라의 국가 위상을 한 번 더 극적으로 끌어올렸다. 코로나19 이후 햇반과 라면의 수출이 늘어난 것은 그것이 비대면 시기에 적합한 음식이었기 때문만이 아니라, 비대면 시기에 적합한 음식 중에서 최근 급격하게 브랜드파워가 오른 음식이었기 때문이란 것이 개인적인 추측이다. 그것은 물론 햇반과 라면의 개별상품의 브랜드파워일 수 없고 한국이란 국가브랜드 자체의 상승이다.

그래서 감히 전망해보자면 한국은 2022년부터가 될지 그다음 해부터가 될지는 속단할 수 없으나 관광산업에서 앞으로 몇 년간 눈부신 성장을 하게 될 것이다. 해외에서 한국어 학습자가 증가하는 속도를 고려해보건대 한국 여행을 원하는 외국인 관광객의 숫자도 폭발적으로 늘어나게 될 것이다.

아직 그런 과감한 예측을 한 이가 별로 없는 듯하나 운 좋게 준비도 잘 되고 있다. 이미 최근 10년간 국내 관광지가 정비되고 있었는데, 코로나19 팬데믹 이후 해외여행이 사실상 불가능해지면서 국내 여행객들을 위해 또 한 번 국내 관광지가 정비됐다. 그러나 외국인 관광객 유치를 위해서라면 철도망이 더 구축되어야 한다. 부·울·경처럼 수도권과 철도연결이 잘 되어 있는 곳은 권역 내 고속철 구축이 필요할 것이고, 호남처럼 수도권과의 연결이 미비한 곳은 그것부터 확충하고 부산 권역과도 고속철로 연결되어야 할 것이다. 가까운 미래에 외국인 관광객이 한국을 N차 방문할 때엔 인천공항이 아니라 가덕도신공항으로 입국해서 시작하는 남부 위주 관광스케줄도 자연스러운 일이 되어야 한다.

삼성전자는 예외적 기업인가?

한국의 국가 위상이 극적으로 상승하더라도 제조업 경쟁력이 정점에 이르렀기 때문에 더 치고 나가지는 못하리라는 예상도 가능하다. 특히 1992년 한중수교 이후 중국의 경제성장에 협력하며 중진국의 함정을 빠져나갈 수 있었던 한국이 중국 제조업의 성장으로 경쟁력을 뺏기고 있다는 견해가 몇 년 전만 해도 지배적이었다.

그런데 미중대결시대의 개막은 물론 한국에게 위기가 되기도 했지만 글로벌가치사슬(GVC)의 분화과정을 통해 한국에 새로운 기회를 주는 측면이 있다. 또한 한국이 미중대결시대라는 위기를 기회로 삼아 북한을 친미국가화하는 데 성공한다면 더 많은 기회가 열리리라는 점도 분명하다.

그와 별개로 한국 제조업 및 문화산업의 현주소를 짚어보면서 한국이 단순한 모방자 이상의 저력을 가졌다는 사실을 확인해보자. 몇 년 전까지만 해도 한국에서 국제적 경쟁력을 갖춘 기업은 삼성전자밖에 없는 것으로 여겨졌다. 말하자면 삼성전자의 소니 추월을 예외적 사건으로 간주했다는 것이다. 그 진단이 옳았다면 2015년 즈음이 한국 제조업 경제의 정점이었을 것이다.

하지만 최근 벌어지는 상황들을 보면 '삼성 예외주의'를 의심하게 한다. LG는 미국 세탁기 시장에서 월풀을 추월해버렸고, 고급 생활가전의 선두주자가 되었다. 현대기아차도 수소전기차와 전기차를 동시에 준비하면서 여타 완성차업체들보다 새로운 시대에 잘 적응하는 모습을 보인다. LG와 SK는 전기차 배터리 전쟁을 벌이고 있는데, 배터리가 가끔 폭발하는 것은 안쓰러운 일이지만 역시 변화되는 환경에 대한 적응력을 보여주고 있다. 한화는 방산기업을 넘어 항공우주 기업으로 진화하고자 한다.

돌이켜보면 한국의 제조업뿐만 아니라 문화산업도 변혁이 올 때마다 새로운 도약의 계기를 찾았다. 한때 노키아가 삼성전자보다 나은 기업이라 칭송받았지만, 애플이 만들어낸 스마트폰으로의 격변기 속에서 삼성전자는 살아남았고 노키아는 사라졌다. 케이팝이 제이팝보다 확연히 앞서게 된 시점은 역시 유튜브란 플랫폼에 대한 적응 여부였을 것이다. 넷플릭스라는 새로운 환경에서 이루어지는 케이드라마의 새로운 도약과 진격은 이제부터 시작이란 느낌이고 향후의 전개를 기대하게 한다.

이는 한국 사회의 역동성이 기업문화에도 아직 남아 있기 때문일 것이다. 우리는 오랫동안 선진국의 안정됨을 지향해왔고, 우리도 선진국이 되면 그러한 안정된 상황을 누릴 수 있을 거라고 기대했다. 하지만 현실은 한국이 선진국이 되자 전 세계의 안정이 깨져버린 아수라장과도 같은 상황이다. 그것은 고통스러운 일이지만 여전히 역동성을 간직한 채 선진국에 진입한 국민소득 3만 달러 국가라는 특수성이 여타 선진국이나 개발도상국보다 이 격랑의 시대에 더 잘 적응할 수 있는 특징이라는 점만은 분명해 보인다.

한국이 근미래에 쇠퇴하지 않는다면 원하든 원하지 않든 어떠한 상징적인 역할마저 부여받게 될 것이다. 즉, 적어도 한동안은 유일무이할 식민지 출신의 선진강대국으로서의 도덕적 책무 말이다. 그것은 매우 기묘한 왕관이지만, 한국은 어쩔 수 없이 세계인들이 기대하는 그 왕관을 쓰고 그 무게에 짓눌려가며 그 왕관에 걸맞은 의무를 이행해가며 살아야 할 것이다. 제국 출신 선진국들과 협력하면서도 식민지 출신 개발도상국들의 관점을 대변하는 일을 하게 될 것이다. 설령 하기 싫어도 일본과 싸우느라 본인이 둘러댄 말 때문에 결국 하게 될 것이다.

한국의 위치 객관화에서부터 출발해야

'추월의 시대'에 들어선 한국이 곧바로 추락하지는 않는다고 하나 만만치 않은 위기 앞에 봉착해 있다는 사실도 분명하다. 나는 그것들을 기후 위기, 인구절벽, 지방소멸이라고 정의하고 싶다. 모두 만만치 않은 것들이지만 기후 위기는 다른 나라에도 공통적인 위기라면, 인구절벽과 지방소멸은 한국의 성공으로부터 기인한 위기이며, 해결하기가 매우 까다로운 것이다.

보수파는 이에 대해 쉽사리 "지방을 포기하자. 어차피 수도권 일극체제 밖에 답이 없다."라고 말한다. 그들의 대안에서는 결국 지방에 사람이 더는 살지 않게 되고 농업은 동남아 이주민이 담당하는 일이 된다. 그러나 이렇게 된다면 한 세대가 지나면 지금의 수도권-지방 문제는 인종 문제라는 결까지 추가로 지니게 될 것이다.

한편, 진보파는 지역 균형 발전에 대한 아이디어는 있지만, 인구감소에 대한 대응 전략은 부족하다. 복지를 확충하면 출산율이 재고된다는 막연한 기대가 있을 뿐이다. 이주민을 받게 될 경우 진보파는 애국주의 교육을 약화해야 한다고 주장할 수 있다는 점도 문제가 된다. 하지만 그들의 편견과 달리, 한국의 애국주의 교육은 한국에 이주민들이 들어오더라도 그 2세들이 미국이나 유럽에서의 이주민 2세와 같은 정체성의 혼란을 겪지 않게 하는 버팀목이 될 수 있다고 생각한다. 개인적으로 2차 세계대전 이후 유럽의 죄책감 때문에 생겨난 탈애국주의 조류가 유럽의 극우화와 이슬람화라는 양극화를 발생시켰으며, 한국인들의 '우리'에 대한 감각은 진보주의자들이 우려하는 것보다 덜 인종주의적이고 제법 관대하다고 생각하기 때문이다.

이 위기들에 대한 대처방안을 짜는 것도 만만치 않은 일이지만, 이를 위해선 일단 한국이 서 있는 위치를 객관화해야 한다고 생각한다. 한국의 성공을 부인하면서 그 위에 새로운 위기가 더해졌다고 서술한다면, 사실상 위기에 대처할 여력 자체가 존재하지 않는다고 고백하는 이야기밖에 안 된다. 이 새로운 위기들에 대처할 방안을 담론이 논의하고 정치가 실행하는 모습을 보기 위해서라도 일단 우리는 한국의 성취를 인정하는 데서부터 출발해야 할 것이다.

8장   여행과 여가의 미래

고재열
여행감독

2000년 시사저널에서 기자 생활을 시작했다. 2007년 '삼성기사 무단 삭제'에 항의해 파업하고 선후배들과 시사IN을 창간했다. 2020년 기자 업을 '졸업'하고 스스로 여행감독을 자처했다. 재미로재미연구소를 설립하고 다양한 여행 관련 기획을 하고 '어른의 여행클럽/트래블러스랩'을 구축했다. 안 쓰는 캐리어에 책을 넣어 기증하는 '캐리어도서관' 프로젝트를 하고 있고, 북한여행연구소를 설립해 정주영 소 떼 500마리를 오마주하는 '개마고원 캠핑카 500대' 프로젝트를 추진하고 있다. 이외에 '도시인을 위한 자발적 섬 유배'와 '명품 한국 기행/명품 한국 스테이' 등을 기획했다.

'여행과 여가의 미래'라고 쓰고 스스로 '허비의 미래'라고 읽는다. 소비가 아니라 허비의 관점에서 여행과 여가의 미래를 보려고 하는 이유는 우리 사회가 선진국으로 진입하면서 여유가 생겼기 때문이다. IMF를 계기로 해외여행에서 가성비를 추구하는 패키지여행 산업이 발달했다. 코로나19 이전에도 자유여행이 발달하고 있었는데 더욱 가속화될 전망이다. '합리적 소비'를 추구하는 관광에서 '맥락적 허비'를 하는 여행으로의 변화 양상을 살펴보았다.

허비의 관점에서 본 여행과 여가의 미래

미래를 예측하기는 쉽지 않다. 일이 아닌 여가를 예측하는 것은 더 어렵다. 유행과 취향은 논리의 영역이 아니라 우연의 영역이기 때문이다. 여기에 '코로나 뉴노멀'이라는 변수가 등장했다. 이런 상황에서 미래의 여행과 여가를 예측하기는 더 쉽지 않다. 이 예측에 '허비'라는 키워드를 관통시켜 맥락을 구성해 보려고 한다. 풀어서 말하면 '소비의 시대'에서 '허비의 시대'로 돌입했다는 관점에서 여행과 여가를 예측해 보겠다는 것이다.

'여행과 여가의 미래'라고 쓰고 스스로 '허비의 미래'라고 읽는다. 소비가 아니라 허비의 관점에서 여행과 여가의 미래를 보려고 하는 이유는 우리 사회가 선진국으로 진입하면서 여유가 생겼기 때문이다. 코로나19 사회적 거리두기로 개인에 천착하면서 소비가 아니라 허비의 관점으로 들여다봐야 할 현상이 두루 관찰되고 있다. '보복적 소비'는 일종의 급성 허비라 할 수 있다.

IMF를 계기로 해외여행에서 가성비를 추구하는 패키지여행 산업이 발달했다. 하나투어, 모두투어 등이 두각을 나타내던 때가 이때부터다. 그러나 소득 수준이 향상되면서 패키지여행은 저물고 있었다. 코로나19 이전부터 자유여행이 발달하고 있었는데 더욱 가속화될 전망이다. '합리적 소비'를 추구하는 관광에서 '맥락적 허비'를 하는 여행으로의 변화 양상을 살펴보았다.

이런 '허비론'과 관련해 주목할 세대가 있다. 10대 후반 20대 초반에 X세대/신세대/신인류로 불렸던 포스트 386세대다. 1970년대 초중반에 태어나, 1990년대 초중반에 대학을 다니고 이제 40대 후반 50대 초반인 그들이 주인공이다. 그 시절 X세대/신세대/신인류가 2020년대를 어떻게 살아가는지 들여다보면 '허비의 시대'를 예측할 수 있다. 신중년인 이들을 중심으로 본격적으로 '허비의 사회학'을 들여다보려고 한다.

물론 이 세대도 아이러니는 있다. 한국이 샴페인을 일찍 터뜨렸을 때 흘러나온 샴페인 맛을 보았지만, 샴페인에 옷이 젖었던 세대이기도 하다. 사회생활 초기에 IMF를 겪으면서 소비성향이 급격히 위축되었던 세대다. 여행의 관점에서는 이렇게 표현하곤 한다. '마음은 나도 한비야인데, 몸은 하나투어인 사람'으로. 바쁜 일상에 치여 오늘을 살지만 늘 탈출을 꿈꾸는 세대가 바로 이들이다.

이들에게는 '허비력'이 잠재되어 있다. 이들이 50대에 들어서면 본격적인 '허비의 시대'에 돌입할 것이라고 본다. 몇몇 징후를 바라본다. 쫄깃 쎈타를 시작으로 게스트하우스 문화와 홍대 앞에서 볼 수 있었던 카페 문화를 제주에 이식한 이들이 바로 그들이다. 이전 세대가 50대에 들어서서 전원주택을 짓고 전원생활을 하려고 했을 때 이들은 캠핑카와 요트를 산다. 이 세대를 보면 여행과 여가의 미래를 가늠할 수 있다고 본다.

허비스토리, 허밍아웃, 허비성인

'합리적 소비는 합리적이지 않다. 인생을 허비하지 않으면 허비하게 된다.' 다소 말장난처럼 느껴지는 이런 소비와 허비의 변증법을 이해할 필요가 있다. 소비는 허비를 위해 존재한다. 그래서 허비하지 않으면 절약(합리적 소비)은 의미가 없다. 그런데 사람들이 합리적 소비에 대한 이해는 있지만, 맥락적인 허비에 대해서는 감이 없다. 아끼고 저축한 다음, 그 이후의 스토리가 없다.

'소확행'은 소소하지만 확실한 행복을 주는 좋은 허비다. MZ세대는 스스로 허비의 맥락을 깨우쳤다. 문제는 기성세대다. 소확행의 저편에 소비의 블랙홀이 있다. 40대 후반 50대 초반에 큰 허비를 하는 것을 자주 보게 되었다. 큰 만족을 얻으려다 큰 골칫거리를 만들어내는 사람들이다. '왜 그럴까' 생각해 보았다. '갱년기'에 즈음해 지금 자신에게 보상해주지 않으면 늦어진다는 자의식(혹은 무의식) 때문이 아닐까. 무리한 소비가 짐이 되는 경우를 종종 본다.

소비에는 소비의 논리가 있고 허비에는 허비의 맥락이 있다. 허비란 여백이 있는 소비다. 소비가 모던하다면 허비는 포스트모던하다. 논리가 아니라 맥락의 영역이다. '저런 걸 왜 모으지' 하는 생각으로 한심스럽게 보았던 사람이 어느 날 자신의 컬렉션으로 전문숍을 차려 돈을 버는 모습을 왕왕 보게 된다.

누구나 인생에 한 번쯤은 허비하게 된다. 다들 나만의 '허비스토리'가 있다. 이걸 당당히 얘기하고 '허밍아웃' 할 때 우리는 그 사람을 좀 더 이해할 수 있다. 허비에는 진솔한 자기 고백이 있다. 소비에 대해 말하는 것보다 허비에 대해 말하는 것이 그 사람에 대해 더 많은 것을 말하는 일이다.

허비란 온전히 나와의 대화여야 한다. 나의 내밀한 목소리를 듣는 일이다. 허비하지 못하는 것은 자존감의 문제일 수도 있다. 자기 자신의 내밀한 목소리에 확신하지 못하는 것이다. 좋은 '허비자'가 되기 위해서는 허비해도 된다는 강한 자의식이 필요하다. 남이 뭐라던 나한테 의미가 있고 내가 좋아하는 것이면 된다는 자존감이 있어야 한다. 국내 여행산업과 관련해서 가장 아쉬운 부분이 바로 이점이다.

취향의 영역에서는 J커브가 자주 나타난다. 품질에 비례해서 가격이 증가하다가 어느 대목에서 급증하는 양상이다. 와인이 그렇고 차가 그렇다. 말 그대로 부르는 게 가격이 된다. 이 구간의 소비를 합리로 설명하는 것은 불가능하다. 대표적인 허비다. 우리 사회가 선진국에 진입한 지금은 허비의 맥락을 살펴야 할 때다.

합리적 소비에 대한 문제의식을 갖기 시작했던 이유는 합리적 소비가 장벽이 되었기 때문이다. 여행과 여가의 영역은 꼭 합리적인 것은 아니기 때문이다. 이때 허비 프레임은 나름의 묘수였다. 배는 항구에 있을 때 가장 안전하다. 하지만 그것이 배의 존재 이유는 아니다. 여행도 그렇다. 한류의 원천은 소비일까 허비일까. 우리는 할리우드와 팝 문화를 게걸스럽게 허비했기에 오늘의 성취를 이룰 수 있었다. 지금의 풍요 전에 허비의 맥락이 있었다.

여행의 영역에서 합리적 소비는 합리적이지 않다는 것을 보여주는 대표적인 모형이 바로 수학여행과 워크숍이다. 지금 기성세대가 다녔던 수학여행은 학습적이지 못하다는 이유로 바뀌었고 워크숍도 직원들의 팀워크나 업무 능력 향상에 별 도움이 안 된다는 이유로 바뀌고 있다. 여행을 기획해 보라면 전교 1등 반장이 수학여행 짜듯이 답사 여행 코스를 짜오는 사람들이 있는데 이런 수학여행과 워크숍에 길들었기 때문일 것이다.

반면 여행을 모티브로 관찰 예능 프로그램을 기획하는 나영석 PD의 여행을 보면 '허비'가 절묘하게 활용된다. 친구들과 홀연히 어디론가 떠나는 로망을 실현해준 것이 〈꽃보다 청춘〉이고, 나도 조용한 곳에서 게스트하우스나 하면서 늙고 싶다는 바람을 구현해준 것이 〈스페인 하숙〉이고, 한옥에서 잠만 자는데 제대로 된 대접을 받아보고 싶다는 욕망을 채워준 것이 〈윤스테이〉다. 나영석을 보면 여행의 미래가 보인다.

소비로서의 관광, 허비로서의 여행

하나투어 대표가 코로나 위기를 정면돌파 하겠다며 전 직원 출근을 명할 때 "가슴에 손을 얹고 말해보세요. 여러분도 알고 있었죠? 패키지 설계자가 정작 본인은 자유여행 가고 있잖아요."라고 말해서 이슈가 되었다. 가장 큰 여행사 대표가 여행업의 현실을 인정했기 때문이다. 소비로서의 관광의 시대는 저물고 허비로서의 여행의 시대가 오고 있는 것이다.

사람들은 관광과 여행을 확실히 다른 것으로 인식하고 있다. 관광은 관광이고 여행은 여행이다. 관광과 여행의 차이를 물어보면 대체로 '여행은 좋은 것, 가치 있는 것, 의미 있는 것'이라는 생각인 데 반해 관광에 대한 생각은 부정적이다. 사람들은 '관광'이 아니라 '여행'을 하고 싶어 한다. 관광은 충분히 했으니 이제 여행다운 여행을 하고 싶다는 것이다.

개발독재 시절에는 '오늘만 날이다'라는 생각으로 경치 좋은 곳에 가서 회포를 풀고 오는 관광이 주류였다. 하지만 주 5일제로 바뀌고 연중 휴가를 가는 생활이 시작되면서 여행에 대한 사람들의 생각도 바뀌었다. 관광의 대상은 사물이다. 좋은 풍경이나 맛있는 음식이 대상이다. 여행의 동반자는 사람이다. 함께 여행하는 사람이나 여행지에서 만나는 사람이 중요하다. 이 말은 사물에 대해서 고민하면 관광이고 사람에 대해서 고민하면 여행이라는 말이 된다. 사람과의 만남 중에는 자기 자신과의 만남도 포함될 것이다.

그런데 기존의 패키지여행은 관광의 대상만 고민한다. 그리고 사람과 사람의 만남은 끊어놓는다. 문제가 생길 여지를 없애기 위해서다. 그래서 여행 참가자들은 가이드만 바라보고 가이드 말만 듣고 가이드하고만 관계를 맺고 오게 된다. 물론 그 관계도 비행기를 타는 순간 종료된다.

외로움이라는 현대인의 만성 질환

합리적 소비는 가끔 취향과 불협화음을 일으킨다. 우리 사회는 취미를 책으로 배우는 경우가 많다. 소믈리에 되려는 사람처럼 와인을 공부하고, 바리스타 되려는 사람처럼 커피를 공부한다. 왜? 피아니스트 될 것처럼 바이엘과 체르니로 피아노를 공부하고 자랐으니까. 소비에서도 1970~1980년대 산업사회 프레임으로 접근하기 때문에 허비해야 할 일을 소비한다.

인간관계에서도 소비와 허비의 함수를 살필 수 있다. 간단히 비교하면 '영양가'가 중심인 인맥을 관리하는 것이 소비라면, 우연한 인연을 챙기는 것은 허비다. 그런데 사회생활을 하다 보면 인연보다 인맥 챙기기가 더 먼저인 경우가 많다. 여기서 외로움이라는 도시인의 만성 질환이 도지기 시작한다. 사이비 종교도 이 외로움을 파고들고 많은 다른 사회 병리들도 이 외로움 속에 깃든다.

중년의 외로움은 청춘의 외로움과는 다르다. 더 고질적이다. 청춘은 아직 새로운 만남에 대한 설렘이 있지만 중년을 그렇지 않다. 인간에 대한 실망이 누적된 상태라 외로움이 더 깊다. 청춘의 외로움이 물리적이라면 중년은 화학적이다. 치료가 더 어렵다. 여행감독을 자처하고 '어른의 여행 클럽'을 구축하겠다고 나선 이유 중 하나는 이 외로움을 치료하는데, 치료는 안 되더라도 완화하는데, 혹은 달래는데 여행이 조금은 기여할 수 있다는 판단 때문이었다.

여행 뒤에 '마음의 마을'이 만들어지는 모습을 자주 보았다. 사람들은 여행에서 다르게 만난다. 인맥이 아니라 인연을 중심으로 만나기 때문이다. 서로의 SNS에서 인연을 이어간다. 여행에서 만나서 좋은 인연을 만들어 간다면 다시 인간에 대한 호기심도 회복할 수 있을 것이라고 생각했다. '어른의 여행클럽'을 구축할 때 '여행을 통한 느슨한 연대'를 내걸었다. 이 연대는 사회생활 인맥과는 조금 다른 의미다.

사회생활 인맥이 이해관계에 기반한다면 여행에서 만들어지는 네트워크는 '정'에 기반한다. 일상에서 사람을 만나는 방식에서는 이성과 합리가 많이 작용한다. 그래서 기쁨은 나누면 질투가 되고, 슬픔은 나누면 약점이 되기에 십상이다. 여행에서는 좀 더 감성과 공감이 많이 작용한다. 나와 다른 사람의 이야기를 들어주고 공감할 여지가 많아진다는 얘기다. 기쁨과 슬픔을 나누는데 인색하지 않게 된다.

현대인에게 필요한 나만의 〈심야식당〉

패키지 관광이 저물고 개별여행이 흥하고 있다. 그렇다고 해서 여행에서 사람들 사이의 만남이 사라지는 것은 아니다. 우리는 농경민족의 후예답게 다양한 집단을 욕망한다. 혈연 지연 학연의 집단이 약해지면 다른 집단을 준거집단으로 찾는다. 그중 부상하는 것이 취향 집단이고 그 취향 집단 중에서도 여행을 함께 하는 그룹이 으뜸이다. 여행에서의 만남은 여전히 중요한 요소다.

여행이 좋은 것은 설렘이 있기 때문이다. 그 설렘의 한 부분은 만남이다. 그런데 기존 패키지여행에서는 독백만 있었다. 대화는 가이드와 잠깐씩 나눌 뿐 자신의 SNS에서 독백만 써 내려갔다. 여행자끼리의 관계 맺기는 차단되어 있었다. 모두 여행사의 편의에 의한 것이지만 이런 식의 관계 맺기가 되다 보니 여행자들도 다시 안 볼 사람들처럼 행동한다. 관계를 맺을 일이 없는 사람은 눈치 볼 일도 없으니 오직 자신의 유익만 추구한다. 그러다 보면 그 방식이 세련되지 못하는 사람도 나오고, 우리는 그런 사람을 '진상'이라고 부른다.

사람과 사람의 만남에는 온도가 있다. 어떤 온도가 적당할까 고민할 때 일본 드라마 〈심야식당〉을 보면서 현대인의 만남에 딱 맞는 온도라고 생각했다. '간섭하지 않는 결속력'이 바로 그 온도다. 나이가 든 사람끼리의 관계는 보여주는 만큼만 보고 상관해달라는 만큼만 상관하는 것이 예의다. 보여주지 않으려고 하는 부분을 굳이 보려고 하고, 상관하지 말라고 하는 것을 굳이 상관하는 것은 배려가 아니라 폐를 끼치는 것이다.

〈심야식당〉의 고객들은 서로의 '현재'만 본다. 혈연. 지연. 학연 등 그들의 과거는 굳이 보려 하지 않는다. 그 현재도 '이곳(심야식당)'의 현재만 본다. 그가 일하는 '저곳'이 아니라 식당 맞은편에 앉은 그가 보여주는 모습만 본다. 그의 일상이 아니라 그가 휴식하는 모습을 본다. 그래서 그들은 심야식당에서 다르게 만난다. 덕분에 선입견에 빠지지 않고 상대에 대한 이해의 지평을 넓힐 수 있다. 그 정도의 온도가 현대인에게 적당하다 싶었다.

'어른의 여행클럽'을 설계하면서 주목했던 것은 '관계의 공학'이다. 착한 사람과 악한 사람 그리고 인격적인 사람과 비인격적인 사람이 따로 있지만, 사람들이 서로 착하게 만나는 것과 인격적으로 만나는 것은 설계할 수 있다고 보았다. 어떤 사람의 본성과 인격이 요리의 재료라면 그들이 착하게 만나고 인격적으로 만나게 하는 것은 요리사의 일이다. 사람들은 여행에서 다르게 만나고 여행감독이 그 만남에서 역할을 한다면 그들은 훨씬 좋은 기억을 가져갈 수 있다.

코로나19에도 국내 여행업이 활성화되지 않는 이유

코로나19 창궐로 국내 여행이 활성화될 것이라고 했다. 그러나 여행객이 몰린 제주도를 제외하고는 국내 여행은 그다지 활성화되지 않았다. 그 이유가 무엇인지 왜 국내 여행업으로 돈을 벌 수 없는지 그 구조를 살펴볼 필요가 있다. 여행을 업으로 하려는 로컬 크리에이터들이 많은데, 성공 사례로 알려진 것들도 대부분 '빛 좋은 개살구'인 경우가 많았다. 이유가 있다.

여행업의 본질은 솔루션이다. 우리가 패키지여행을 구매하는 이유는 비자, 항공권, 숙박, 교통을 해결해 주기 때문이다. 언어와 정보의 문제까지. 그런데 국내 여행은 포털 사이트와 애플리케이션이 솔루션을 제공해준다. 여행지 정보는 블로거들이 내용을 잘 정리해 두었다. 여행사가 해결해 줄 숙제가 없다. 국내 여행에서는 여행사의 솔루션이 별 의미가 없다. 있다면 할인 혜택 정도인데 이것 역시 카드사와 애플리케이션에 차고 넘친다.

솔루션으로서 역할이 없을 때 대안을 찾는다면 큐레이션을 꼽을 수 있다. 누구나 자신의 돈과 시간을 값지게 의미 있게 재밌게 사용하고 싶어 한다. 그렇다면 값지게 의미 있게 재밌게 이끌어주는 서비스라면 의미가 있을 것이다. 풀어서 말하자면 소비의 영역에서는 여행사의 역할이 없고 허비의 영역에서 발생한다는 것이다. 국내 여행선 이 큐레이션 수준이 낮았다.

그런데 여행 콘텐츠만 잘 기획하면 문제가 해결될까? 안 된다. 여행기획자의 숙명은 자신이 기획한 콘텐츠로 인해 여행자들로부터 소외당한다는 것이다. 왜? 그들은 여행기획자가 필요한 것이 아니라 그의 콘텐츠가 필요한 것이니까. 여행 콘텐츠는 독점할 수 없다. 누구도 자연경관을, 인문자원을, 숙소를, 교통을, 식당을 독점할 수 없다. '나만 아는' 여행 정보라는 것은 신화다. 그 말이 입 밖으로 나오는 순간 그것은 곧 모두의 것이 된다.

코로나 이전 여행업의 변화 양상

코로나 전까지 고전적인 패키지여행은 기울고 있었지만 새로운 OTT 강자들이 등장하면서 여행업 자체는 새로운 국면에 접어들고 있었다. '여행업'이라는 말을 들으면 어떤 회사가 떠오르는가? 하나투어나 모두투어? 스카이스캐너나 플라이트그래프? 아고다나 부킹닷컴? 아니면 야놀자나 여기어때? 마일리얼트립이나 프립? 이 중 어떤 것을 답했느냐에 따라 여행산업에 대한 생각을 알 수 있다. 코로나 전후에 타이드스퀘어, 마이리얼트립, 야놀자 등이 수백억 원에서 수조 원의 투자를 받았다. 이 기업들이 투자받은 이유를 보면 여행산업의 변화 방향을 읽을 수 있다.

일단 코로나 이전 상황을 보자. 2017년 해외 출국자는 약 2,650만 명, 2,238만 명이었던 2016년보다 18% 정도 늘었다. 2015년 이후 매년 15~20%씩 해외 출국자가 늘고 있었다. 2018년과 2019년은 3,000만 명 안팎으로 추정한다. 인구 1억 2,000만 명인 일본의 연간 해외여행자가 1,500만 명 정도인 점과 비교하면 국내의 해외 출국자가 얼마나 많은지 알 수 있다.

해외 출국자가 증가하는 추세를 보면 여행산업도 꾸준히 성장하는 것으로 보이지만 속을 들여다보면 여행사들이 변화하는 시장 환경에 적응하지 못하고 해외 온라인 여행사(OTA:Online Travel Agency)나 국내 애플리케이션 개발사들에 치이고 있음을 알 수 있다. 국내 여행사들이 패키지여행 시장을 주도하고 있지만, 개별여행 시장에서는 외국 OTA의 적수가 되지 못한다. 개별여행의 두 축인 항공권과 숙박 예약에서 격차가 벌어지고 있기 때문이다. 세종대 관광산업연구소가 2017년 상반기 해외여행자 2000명을 설문조사한 결과를 보면 외국 온라인 여행사의 항공권 예약 점유율은 27.2%로 19%인 국내 여행사를 앞섰다. 숙박 예약 점유율은 69.5%로 국내 여행사를 완전히 압도했다.

모바일 애플리케이션 시장에서도 국내 여행사들은 고전 중이다. 앱 분석 업체 와이즈앱이 발표한 2017년 7월 국내 안드로이드 스마트폰 숙박·항공 앱 사용자 수를 보면 '야놀자'가 198만 명, '여기어때'가 142만 명으로 1·2위를 차지했다. 사용자 수가 72만 명인 하나투어와 49만 명인 모두투어를 둘 다 큰 격차로 앞섰다. 단순히 숙박업소를 예약하는 O2O(온·오프라인 연계) 서비스로 보았던 업체들이 국내 1~2위 여행사를 제친 것이다.

이렇게 여행산업에 변화가 생긴 것은 트렌드가 급격히 바뀌고 있기 때문이다. 2000년대 초반까지 해외여행 수요는 대기업의 해외 출장이었다. 이를 대행해주던 여행사들이 여행산업의 선두에 있었다. 해외여행 수요가 급증하면서 다양한 패키지여행을 제공하는 여행사들이 이들을 앞서기 시작했다.

여행산업은 다시 변하고 있다. 일단 패키지여행 위주였던 것이 개별여행 위주로 바뀌고 있다. 세종대 관광산업연구소가 발표한 '주례 여행 행태 및 계획 조사'의 2018년 상반기 분석 자료를 보면 상반기에 해외여행을 다녀온 사람 중 개별여행자는 59.3%였고 단체 패키지여행자는 33.7%

였다(에어텔 패키지는 7.0%).

여기에 또 하나 변수가 생겼다. 바로 모바일이다. 다양한 예약 애플리케이션이 등장하면서 여행이 '분해'되기 시작했다. 항공과 숙박과 액티비티(여행지의 체험 프로그램)로 분해되어 각각 발전했다. 특히 강력한 검색 기술을 보유한 외국계 온라인 여행사들이 두각을 나타냈다. 마치 트위터, 페이스북, 인스타그램이 소셜미디어 플랫폼을 선점하듯 여행도 외국계 온라인 여행사들이 플랫폼을 선점했다.

여행산업이 이렇게 분해되고 있지만 한쪽에서는 다시 '재결합' 중이다. 항공권 예약, 숙소 예약, 액티비티 예약이 각자 경쟁하고 있지만, 이들 서비스는 모든 것을 한 번에 해결할 수 있는 예약 서비스를 지향한다. 마치 항공(교통), 숙박, 액티비티, 식사 등 여행의 모든 요소를 결합해 패키지 여행을 만들었듯 한곳에서 예약이 가능한 '패키지 예약'을 꿈꾸는 것이다.

해외 온라인 여행사도 다양한 서비스를 한 곳에서 제공할 수 있도록 '수직 계열화'하고 있다. 대표 기업이 바로 익스피디아다. 호텔스닷컴, 트리바고, 오르비츠, 이부커스, 카렌탈스닷컴, 워티프, 핫와이어 등을 인수하거나 설립해 여행의 시작부터 마무리까지 모두 해결할 수 있도록 예약 플랫폼을 구축했다. 흔히 자동차산업을 종합기계산업이라 부르는데 여행 산업은 라이프스타일 종합산업이라 할 수 있다. 이런 산업의 특징과도 일맥상통한다.

미래 여행의 세 가지 키워드

미래의 여행은 어떤 모습일까? 세 가지 키워드로 흐름을 읽어보려고 한다. '도시 옮기기 게임' '식물 여행' 그리고 '관계 맺기 여행'이다. 수고하고 짐진 바쁜 현대 도시인들이 만들어가고 있는 트렌드를 보면 여행의 미래를 예상할 수 있다. 도시를 벗어나면서도 도시의 편리를 가져가고 싶은, 이율배반적인 욕망을 충족하면서 여행은 한 걸음씩 앞으로 나갈 것으로 예상된다. 여행 중 이동은 줄어들면서 시간은 늘어나는 '관계 맺기 여행'도 뚜렷한 양상을 보인다.

점점 더 지능적인 도시 옮기기 게임

흔히 도시화가 진행될수록 사람들은 자연을 그리워한다고 말한다. 그리고 자연으로 가는 여행을 소개한다. 나는 그렇게 생각하지 않는다. 사람들은 도시에서 도시로 간다. 오늘을 살아가는 현대인에게 도시는 물 공기 흙처럼 기본 원소에 해당한다. 기성세대는 인공적인 것은 자연을 흉내 낸 것이고 자연은 스스로 완벽하다는 이분법을 가지고 있다. 하지만 요즘 세대는 다르다. 그들에게는 자연에서의 원경험이 별로 없다. 그들에게는 인공적인 환경이 자연스러운 배경이다.

처음 캠핑을 갈 때 캠핑은 도시를 떠나 자연으로 들어가는 일이라고 생각했다. 그러다 어느 순간 캠핑의 본질은 그것이 아니라 도시로 되돌아오는 일, 도시를 (자연으로) 옮기는 일이라는 것을 깨달았다. 캠핑을 가서 텐트 설치 등 피칭을 하고 바비큐를 즐기고 난 뒤 화롯불을 켜놓고 즐기는 '불멍'도 좋았지만 돌아와서 모든 장비를 원위치 시키고 샤워하면서 즐기는 '물멍'이 더 좋았다.

매번 캠핑을 갈 때마다 얼마만큼의 도시를 옮길지를 고민했다. 추위와 바람과 비를 피하기 위한 장비를 얼마만큼 가져갈지가 늘 관건이었다. 모든 짐을 내가 메고 가야 하는 백패킹을 할 때는 짐을 줄이는 것이 관건인데, 끝까지 포기 못 하는 도시가 있었다. 그것은 한 잔의 드립커피일 수도 있고 블루투스 스피커일 수도 한 벌의 원피스일 수도 있다. 우리는 도시가 함께 할 때 비로소 안도한다.

일전에 지리산 산행을 할 때 후배가 계곡에서 불어오는 바람을 맞으며 이런 말을 한 적이 있다. "바람이 너무 좋다. 에어컨 바람 같다." 이때 후배에게 바람의 이데아는 에어컨 바람이었다. 우리 세대는 에어컨 바람이 자연의 바람을 닮았다고 광고했지만 지금 세대에게는 언제든 내가 원하는 바람을 내어주는 에어컨 바람이 바로 바람의 이데아인 것이다. 그래서 그 에어컨 바람을 닮은 계곡의 바람이 좋은 바람인 것이고. 장범준의 노래 '흔들리는 꽃들 속에서 네 샴푸 향기를 느낀 거야'라는 곡의 제목도 비슷한 맥락으로 이해할 수 있다.

반려식물을 찾아가는 수목 인문 기행

반려동물에서 반려식물로, 국민소득이 3만 불에서 4만 불 구간으로 가면서 두드러지게 나타나는 현상이다. 자기 목소리를 내지 못하는 식물의 말 없는 목소리에 귀 기울일 수 있는, 잎의 두께와 색깔 그리고 온도와 습도를 챙기는 '식물 집사'들의 시대다. 반려동물 카페가 유행이었다가 이제 대세는 식물 카페가 되었다. 지방 여행 정보가 '기승전-맛집'이었는데 요즘은 '기승전-카페'로 가고 있다. 그 지역에서 가장 큰 카페로 가다가 요즘은 플랜테리어가 잘 되어있는 식물카페가 인기다. 여행감독으로서 식물에 관한 관심을 관광자원의 측면에서 눈여겨보고 있다.

선조가 가꾼 '오래된 정원'을 누리는 수목인문기행이 미래의 여행법으로 각광받을 것이다. 인문이란 인간이 그려낸 무늬다. 수목 또한 인간이 그려낸 무늬 중 하나다. 그러므로 수목을 읽어내며 가는 여행 또한 인문 기행이라 할 수 있다. 광양 읍성터의 듬직한 고목들, 삼천포 대방진굴항의 아름드리나무들, 남해 물건리의 방풍림 그리고 황홀했던 경주 대릉원의 고목숲, 여기에는 인간이 진하게 써 내려간 삶의 무늬가 있다. 그것을 읽어내는 여행은 다분히 인문적이다.

정자의 고장으로 알려진 담양은 수목인문기행의 좋은 답사지이기도 하다. 소쇄원의 수목이 지니는 유교적 의미, 관방제림을 조성한 지방관의 고심, 메타세콰이어길을 조성한 군수의 혜안 그리고 죽녹원을 설계한 정원 전문가의 구상. 모두 충분히 흥미로운 주제다. 광주의 호랑가시 언덕에 서양 선교사들이 남긴 흑호두나무와 피칸나무 그리고 은단풍나무는 서양 문화의 전파를 보여준다. 그런데 그 언덕에 늠름하게 서 있는 500년 된 배롱나무는 이 언덕의 진짜 주인이 누구인지를 증거한다.

식물학자는 식물을 통해 사람의 흔적을 읽는다. 한때 화전민촌이었지만 지금은 흔적도 없는 곳에서 인간이 남긴 식물로 식물학자들은 '시간의 나이'를 읽어낸다. 그들의 이야기를 듣고 인간이 뿌린 씨앗으로 공간을 읽는 여행에 대해서 생각해 보았다. 멋진 식물 탐험이 될 것이다. 식물 여행의 끝은 아마 나를 닮은 식물을 찾는 것으로 수렴될 것이다. 식물을 2인칭으로 대해보고 스스로 목소리를 낼 수 없는 존재의 목소리에 귀 기울일 수 있다면 멋진 여행이 될 것이다.

한 달 살기 그다음은? 관계인구로 살아보기

경상남도의 어느 섬에 답사 갔을 때 흥미로운 이야기를 들었다. 주민 수가 10명이 안 되는 섬이었다. 코로나19가 창궐했을 때 부산의 수천억대 부자가 빈집을 빌려서 살고 갔다고 한다. 무인도에 가까운 유인도인 그 섬에서 효과적인 사회적 격리를 하고 간 셈인데, 지역 주민들과 제대로 관계 맺기를 하지 못하고 간 점은 안타까웠다. '인맥'이 안 된다고 생각하니 '인연'도 맺지 않은 것이겠지만.

부산 부자가 아니더라도 코로나19로 '한 달 살기' 유행이 제주를 중심으로 일었다. 지인이 '한 달 살기' 하는 집에 놀러 간 적이 있는데 대체로 무료했다. 현지 주민들과의 교류가 없으니 먹고 마시고 노는 일의 반복이었다. 그 모습을 보면서 '한 달 살기' 이후의 모습을 그려보았다. '관계인구'라는 개념은 일본에서 정립된 것인데 보다 외향적이고 관계 지향적인 우리에게 더 맞는 개념으로 보였다.

"2017년 일본 야마나시현은 '야마나시 링키지(linkage·관계) 프로젝트'를 내놨다. 야마나시현을 지지하고, 경제적 공헌이 높으며, 지역에 애착과 귀속의식이 있는 사람을 '링키지 인구'라고 정의하고, 이중 지역 거주자, 야마나시현 출신 귀향자, 관광객 등을 6만 명 수준으로 증가시키자는 목표를 설정했다. 링키지 인구가 지역 내에서 머문 시간과 소비액이 해당 지역에 주민등록을 둔 인구 몇 명분의 경제적 효과를 낳는지를 연구해 정책에 활용할 가능성을 제시하기도 했다."〈한겨례신문〉

돌이켜보니 여행감독으로서 '관계인구'로 살고 있었다. 또한 서울과 지방의 인연을 이어주면서 '관계인구'를 늘리는 역할을 하고 있었다. '관계인구'라는 개념을 적용해 보니 나는 서울에 살지만, 서울시민이 아니었다. 지인들과 아지트를 구축한 삼척시민으로, 덕산기계곡의 명예 주민인 정선군민으로, 미탄마을의 동생들과 추억을 쌓는 정선군민으로, 전용 방을 두고 외갓집처럼 양림동에 드나드는 광주시민으로 살고 있었다. '관계인구'로 사는 멋진 경험을 사람들과 나눌 수 있을 것으로 기대한다.

9장

플랫폼경제 시대의 노동

장지연
한국노동연구원 연구위원

미국 위스콘신대학교에서 사회학으로 박사학위를 받았고 1999년부터 지금까지
한국노동연구원 연구위원으로 재직하고 있다. 주요 관심 분야는 소득불평등,
복지국가, 일·생활 균형, 여성노동시장이다. 최근에는 플랫폼노동의 확산,
사회보험제도의 개선 등에 관한 연구를 진행 중이다.
《글로벌화와 아시아 여성》(2007), 《디지털 시대의 고용안전망》(2020) 등의 공저와
〈노동시장구조와 사회적보호체계의 정합성〉(2011), 〈다중격차 1, 2〉(2016, 2017)
등 다수의 연구보고서가 있다.

임금노동과 자영이라는 이분법적 체계를 허무는 회색지대의 확산은 플랫폼 기술의 발달로 인해 그 속도가 빨라질 것이다. 플랫폼은 생산조직에서 거래비용을 낮추는 기술이다. 플랫폼이 사용하는 알고리즘은 분업화와 비대면 통제를 가능하게 해 준다. 개인사업자나 프리랜서가 늘어나는 현상을 반드시 부정적으로만 해석할 일은 아니지만, 이들이 누리는 자율성의 증대는 과업의 파편화, 소득불안정성의 위험과 맞바꾼 것이다.

회색지대의 확산

하루하루 나이 들어가는 모습을 정작 본인은 잘 느끼지 못하는 것처럼 우리는 노동 현장의 변화를 실감하지 못한다. 하지만 나중에 세월이 지나고 돌아보면, 우리가 사는 이 시대를 노동의 격변기로 평가하게 될지도 모른다. 머지않은 미래에 우리는 어떤 모습으로 일하고 있을까? 인공지능^AI^이 인간의 노동을 대체하여 이런저런 직업이 사라지게 될 것이고 다른 한편에서는 새로 생기는 직업도 있을 것이라는 예측이 흥미를 끈다. 하지만 이 장에서 하려는 이야기는 직업에 관한 것이 아니라 '종사상 지위(취업자가 실제로 일하고 있는 신분 내지 지위상태)'에 관한 것이다. 직업 못지않게 종사상 지위 구조의 변화도 우리 노동 생활에 커다란 영향을 미친다. 노동자로 살고 있었는데, 어느 날 등 떠밀려 사장님이 될 수도 있다는 이야기다.

우리는 임금노동자와 자영업자라는 이분법적 사고에 익숙해져 있지만, 이분법적 체계를 허무는 회색지대 또는 중간지대라고 부를만한 영역이 점차 넓어지고 있다. 종사상 지위는 크게 임금노동과 비임금노동 둘로 나뉜다. 비임금노동은 다시 다른 사람을 고용한 자영업자(또는 고용주)와 고용인 없는 1인 자영업자, 그리고 무급가족종사자로 나눌 수 있는데, 이들을 모두 자영업자로 불러도 무리는 없다. 우리나라의 노동법이나 사회보장제도는 이러한 이분법적 체계 위에 설계되었다.

그런데 임금노동과 비임금노동의 경계에서 뭔가 심상치 않은 변화가 일어나고 있다. 임금노동의 특성과 자영의 특성을 모두 가지고 있어서 딱히 어느 한쪽으로 분류하기 어려운 노동 형태가 늘어나기 시작했다.

회색지대의 확산은 플랫폼 기술의 발달로 인해 그 속도가 더 빨라질 것이다. 디지털 플랫폼의 알고리즘은 일하는 사람과 직접 대면하지 않고도 노동과정에 개입할 수 있고, 이것은 임금노동자와 자영업자 사이에 '경계boundary 문제'를 증폭하게 될 것이다.

플랫폼노동자가 모두 회색지대에 속하는 애매한 종사상 지위에 있다고 주장하려는 것은 아니다. 플랫폼노동자 중에는 여전히 전형적인 프리랜서로서 1인 자영업자로 분류할 만한 사람이 많다. 하지만 플랫폼 기술의 발달과 이를 이용한 플랫폼 비즈니스는 회색지대 노동 확산과 친화적이다. 물론, 플랫폼 비즈니스 확대 이전부터 기업은 고용을 최소화하려고 했고 회색지대가 늘어나는 추이는 있었다. 플랫폼 기술이 이 추세를 가속할 것이다.

이분법 체계의 균열 또는 회색지대

우리나라에서 임금노동자와 자영업자의 특성을 두루 가지고 있어서 어느 한쪽으로 분류하기 어려운 노동 형태가 등장한 것이 정확히 언제인지는 모르지만, 이들을 지칭하는 용어가 생기고 통계로 그 규모를 측정하기 시

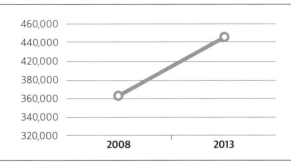

산재보험가입대상 특수형태근로종사자 (6개 직종) 규모 증감

작한 것은 2000년대 초반이다. 우리는 이들을 '특수형태근로종사자(약칭 특고)'라고 부른다. 2020년에 고용노동부와 노동연구원이 조사한 바에 따르면(정흥준, 2020), 특수형태근로종사자의 규모는 최소 160만 명에서 최대 220만 명까지로 추산된다. 전체 취업자의 약 8%에 달하는 규모다.

특수형태근로종사자를 근로자와 다르고 자영업자와 비슷하다고 보는 이유는 종속성이 낮다는 데 있다. 근로자의 본질적인 특성은 '종속성'이다. 언제 어떻게 일하라는 것까지 회사가 정해준다는 뜻이다. 법률적으로는 지시종속성이라고 하고, 사회학에서는 노동과정의 통제라고 한다. 반면, 특고는 개인사업자의 자격으로 회사와 도급계약을 한다. 도급계약이란 일정한 시점까지 어떤 일을 완성해 줄 것을 약속하고 대금을 받는 계약이다. 원칙적으로 언제 어떻게 일할지는 관여하지 않는다. 자율적으로 사업

을 영위하는 자영업자라는 뜻이다.[1]

특고는 노동과정을 통제받지 않지만, 경제적으로는 특정 회사에 종속된다. 특고의 종속성은 이들이 단 한 명의 고객, 즉 하나의 회사와만 거래한다는 데 기인한다. 이들의 소득은 이 회사가 주는 대금에 전적으로 달렸고, 이 회사가 일감을 주지 않으면 실업자가 된다. 이것을 경제적 종속성이라고 한다.

특수형태근로종사자는 우리 주변에서 흔히 만날 수 있다. 요즘 거의 매일 만나는 택배기사는 대부분 개인사업자, 즉 특고다. CJ대한통운이나 롯데로지스틱스의 직원이 아니다. 퀵서비스 기사, 대리운전 기사, 건설기계 조종사나 화물차주도 마찬가지다. 삼성생명의 보험을 팔고 있는 보험설계사나 구몬 학습지 선생님, 골프장에서 만나게 되는 캐디도 특정 회사의 일을 하지만 그 회사 직원이 아니다. 가전제품을 설치해 주러 오는 기사, 정수기같이 대여해서 사용하는 제품을 관리해 주러 주기적으로 방문하는 기사도 대부분 개인사업자 자격으로 그들이 서비스하는 브랜드 회사와 계약한 관계다. 당신이 미용실에서 만나게 되는 헤어디자이너나 자녀가 학원에서 만나는 강사도 미용실이나 학원과 고용계약을 맺고 있지 않은 개인사업자인 경우가 많다.

특수형태근로종사자들은 예전 같으면 그 회사의 종업원 지위에 있을 법한 사람들이다. 하지만 업무의 내용이 분명하여 노동과정의 통제가 그다지 필요하지 않고 최종성과만을 기준으로 급여를 지급해도 괜찮겠다고 회사가 판단하게 되면 이들은 회사 밖으로 밀려나게 된다. 물론 일하는 시간이나 장소를 정할 수 있는 자율성은 얻을 수 있다. 그러나 그 대가는 고용보장이나 노동권, 사회보장제도의 보호를 잃는 것이다. 플랫폼노동이 등장하기 전까지 임금노동과 자영의 중간지대는 지시 종속성은 약하지만, 경제적 종속성은 강한 특수형태근로종사자로 대표되고 있었다.

플랫폼노동은 이와는 다른 의미에서 회색지대 노동이다. 경제적 종속성은 크지 않지만, 노동과정에 대한 통제가 들어올 수 있다. 다만, 이 통제는 직접적인 대면 지시가 아니라 알고리즘을 통한 지시이다. 모든 플랫폼노동이 노동과정을 통제받는 것은 아니다. 하지만 디지털 플랫폼은 알고리즘의 활용을 전제하고 있고, 알고리즘은 절차와 규칙을 사전적으로 입력하는 기술이다. 단순히 매칭 과정에만 알고리즘을 적용하는 것이 아니라, 일을 작은 조각으로 잘라 분업화하거나 일하는 과정 자체에 개입하는 알고리즘을 설계하는 것이 가능하다. 승객을 태우면 어느 길로 갈지 지시할 수 있으며, 고객의 평점을 통해 친절한 서비스를 압박할 수도 있다. 다음에서는 플랫폼이 어떻게 종사상 지위가 모호한 노동을 만들어내는지 살펴보자.

플랫폼기업과 플랫폼 비즈니스

플랫폼이란 '알고리즘 방식으로 거래를 조율하는 디지털 네트워크'다(EU,

2018). 여기서 중요한 단어는 '네트워크'와 '알고리즘'이다. 네트워크이므로 재화와 서비스, 정보, 대화가 교환되는 공간이다. 여기서 일어나는 모든 교환이 기록되어 데이터가 된다는 점은 덤으로 따라오는 효과다.

플랫폼이 제공하는 온라인 공간은 수요와 공급이 만나는 곳이므로 일종의 시장market이다. 교환과정을 알고리즘으로 조율한다는 것은 사전에 정해진 절차와 규칙에 따라 교환이 이루어진다는 뜻이다. 정해진 절차와 규칙으로 과정이 통제된다는 점은 '회사firm'를 닮았다. 그래서 플랫폼은 시장의 특성과 회사의 특성을 두루 가진 일종의 하이브리드 경제제도이다. 이러한 특징을 가진 플랫폼이 디지털 경제의 전면에 등장하면서 생산조직과 고용 관계에 커다란 변화를 가져오게 된다.

플랫폼 비즈니스가 기존 사업방식을 완전히 대체하지는 않겠지만, 21세기 자본주의를 대표하는 새로운 사업모델임은 분명하다(Rahman & Thelen, 2019). 20세기 중반을 대표하는 모델은 미국의 GE나 GM, 우리나라의 현대자동차와 같은 회사다. 강력한 관리자의 역할을 바탕으로 하고 있으며 충성도 높은 노동자를 포섭하기 위해 상대적으로 안정된 고용과 높은 임금, 각종 사회보험을 제공한다. 20세기 후반에 등장한 모델은 나이키로 대표되는 NOCNetwork of Contracts 모델이다. 하나의 사업은 회사들 간에 계약을 통해 운영된다. 외주와 하청을 통해 비용을 줄이는 것을 가장 중요하게 여긴다. 나이키는 디자인과 홍보를 제외한 모든 부문을 외주화한 것으로 유명해서 '나이키화Nikefication'이라는 말이 생기기도 했다. 기업의 관리자는 투자자의 이익을 최우선으로 하고, 노동자는 비정규직화되거나 간

접고용 노동자가 된다.

21세기에는 플랫폼 비즈니스모델이 대세가 되었다. 세계 경제를 지배하는 기술기업의 상당수는 플랫폼기업이다. 온라인 유통업(아마존), 클라우드 서비스(아마존, 마이크로소프트), 검색엔진(구글), SNS(페이스북)는 물론이고 애플의 아이폰도 애플리케이션의 생산자와 소비자 간에 거래가 이루어지는 플랫폼이라고 볼 수 있다. 플랫폼기업은 여전히 비용 절감을 중요하게 여기지만 그보다 훨씬 더 강하게 추구하는 것은 시장에서 독점적 지위를 획득하는 것이다.

NOC 모델이 투자자 이익 극대화를 단기적으로 추구한 데 비해 플랫폼기업은 인내심 있는 자본가의 등장을 특징으로 한다. 당장 수익을 내지 못하는 것에 개의치 않고, 플랫폼이 제공하는 네트워크 효과를 이용해서 높은 진입장벽을 쌓은 후 시장에서 독점적 지위를 차지할 때까지 기다린다.

소비자지상주의도 중요한 특징이다. 라만과 쎌렌(Rahman & Thelen, 2019)은 이를 두고 소비자지상주의와 투자자 이익 극대화를 위해 노동을 배제한 정치동맹이 형성되었다고 해석했다. 아마존이나 쿠팡을 떠올려보면 쉽게 이해가 된다. 소비자들은 온라인으로 손쉽게 그리고 값싸게 제품을 구매할 수 있고 집 앞까지 배달해 주니 세상이 좋아졌다고 느낀다. 예전에 살던 방식으로 돌아갈 수는 없을 것 같다.

우리 주변에는 다양한 플랫폼기업들이 있으며, 이들은 경제구조 안에 탄탄하게 자리 잡았다. 플랫폼에서 거래되는 내용도 매우 다양하고, 수익을 내는 방식도 너무나 다양하기 때문에 플랫폼기업을 유형화하거나 경제 내에서 차지하는 비중을 따져보기가 쉽지는 않다. 하지만 주식 가치 측면에서 세계 최고 수준에 있는 애플, 구글, 아마존, 페이스북이 모두 플랫폼 방식의 비즈니스모델을 가지고 있고, 우리나라에서도 카카오와 네이버, 쿠팡, 배달의민족 등이 빠르게 성장하는 것을 보면 플랫폼 비즈니스의 확산 자체를 의심할 이유는 없어 보인다. 새롭게 등장하는 스타트업 중에는 플랫폼기업의 비중이 압도적으로 많다.

플랫폼노동의 정의와 범위

플랫폼기업이 늘어나니 플랫폼 관련 종사자도 증가할 것으로 예상할 수 있지만, 플랫폼과 관련을 맺고 있는 종사자들을 모두 플랫폼노동자라고 부르지는 않는다. 일단 상품이 거래되지 않는 플랫폼에는 플랫폼노동이 존재할 리 없다. 구글이나 페이스북은 전형적인 플랫폼기업이지만, 플랫폼에서 상품이 거래되는 것은 아니다. 이런 기업은 데이터를 기반으로 맞춤 광고를 제공하는 방식으로 이익을 얻는다. 정보검색을 하거나 SNS 활동을 하는 사람은 여기서 소득 활동을 하는 것이 아니므로 당연히 플랫폼 종사자가 아니다.

상품을 거래하는 플랫폼은 재화를 거래하는 플랫폼과 서비스를 거래하는 플랫폼으로 구분해 볼 수 있다. 하지만 온라인 쇼핑몰에 상품을 올려서 파는 행위는 플랫폼을 통해 재화를 거래하는 것이므로 플랫폼노동자로 보지 않는다. 네이버쇼핑에 자신이 재배한 농산물을 올린 농부를 플랫폼노동자로 보지는 않는다는 뜻이다. 플랫폼에서 상품을 거래하는 전자상거래나 오픈마켓이 성행하면 배달 수요가 증가하는데, 대부분 택배기사는 플랫폼노동자는 아니고 앞서 설명한 특수형태근로종사자다. 배달 노동을 플랫폼을 통해 연결하면 여기서 플랫폼노동이 등장하게 되지만, 이 플랫폼은 소화물 배달이라는 서비스를 거래하는 플랫폼이라고 보아야 한다.

이 일들이 디지털 네트워크에서 거래되고 그 과정이 알고리즘으로 조율된다는 것이 노동 세계에 어떤 영향을 미치게 될 것인지 세 가지 대표적인 플랫폼노동의 유형을 떠올려보자.

첫째, 온라인으로 일감을 받아서 오프라인에서 서비스가 이루어지는 작은 일거리들이 있다. 음식배달을 포함한 소화물 운송이나 대리운전이 먼저 떠오르지만, 각종 편의 대행, 가사·돌봄 서비스, 반려동물 돌보기, 건설 일용노동, 전세버스운전, 특수장비 운전, 이사 서비스, 세탁, 세차 등 새로운 서비스로 영역이 넓어지고 있다. 플랫폼은 수시로 서비스 건당 보수를 조정하여 수요와 공급을 조정한다. 비 오는 날엔 배달수수료가 올라가는 식이다. 서비스가 어떻게 이루어졌는지 세세하게 기록되고 고객의 평점이 누적되는 방식으로 성실한 서비스를 유도한다.[2]

둘째, 웹 기반 마이크로워크가 있다. AI 학습데이터 생산이 가장 대표적이다. AI 이미지 훈련을 위해서 사진에 라벨을 붙이거나 필요한 자료를 만들어 올리는 일이다. 상품평을 쓰는 일도 있고, 해외에서는 SNS에 올라온 부적절한 사진을 골라내는 일도 직접 사람이 한다. 이런 종류의 일의 특징은 과업이 아주 작은 단위로 쪼개져 있다는 점이다. 플랫폼 기술이 아니었다면 이렇게 잘게 나누어 여러 사람에게 일을 시키는 것은 불가능했을 것이다. 오랜 기간 더 많은 일을 수행하면 과업당 단가가 올라가는 방식으로 헌신과 집중을 유도한다. 불량률을 측정하는 과정까지 플랫폼에서 이루어진다.

첫째와 둘째 유형의 플랫폼노동은 과업이 작은 단위로 나누어져 있고 결과물의 양에 따라 보수가 지급되면 되는 것이라서 종사자의 숙련이 요구되는 정도가 낮다. 노동과정의 자율성도 근로시간과 장소를 선택할 수 있는 자유 정도에 머문다. 소득의 안정성은 낮고 사회보험을 통한 보호도 없다. 일감이 증가하는 시기에 소득이 늘어나기도 하지만, 진입장벽이 낮아 경쟁이 치열하다. 그런데도 플랫폼노동자들의 일에 대한 만족도는 생각보다 낮지 않은데, 이는 준거집단이 어디에 있느냐와 상관이 있어 보인다. 필자가 만난 20대 청년 배달노동자는 월 300만 원대 소득을 올린다면서 근로시간이 길기는 해도 예전보다 소득수준은 높아졌다고 했다. AI 학습데이터 만드는 마이크로워크 노동자는 밤늦게까지 일하는 서빙 일이나 판매일에 비해 자유로워서 만족스럽다고 말한다.

셋째, 온·오프라인에서 이루어지는 전문직 프리랜서 일자리들이 있다. 번역, 법률·세무 등 전문 상담, 디지털콘텐츠나 소프트웨어 프로그램 개발자, 여행가이드, 교육 서비스 등이 포함된다. 앞의 두 유형에 비해 자율성 수준이 높다. 노동과정이 시시콜콜 플랫폼에 보고되거나 기록되지 않는다. 일하는 사람이 서비스의 가격을 먼저 제시하거나 고객과 협상해서 정하기도 한다. 이들은 회색지대에 있다기보다는 비교적 분명하게 자영업의 영역에 있다. 하지만 프리랜서에 대한 플랫폼의 지배력은 오프라인으로 일감을 소개하던 과거 중개업체의 그것에 비해 커졌다. 특정 플랫폼에서 일한 경력과 결과에 대한 성과평가에 근거하여 다음 일거리를 배정받고 보수도 결정되기 때문이다. 특정 플랫폼을 통해 일한 경험을 다른 플랫폼으로 가져가서 경력으로 인정받기 어렵다 보니 해당 플랫폼 안에서 경력관리를 잘해야 한다.

디지털 알고리즘은 거래비용 transaction cost을 낮추는 기술이다. 플랫폼은 다음과 같은 기능을 활용하여 과거와는 전혀 다른 방식으로 신뢰의 문제를 해결한다.

첫째, 과업을 잘게 쪼개서 분업을 가능하게 한다. 분업의 단위가 작아지면 결과물의 질이 아니라 양만으로 성과평가가 가능해지고 노동과정을 감독할 필요가 없어진다. 둘째, 플랫폼이 작업수행의 전 과정을 관찰하고 기록한다. 이동 지점과 시간을 기록하고, AI로 불량을 찾아낸다. 비대면이기는 하지만 감독하지 않는 것은 아니다. 셋째, 작업자가 어떤 과업을 수행했는지 기록함으로써 플랫폼이 경력을 관리하고 보증한다. 고객은 번역가나 프로그램 개발자가 그동안 작업한 경험을 보고 능력을 판단할 수 있다. 넷째, 고객으로 하여금 서비스의 질을 평가하게 하고 그 결과를 활용한다. 다섯째, 이자·삼자 간 거래에서 서비스 대금을 보관했다가 전달하는 역할을 함으로써 보수지급의 안정성을 보장한다.

코즈(Coase, 1937)에 따르면, 시장을 통해서 기대하는 품질의 부품을 얻는 데는 거래 비용이 발생하기 때문에 기업은 생산과정을 위계적 조직인 회사로 내부화하는 선택을 하게 되고, 그 결과는 내부노동시장의 발달로 이어졌다. 고용계약은 노동자가 고용주의 지시와 통제를 따른다는 전제하에 고용주는 임금과 그밖에 보호를 제공한다는 약속이다. 오늘날 플랫폼 기술은 생산과정 일부를 회사 밖으로 내보내고도 결과물의 품질을 담보할 방법을 제공한다. 플랫폼에서는 형식적인 고용계약 관계가 없이도 실질적인 업무지시와 통제가 가능해졌다. 플랫폼은 과거에 거래 비용 때문에 기업 내의 위계구조 안으로 끌어 들여왔던 업무들을 다시 회사 밖으로 내보낸다. 거래비용을 줄이는 IT 기술이 노동과정을 변화시킨 것이다. 이 변화는 비가역적일 것으로 예상된다.

플랫폼 비즈니스모델은 더욱 확산된다!

플랫폼 방식의 비즈니스모델은 확산세를 이어가고 있지만,[3] 이들의 시장 점유율이 높아지자 독점화를 우려하는 각국 정부의 대응이 활발해지고 있다. 대응이 효과적으로 펼쳐진다면 확산세의 기울기가 지금보다는 완만해질 수도 있겠다. 우리나라 공정거래위원회에 해당하는 미국 연방거래위원회(FTC)는 구글과 페이스북을 상대로 반독점 소송을 제기해 진행 중이다.[4] 바이든 대통령이 연방거래위원회 위원장으로 리나 칸Lina Khan을 임명한 것은 기업의 독점행위를 바라보는 시각을 바꾸겠다는 시그널로 해석되기도 한다.

칸 위원장은 〈아마존의 반독점 역설〉이라는 논문으로 유명해진 인물이다.[5] 지금까지 독점의 폐해는 소비자의 손해로 해석되었기 때문에 소비자에게 피해가 가지 않는다면 시장점유율이 높다는 것 자체를 문제 삼지 않았다. 하지만 아마존이 시장지배력을 높일 때, 설령 소비자가 피해를 보지 않더라도 상품 제조업자와 배달노동자들이 겪는 피해까지 고려하는 종합적인 관점이 필요하다는 것이 그녀의 주장이다.

미국 의회에는 플랫폼기업 규제를 위한 반독점 관련법이 몇 개 올라가 있는데, 가장 강력한 법은 명확하게 GAFA(구글, 애플, 페이스북, 아마존) 4개 기업을 타깃으로 삼고 있다. 유럽의회도 디지털서비스법Digital Service Act과 디지털마켓법Digital Market Act을 준비 중이다. 이 중에서 강력한 규제조항과 처벌조항을 가지고 있는 디지털마켓법은 글로벌 10대 기업을 규제대상으로 하고 있다. 6개 미국 기업과 2개 중국 기업, 그리고 우리나라의 삼성전자를 포함하고 있고, 유럽 기업은 단 한 개만 포함되어 있다. 요컨대 시장에서 독점적 지위를 가지고 있는 플랫폼기업에 대한 각국 정부의 규제는 강화되는 추세에 있다. 우리나라에서 구글의 인앱 결제 강제를 금지하는 법안이 통과되어 전 세계적으로 커다란 관심을 받기도 하였다.

하지만 단순 가이드라인을 넘어서는 강력한 규제는 소수의 글로벌 빅테크 기업을 겨냥하고 있을 뿐 플랫폼 비즈니스모델 자체에 대한 견제라고 보기는 어렵다. 우리나라도 플랫폼기업의 공정한 경쟁을 유도하기 위한 법(온라인 플랫폼 공정화법)을 준비 중이지만, 타깃 기업을 어느 정도 선까지 잡아야 할 것인지 결정하기 쉽지 않다.

우리나라는 SNS나 온라인유통, 플랫폼 택시에 이르기까지 해외 플랫폼기업의 시장점유율이 상대적으로 낮은 편이라서 결정이 더 어렵다. 공정거래와 독점금지라는 가치를 추구해야 하는 것은 분명하지만, 네이버와 카카오를 견제하는 것으로 충분할지 아니면 다른 중견 규모의 플랫폼기업에까지 경계와 규제를 넓혀나가야 할 것인지에 대한 규제 당국의 고민이 있을 것으로 보인다. 이런 결정은 이후 플랫폼 비즈니스의 확산 속도에 크게 영향을 미치게 될 것이다.

플랫폼기업에서 일하는 사람이 모두 플랫폼노동자는 아니지만, 플랫폼 기술은 임금노동과 자영의 경계에 선 노동자를 증가시킨다. 플랫폼노동자는 특정 회사에 경제적으로 종속되는 정도는 크지 않지만, 알고리즘을 통해 노동 과정을 간섭당한다. 결과물의 질을 담보하기 위한 다양한 기제가 플랫폼에 탑재되기 때문이다. 전통적인 방법으로 노동과정을 감독하는 것은 아니지만, 그렇다고 감독하지 않는다고 보기도 어렵다. 기업이 고용을 줄이는 길을 선호한다는 점을 상기한다면, 이러한 유형의 노동은 앞으로도 계속 증가할 것으로 예측할 수 있다.

코로나19 시기에 재택근로가 크게 증가한 것은 온라인으로 통제 가능한 영역이 많다는 의미로 해석될 수 있다. 2020년 8월에 실시한 재택근

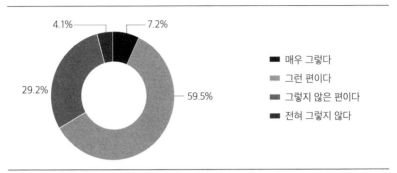

재택근무로 인한 업무 효율성

- 매우 그렇다
- 그런 편이다
- 그렇지 않은 편이다
- 전혀 그렇지 않다

4.1%
7.2%
29.2%
59.5%

자료: 고용노동부, 〈재택근무 활용실태 설문조사 결과〉, 2020년 9월

무 실태조사에 따르면, 조사대상 기업의 48.8%가 재택근무를 실시하였다. 응답한 인사담당자의 2/3는 재택근무로 업무효율이 높아졌다고 대답하였다. 의사소통에 어려움을 겪는다는 비율이 63%로 높게 나타나기는 하였으나, 코로나19 종식 이후에도 적어도 일부 근로자에 대해서는 재택근무를 시행하겠다고 응답한 회사가 52%에 달했다.[6] IT 기술의 발달은 재택근무 활성화에 기여할 것이다. 재택근무가 가능한 영역 중에서 일부는 외주화나 플랫폼을 통한 생산조직 재구조화의 대상이 될지도 모를 일이다.

플랫폼이 사용하는 알고리즘은 분업화와 비대면 통제를 가능하게 해 준다. 디지털 기술의 발달은 통제 가능한 영역을 점점 더 확대해 나갈 것이다. 고용을 줄이려는 기업의 의도는 과거 그 어느 때보다 실현 가능

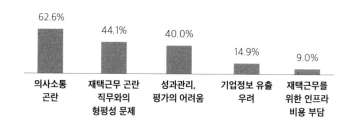

자료: 고용노동부, 〈재택근무 활용실태 설문조사 결과〉, 2020년 9월

성이 높아졌다. 플랫폼기업에 고용주의 책임을 물을 수 있는 경우도 간혹 있겠지만, 근로시간 제한, 최저임금, 퇴직금 등의 책임은 적용하기 어려운 경우가 더 많다.

개인사업자나 프리랜서가 늘어나는 현상을 반드시 부정적으로만 해석할 일은 아니다. 디지털 플랫폼 덕분에 거래가 투명해지고 일감이 많아지는 장점도 있다. 전체 사회 측면에서는 사소한 거래까지 노출되면서 지하경제가 축소되는 효과도 있다. 무엇보다 일하는 시간과 장소를 선택하고 싶어 하는 개인에게는 선택의 기회를 넓혀 줄 수 있다. 이 때문에 형평에 맞는 처우가 제도화된다면 자유와 자율을 추구하는 청년세대의 선호도 증가할 것이다. 그러나 자율성 증대는 과업의 파편화, 소득불안정성의 위험과 맞바꾼 것이다. 특히, 저소득층에게 자율성의 증대는 더욱 강력한 자기착취의 기제를 작동시킬 자유에 불과함을 잊어서는 안 된다.

플랫폼은 과업을 작은 조각으로 나눌 수 있는 기술이므로 엔잡러 N-jober의 증가로도 이어질 것이다. 주업이 있지만 업무 외 시간에 이일 저일 돈 되는 일을 하는 진짜 알바가 늘어날 수밖에 없다. 부업으로 플랫폼 노동을 하는 사례가 늘어나면 이것을 주업으로 삼고 있는 노동자를 위한 보호 방안을 마련하는 일까지 덩달아 어려워진다. 그럴수록 이들을 사회 보장제도로 보호하고 협상력을 강화하려는 노력이 필요하다. 결국, 해답은 임금근로자와 비임금근로자 간에 처우 차이를 줄여나가는 데서 찾을 수밖에 없다.

1. 형식적으로는 도급계약을 했지만 노동과정의 자율성이 현저히 낮은 경우가 있다. 법률은 계약의 형식이 아니라 실질을 중요시하므로, 이런 경우는 위장자영(disguised self-employment)이나 오분류(mis-classification) 사례라고 보고 근로자로 인정한다.

2. 심하면 이동경로가 지정되기도 하고, 평점을 근거로 일거리를 배분하거나 앱에 진입하는 것 자체를 막기도 하는데, 이런 경우는 종사자는 플랫폼기업의 근로자라는 법원의 판결이 나기도 한다.

3. 페이스북 이용자의 수는 28억 9,500만 명을 넘어섰다. 애플의 2021년 1/4분기 미국 스마트폰 시장 점유율은 55%였고 세계시장 점유율은 17%였다. 아마존은 2021년 미국 이커머스 소매 유통 시장의 50%를 차지했다.
    https://backlinko.com/facebook-users#the-number-of-facebook-platform-user-accounts
    https://www.counterpointresearch.com/ko/us-market-smartphone-share/
    https://www.statista.com/statistics/788109/amazon-retail-market-share-usa/

4. 구글은 자사의 검색엔진을 스마트폰에 기본 탑재하게 하여 경쟁사의 진입을 방해한 점, 페이스북은 인스타그램이나 왓츠앱 같은 경쟁사를 인수합병하여 SNS 시장을 독점화하려는 혐의를 받고 있음. (자료 출처: 한국은행 '미 빅테크에 대한 반독점규제 현황 및 파급영향' 한국은행. 국제경제리뷰. 2021.3.19.)

5. https://www.yalelawjournal.org/note/amazons-antitrust-paradox

6. 고용노동부 보도자료 '재택근무 업무효율과 직무만족 모두 높게 나타나' (2020.9.24.)
    http://www.moel.go.kr/news/enews/report/enewsView.do?news_seq=11450

10장

탈원전 혹은 탈-탈원전:
무엇이 정의고
우리의 미래인가?

김선교
한국과학기술기획평가원 부연구위원

에너지 전환과 에너지 정책을 연구하고 관련 글을 주로 써왔다. 《에너지로 바꾸는 세상》(2019)을 함께 썼고, 《에너지 전환. 전력산업의 미래》(2018), 《그리드》(2021)를 함께 번역했다. 한양대학교에서 공학학사를, 서울대학교에서 공학석·박사 학위를 받았으며, 한국전력공사 경제경영연구원을 거쳐 현재는 한국과학기술기획평가원에서 국가과학 R&D 정책과 관련된 일을 하고 있다.

다가오는 2022년 3월 9일 대선에서 가장 뜨거운 쟁점이 될 것이라 예상되는 부분이 있다. 바로 원자력이다. 여당 후보는 "탈원전 정책을 유지하겠다"라고 말한다. 반면, 야당 후보는 "탈원전은 무리하고 성급했다"라는 말로 대립하고 있다. 분명한 점은 확연한 차이가 존재한다는 점이다. 에너지 이슈가 대선에 있어 아주 중요한 위치를 차지하고 있는데, 이는 거의 초유의 일이 아닐까 싶다.

분명한 점은 원자력이 에너지 정책에서 가장 논쟁적이고 정치적인 이슈라는 사실이다. 너무나 뜨거워 가까이 접근할수록 모든 게 녹아버리는 느낌이다. "탈원전이 맞는 방향"이라 말하면 "열성적인 여당 지지자 아니냐?"는 눈초리를 받는다. 반대로 "우리나라에 원자력 발전이 필요하다"고 주장하면 '정권 교체를 바라는 야당 지지자'로 낙인찍힌다. 그렇기에 제대로 논의하기도 전에 감정 소모가 심화하고 갈등이 발생할 수 있다. 무엇이 정답일까? 복잡하게 얽혀 있는 이해관계와 여러 사실과 의견이 혼재해 있다. 그렇기에 제대로 따져볼 필요가 있고 심도 있는 논의가 필요하다.

2017년 대통령 선거 후보자들의
에너지 주요 정책: 탈원전

"현재 주요 대선후보들은 신규 원전 건설을 중단하고 원전 비중을 줄인다는 점에서 합일점에 도달해 있다."[1]

2022년 3월 예정된 대선의 이야기가 아니다. 2017년 제19대 대통령 선거에 나선 후보들의 원자력 정책을 한마디로 요약한 문장이다. 탈원전에 대한 세부적인 정책 내용과 논조에는 차이가 있으나 신중한 검토가 필요하고 확장은 가급적 지양하고 축소를 고려해야 한다는 정책 방향을 공통으로 제시했다. 2011년 일어난 일본의 후쿠시마 원전사고 이후, 원전의 안전에 대한 불안은 커졌고 2016년 9월 12일 발생한 경주 지진이 기름을 부었다. 당시 원자력문화재단에서 실시한 설문조사에 따르면, 경주 지진으로 원자력 발전에 대해 태도가 부정적으로 변화했다는 응답이 전국적으로 38.9%로 나왔으며, 인근에 원자력 발전이 밀집한 부산/울산/경남 지역에서는 74.1%로 나타나 2017년 대선 국면에서 해당 부울경 지역의 민심 획득을 위해서는 탈원전 정책을 내놨어야 했다고 해석할 수 있다.[2]

물론, 여론을 의식한 현실성이 부족한 공약이라는 일각의 목소리도 있었다. 모든 후보가 축소하겠다는 원자력과 석탄의 발전 비중이 70%에 달하는데, 안정적인 전력 수급에 문제가 될 수 있다는 지적이었다. 재생에너지, 가스 발전 확장이 대안이 될 수 있지만, 기존 발전원의 축소는 전력

생산 전반의 공급 비용이 증가하고 더 많은 투자가 필요하다. 따라서 전력 산업 경쟁 도입, 전기요금 인상 등 제도적 변화가 수반되어야 한다는 의견이 있었다.

2021년 현재: 갈림길 위에 서다

현재 미국이 원자력 발전에서 큰 차이로 1위 자리를 차지하고 있고, 그 뒤를 프랑스, 중국, 러시아, 한국이 따르고 있다. 그러나 전체 원전의 평균 가동년수는 31년이 넘으며, 30년 이상 된 원자로가 전체의 68%를 차지한다. 오래된 주요 부품을 교체하는 리트로핏Retrofit을 통해 설계수명을 연장하는 일이 보편화하고 있지만, 점차 퇴역하는 원자로가 증가할 전망이다. 그러나 새로운 건설이 이를 모두 대체하기는 어려운 상황이다.[3] 세계 원자력 산업은 안전 우려, 후쿠시마 원전사고 이후의 규제 강화, 독일·스위스·벨기에·이탈리아·한국 등 탈원전 국가들의 원전의 단계적 폐지 정책, 자산 기반 노후화, 에너지 시장 변동성 증대, 재생에너지와의 경쟁 심화 등 여러 도전에 직면해 있다.

이런 위축 혹은 축소의 흐름과 반대로 가는 국가들이 일부 있다. 바로 중국, 러시아, 인도다. 중국은 지난 60여 년 동안 원자력 기술을 자체 보유하기 위해 국가적 역량을 쏟아 왔다. 2021년 4월 중국 원자력 업계가 발표한 백서에 따르면, 중국은 2020년 연말 기준 원전 48기를 가동 중이고 17기를 건설하고 있다.[4] 중국은 2060년 탄소중립을 목표로 2030년까지 비화석연료 비중을 25%로 높일 계획을 수립했다. 2025년까지 현재 50GW인 원자력 설비용량을 40% 늘린 70GW로 확대할 계획인데, 이를 위해서는 20기 내외의 원전이 추가로 건설돼야 한다. 계획대로 추진된다면 중국은 원전 분야에서 2년 내 프랑스를 제치고, 10년 후인 2030년에는 미국을 추월하여 세계 최강국이 될 전망이다.[5]

러시아는 체르노빌이라는 사고를 겪었으나 원자력을 주요 수출 대상으로 선정하고 적극적으로 확장에 나서고 있다. 2019년을 기준으로 러시아는 건설 중인 세계 원전의 67%를 장악하고 있다. 러시아 국영 원전 기업인 로사톰ROSATOM은 중국·터키·인도·방글라데시 등 세계 12국에서 원전 36기를 건설하고 있는데, 신흥 시장에 원전 건설을 지원하면서 에너지 안보와 외교 등에 전략적 수단으로 활용하고 있다는 해석도 나온다.

인도는 인구 및 경제성장을 뒷받침할 수단으로 원자력 발전을 고려하고 있다. 특히 석탄을 비롯한 극심한 공기 오염을 일으키는 에너지 자원에 대한 과도한 의존도를 낮출 수 있다.[6]

즉, 전통적인 원자력 발전 강국이었던 미국, 프랑스가 주춤하는 사이 빠르게 성장하는 개발도상국인 중국·인도 중심으로 원자력 발전이 확장되고 있다. 중국 내에 설치되는 원자력 발전은 △동일 유형 반복 설계·생산에 따른 학습효과 △85% 높은 중국 내 인적·물적 자원 활용 △리스크를 줄이는 프로젝트 관리 등으로 서유럽, 북미 등 선진 시장보다 저렴하게 구축될 수 있다는 장점이 있다.

원자력의 미래

"우리가 자동차의 문제점들을 개선한 것처럼 원자력 발전소도 문제를 하나씩 분석한 다음, 혁신으로 해결하며 개선해야 한다."[7]

빌 게이츠는 혁신주의자로 원자력 발전소에 문제가 있다면 고쳐서 개선해나가야 한다고 주장한다. 전 세계 인구 및 에너지 수요 증가를 뒷받침하고 기후변화에 맞서려면 이런저런 것을 가리면서 쓸 여유가 없다는 이야기다.

원전의 안전성을 개선한 신기술도 있다. 4세대 원자로는 기존 원자로에서 쓰는 중성자보다 빠른 중성자를 사용해 고속로로 불린다. 핵폐기물은 줄이고, 경제성은 높이는 것을 목표로 삼는다.

한편, '뒷마당 원자로'라고 불리는 소형모듈원자로(SMR)도 있다. SMR은 모듈 형태로 만들어진 다음에 공장에서 완전히 봉인된 형태로 열차 등을 이용해 운반한다. 그리고 수요지에 맞춰 '플러그 앤 플레이Plug & Play'만 하면 된다. 세계적으로 SMR 개발은 미국·중국·러시아 등이 주도하고 있고 대체적으로 2030년 상용화를 목표로 삼고 있다.

이런 미래 원자력에 세계 주요 국가들 역시 참여할 채비에 나서고 있다. 미국 바이든 정부는 청정에너지 전환을 위한 수단으로 원전을 고려하고 있다. 에너지부가 주관하는 '원자력전략비전(2021.01)에 따라 차세대 원자로 기술과 SMR 개발에 7년 간 32억 달러 투자를 확정했다.[8] 일본은 녹색 성장 전략[9]에서 차세대 원자력 기술 개발에 나서겠다고 밝혔다. 이를 위해, △2030년까지 국제 협력을 통해 SMR 기술을 실증하고 △2030년까지 고온 가스로를 통한 수소 생산과 관련한 핵심기술을 확보하고 △ITER 계획 등 국제 연계를 통한 핵융합 R&D 추진을 목표로 제시했다.[10] 우리나라 역시 SMR을 차세대 원전 기술로 주목하고 있으며, 관련 기술이 앞선 미국·캐나다 등에서 2030년경까지 실용화하면 국제협력을 통해 관련 기술을 취득하고 2040년까지 판로 확대·양산 체제화에 나서겠다는 일본 역시 큰 틀에서 비슷한 타임라인을 가지고 기술 개발 계획을 수립했다.

프랑스 마크롱 대통령은 2021년 10월 12일에 '프랑스2030' 투자로드맵을 공개하면서 SMR, 전기차, 친환경 항공기 등을 3대 핵심 분야로 선정하고 SMR과 핵폐기물 관리에 중점을 두며 80억 유로를 자국 산업의 탄소 제거에 투자하겠다고 밝혔다.

2021년 9월, 우리나라도 혁신형 SMR 개발을 위한 예비타당성 조사를 진행 중에 있으며, 그 규모는 5,800억 원에 이른다. 원전 안전성 문제의 근본적 해결을 목표로 연구개발에 나서겠다는 복안이다. 2021년 6월 전경련은 SMR 시장에서 경쟁력을 확보하기 위해서는 원전 산업 생태계 복원과 인허가 체계 완비 및 정책지원 강화, 구체적인 상용화 전략 수립이 필요하다고 주장했다.

재생에너지의 미래

흔히 재생에너지의 길을 가보지 않은 길이라 한다. 기존 시스템에 익숙한 전문가들은 시간별 발전량의 변동이 극심한 간헐성과 예측과 실제 발전량이 다른 불확실성 때문에 재생에너지의 확장은 한계가 명확하다고 주장한다.

최근 몇 년 사이 상황이 크게 바뀌었다. 에너지 산업은 크게 요동치고 있고 전망과 정책적 목표가 재생에너지 중심으로 바뀌어 가고 있다. 과거 연구에서는 석탄발전, 가스발전, 그리고 원전을 기본으로 두고 재생에너지의 한계점을 탐색하는 데 집중했다. 그러나 태양광, 풍력처럼 변동성 높은 재생에너지의 비중이 10%, 20%를 넘어 30%, 40%에 이르는 지역들도 출현하고 있으며, 목표치 역시 50%를 넘어 100%를 지향하는 국가·지역도 나타나고 있다. 불과 10년 전까지만 해도, 재생에너지 100%를 말하면 '거의 불가능한 방향'이라는 의견이 우세했는데, 이제는 '가능한데, 경제적으로 효율적이지 않을 수 있다'는 시선으로 바뀌었다.

탈탄소화에 있어서 가장 중요한 일은 전기 가격을 낮추는 데 있다. 화석연료가 전체 에너지 사용의 80%를 차지하는 가장 큰 이유는 석탄·천연가스에서 나오는 전기가 재생에너지보다 저렴했기 때문이다. 우리가 주목해야 할 점은 최근 10년 동안의 재생에너지 가격의 변화다.

불과 10년 전만 해도 풍력은 석탄보다 22%, 태양광은 무려 223%나

비쌌다. 2009년 359달러였던 태양광의 균등화발전단가(LCOE, 발전기 수명 동안 총비용을 단위에너지 양으로 환산한 값)는 2019년 40달러로 무려 89%나 떨어졌다. 풍력 역시 135달러에서 40달러로 70%나 하락했다. 반면, 원자력은 123달러에서 155달러로 26% 상승했다.[11]

과거 태양광 모듈은 너무 비싸고 비효율적이어서 1958년 뱅가드 1호 위성에 전기를 공급하는 수단으로 쓰였다. 우주에서는 비싼 가격으로 쓸 여력이 되었기 때문이다. 하지만 지속적인 탐색으로 태양광의 효율이 개선되고, 대량생산을 통해 단가가 하락했다. 이에 따라 수요가 증가하는 학습의 선순환 고리를 형성하면서 급격한 가격 하락을 달성할 수 있었다.

그 결과 더 도전적인 재생에너지 목표를 세우는 국가가 증가했다. 독일 정부는 2030년 계획 중 재생에너지 목표를 기존 50%에서 65%로 상향 조정했다. 미국은 구체적인 목표를 수립하고 있는데, 에너지부[DOE]는 현재 3% 수준인 태양광의 전력 비중이 2035년에는 40% 이상을 공급할 수 있다는 분석 결과를 발표했다. 국제에너지기구[IEA] 파티흐 비롤 사무총장은 "태양광은 미래의 에너지 왕[king]이다"고 표현하기도 했다.

심지어 재생에너지 100%를 심도 있게 검토하는 지역도 등장했다. 미국에서 두 번째로 큰 도시인 캘리포니아주 로스앤젤레스는 미국 에너지부 산하 국립재생에너지연구소[NREL]와 함께 진행한 연구에서 2045년 재생에너지 100% 달성 경로를 탐색해봤다. 재생에너지 100%를 목표로 수립하고 경제·사회적으로 얻을 수 있는 이익을 최대화하는 방안을 모색 중이다.[12]

각종 에너지의 가격 변동 추이

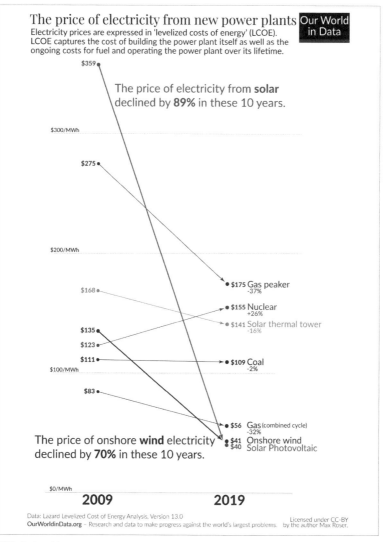

출처: OurWorldinData.org

현재 탄소중립을 선언한 국가는 전 세계 GDP의 70%와 온실가스 배출량의 70%가량을 차지한다. 탄소중립 방향을 밝힌 국가들 역시 대담한 재생에너지 목표를 수립하고 있다. 일본은 2050년 발전량의 50~60%를 재생에너지로 계획하고 있으며, 영국은 약 60% 이상을 재생에너지로 계획한다. 국제에너지기구에서는 2050년 재생에너지가 전 세계 전력생산량의 88%를 차지해야 하는 탄소중립 경로를 제시하기도 했다.

우리나라는 2021년 10월 발표한 '탄소중립 시나리오'에서 재생에너지 목표를 60.9%~70.8%로 제시했다. 그리고 2030년 국가 온실가스 감축 목표[NDC]를 2018년 대비 40% 감축하고 2030년 재생에너지 발전 비중을 30.2%로 제시했다. 거의 전 세계 모두가 태양과 바람의 힘을 직접 이용해 전기를 만드는 재생에너지를 최대한 빠르게 확대해 나가는 목표를 수립하고 있는데, 우리나라 역시 거대한 흐름 위에 올라탔다고 할 수 있다.

사실, 태양광 산업계에서는 현재의 '원전 논쟁'을 상당히 부담스러워한다. 전 세계의 재생에너지 확장 추세는 더 거세지고 있으며, 그 확산 속도 역시 더 빨라지고 있는데, '원전의 장기적 소멸'을 목표로 하는 탈원전 정책의 반작용으로 태양광, 풍력 등 재생에너지에 대한 맹목적인 반감만 커졌다는 이야기다. 한 관계자는 "현 정부의 정책을 비판하는 사람들이 원자력 정책의 필요성을 강조하기보다는 확대 중인 태양광의 문제를 꼬집으면서 우리나라에 '태양광은 맞지 않은 옷'이라고 주장하는데, 여기에는 정치적 주장과 사실이 섞여 있다"며 어려움을 토로한다.

과연 다수의 생각처럼 태양광과 풍력의 확장은 문제일까? 우리나라에 재생에너지를 확장하는 일은 잘못된 정책 방향일까? 결론부터 말하면, 재생에너지 정책과 원자력 정책은 관련성을 지닌다. 그러나 재생에너지 확장은 기후변화 대응과 우리 에너지 미래를 위해 꼭 필요한 일이다. 따라서 탈원전 정책과 재생에너지 확장 정책은 분리해서 생각해볼 필요가 있다. 원자력 옹호론자 일부는 재생에너지 확장 자체를 부정적으로 보기도 한다. 가장 큰 이유는 에너지 산업에 큰 지각변동을 일으키며 빠르게 진행되고 있는 '에너지 전환'에 대한 몰이해에서 온다고 생각한다. 지난 10년 동안 빠르게 성장해온 재생에너지 생태계가 이제는 가능성을 넘어 제1의 에너지원으로 부상하고 있음을 인지할 필요가 있다.

그러나 여전히 추상적이라는 점에서 불확실성이 크다고 볼 수 있다. 디터 헬름(Dieter Helm) 옥스퍼드 대학교 경제정책학과 교수는 "정치적으로 쉬운 부분은 탄소중립과 현재 설정하고 있는 위대한 목표에 대한 거창함이다. 그러나 목표를 달성할 수단과 효율적으로 달성할 수 있는 수단이 없는 목표는 그저 뜨거운 공기일 뿐이다"라고 최근의 탄소중립 목표들을 비판하여 현실적 달성 수단을 빠르게 형성하고 활용할 것을 촉구했다.[13]

원자력의 한계에 대한 담론

"원자력이 필요하다/필요하지 않다"를 따져보려면 원자력 발전에 제기되는 문제에 대해 생각해볼 필요가 있다. 다만, 이 세상에 완벽한 에너지원은 없다는 사실을 명심할 필요가 있다. 그리고 지금 이 순간에도 지구는 뜨거워지고 있으며, 빨리 화석연료 사용에서 벗어나는 게 중요하다는 점 역시 인지해야 한다.

(1) 안전성과 수용성의 한계

원자력 이슈에서 되풀이되는 게 있다. 바로 방사능 이슈다. 2020년 월성원전 부지 내 고농도의 삼중수소가 발견됐다. 한 원전 전문가는 "월성원전 주변 주민들의 삼중수소 피폭량은 1년에 바나나 6개나 멸치 1g을 먹는 수준"이라 평했다. 바나나와 멸치에 든 칼륨에서 삼중수소처럼 베타선(방사능)이 방출되는데, 이를 삼중수소 피폭량과 비교한 것이다. 다른 전문가는 이 주장에 반박한다. 체내에 들어온 삼중수소의 유기물화가 인체에 미치는 영향은 아직 온전히 규명돼 있지 않다는 것이다. 과학적 논쟁이 완전히 정리되지 않았다는 것이다.[14] 특정 이해집단이 과학적 사실 규명에 개입한 사례는 역사적으로 적지 않다.

석면, 납, 크롬, 수은부터 담배에 이르기까지 이해집단과 결탁한 과학이 인간의 건강과 환경을 파괴한 사례는 많다.[15] 일반 대중이 엇갈리는 주장 가운데 무엇이 맞는지 파악하기 매우 어려운 이슈다. 원자력과 방사능 이슈가 말끔히 해소되려면 좀 더 시간이 필요하다. 아직 보편적인 과학적 시각에서 원전 운영 과정에서 유출될 수 있는 방사능의 위험이 적다고 단정 짓기는 어렵기 때문이다.

다만, 다수의 원자력 옹호론자들은 원자력 안전 관련 위험은 과장되어 있음을 강조하며, '원자력 활용의 불가피성'을 주장한다. 이 논리에 부합되는 사례가 바로 프랑스다. 프랑스는 원자력 발전이 꼭 필요하다는 점을 시민 사회에 인식 시켜, 큰 저항 없이 원자력 확장에 나설 수 있었다고 평가받는다. 심지어 체르노빌 사고, 정권 교체 등의 정책 방향에 충격을 받을 수 있는 변화를 겪으면서도 원자력이 국가의 자부심이자 기술 강국을 지향하는 국가주의 이데올로기와 결부되어 강력한 국민적 합의를 이뤄왔다. 체르노빌 이전까지 국민 다수가 원자력 발전을 지지했기 때문에, 국민 인식을 위한 특별한 노력이 있었다고 보기 어렵다.

그러나 체르노빌 사고는 '대중 설득'의 중요성을 환기했다. 프랑스의 원전이 최소한의 약점도 허용하지 않는 '안전 우선주의'를 따른다는 점을 강조하고 이중·삼중의 안전장치를 부착했다. 그리고 '투명성'에 기반한 구조로 전환하여 원자력의 위험성을 숨기기보다 대중에게 정보를 공개하고 투명성을 확보하여 신뢰를 얻는 전략을 취했다. 체르노빌 이전, 원전에 대해 국민의 지지도가 약 60%였는데, 그 이후 1990년대 초에 이르면 국민 80%가 원전의 안전성을 신뢰하고 원자력을 옹호하게 된다. 체르노빌 사고를 통해, 원전산업의 투명성이 개선되고 민주적인 절차가 확립되었다고 볼 수 있다.[16]

우리의 지난 원자력 발전의 역사를 보면, '프랑스의 길'을 밟아왔다고 평가하기 어렵다. 포털 사이트에 '원자력 비리'를 검색해보면 지난 20년 동안 크고 작은 비리와 사고가 반복적으로 나타났음을 쉽게 확인할 수 있다. 원자력 관련 사이트나 전문가 집단은 "원자력의 효용을 강조하고 위험은 과장되었으며 안전하다"라고 주장하고 원자력 산업계에 유리한 정보만 선별적으로 제공한다. 각별한 노력을 기울이지 않으면 다른 에너지원과 비교할 수 없을 수준의 갈등과 저항과 많은 문제가 있었음을 확인하기가 쉽지 않다. 그 고유의 전문성과 특수성으로 보호받고 폐쇄적이고 위계적인 형태로 오랫동안 유지되어 왔다는 느낌을 받는다. 심지어 '국민이 무지해서 원자력의 필요성을 인지하지 못한다'는 식의 1960년대 계몽주의적 접근 방법을 계속해서 추종하고 있다는 평가를 받기도 한다. 이런 방식은 국민의 전폭적이고 지속적인 지지를 얻기에 매우 부족하다고 볼 수 있다.

좀 더 엄밀히 말하면, 홍보방식의 문제보다는 원자력 산업을 이루고 이를 이끄는 사람들이 내·외부 비리에 더 엄격히 대처하고, 더 높은 안전의식을 가지고 있어야 하며 최대한 개방할 수 있는 정보를 투명하게 내놓을 필요가 있다. 그리고 정치적으로 특정 세력을 옹호·지지하거나 반대하기보다는 가치 중립적인 전문가 집단의 모습을 유지해야 한다.

(2) 경제성 이슈

'원자력 발전은 저렴하다.' 많은 사람이 통념적으로 생각하는 사실이다. 근데, 정말 그럴까? 앞서 살펴봤듯 태양광, 풍력 등 재생에너지 가격은 빠르게 하락하고 있다. 다만, 우리가 최근에 신고리 5·6호기에 설치한 원자로인 APR1400은 다른 원자로 대비 저렴하다. 그러나 APR1400은 3세대고

비교 대상인 AP1000, EPR, VVeR1200은 3+세대에 해당한다. APR1400
은 후쿠시마 이후 강화된 안전 규정을 만족하지 못하기 때문에 신규 설치
하게 되면, 가격이 상승할 수 있다.[17]

그리고 블룸버그 뉴 에너지 파이낸스[BNEF]에 따르면 국내 태양광 및
육상풍력의 LCOE가 2027년경 석탄발전보다 낮아질 것이라 예상한다. 부
산대학교 이철용 교수는 2021년 6월 한국에너지기술평가원이 개최한 탄
소중립 테크포럼에서 이미 국내 태양광이 석탄 및 가스복합발전의 LCOE
보다 낮아 경쟁력이 높다고 말한다. 물론 원자력과 비교에는 아직 이르지
못했지만, 재생에너지가 화석연료보다는 저렴할 수 있음을 시사한다. 보
통의 LCOE 계산에는 재생에너지 추가에 따른 전력저장장치[ESS] 추가, 송
전·배전·변전 설비 확충 등 전력망 통합 비용을 충분히 고려하지 않는다.

그러나 원자력 발전 역시 새로운 입지에 건설되면 송전·변전 비용이
필요하며 2050년 탄소중립의 미래에서 원자력과 재생에너지 중심으로 발
전원이 구성되면 둘 간의 통합적 활용을 위해 ESS가 필요하다. 물론, 유연
성을 가지고 있는 용융염원자로[MSR]나 소형모듈원자로[SMR]는 ESS 없이 재생
에너지와 결합할 수 있으나 아직 상용화되지 않은 기술로 'ESS+재생에너
지' 조합보다 더 경제적일지 여부는 미지수다. 현재 일부 연구자가 혹은 언
론에 인용하는 비용 분석은 지나치게 단순한 가정을 적용하여 의미 있는
비용-효과 비교 분석이 어려운 수준인 경우가 많다.

다만, MIT의 다학제 에너지 연구그룹인 에너지 이니셔티브(Energy
Initiative)에서는 "현재의 원전을 폐쇄하지 않고 수명을 연장하는 방식이

각종 원자로 공사비 비교

구분	APR1400	AP1000	EPR	VVeR1200
US / kW	4,464	6,000	6,100	5,270

기후변화 대응에 가장 비용 효과적인 방식"이라고 주장한다. 한 연구 결과에서는 에너지 전환에서 원자력이 배제된다면 50%가량 더 높은 비용이 소모된다고 주장한다.[18] 그러나 폐기물 비용은 명확하게 측정하기 어렵고 원전 폐로 비용까지 고려한 총체적 비용을 검토할 필요가 있다는 지적이 오랫동안 상존해왔다. 원자력이 가져다주는 이익과 비용을 측정하려면 '할인율'을 면밀히 검토할 필요가 있다. 높은 할인율은 미래보다 지금의 혜택을 높게 평가한다. 가령 지금 당장 특급 호텔의 스위트룸에서 휴가를 보내는 게 은퇴를 준비하기 위한 저축보다 더 높은 가치를 지닌다. 고준위 핵폐기물은 수백, 수천 년 이후에도 방사능을 내뿜기 때문에 적정 할인율을 고려하는 게 중요하다. 어떤 할인율을 적용하는지에 따라 원자력의 경제성이 바뀔 수 있다. 또한 지역 시민 사회의 수용성 역시 비용이다. 반대가 거셀수록 원자력의 경제적 가치는 낮아진다. 이런 외부비용을 어떻게 반영하는가에 따라 경제성이 크게 변화할 수 있다.

　신고리 5·6호기 건설 당시 건설공사 측에서 제시한 발전 단가에 원자력은 가장 저렴했다. 이 부분에 대해 한 전문가는 "원전 건설비가 제대로

반영되어 있는지 의문"이라며 재검증이 필요하다고 주장했다.[19]

그리고 원전 해체 추정 비용도 계속 증가하고 있다. 2015년 6,437억 원에서 2017년 7,515억 원, 2019년 8,128억 원으로 올랐다. 이 비용은 2년마다 재산정하는데 안전관리 비용과 물가 상승, 인건비 단가 상승 등으로 계속 올라갈 가능성이 크다고 한다.[20]

(3) 입지 이슈

우리나라의 탄소중립 시나리오에서 2050년 원자력의 비중은 6.1~7.2%를 차지한다. 탈원전 정책은 '노후 원전을 설계수명에 따라 폐쇄하고, 신규 원전 건설을 중단하는' 것을 의미한다. 그렇기에 지금으로부터 30년 조금 못 미치는 미래인 2050년에는 여전히 원자력이 존재한다. 탈원전 정책이 완전히 실현되는 시기는 신고리 5·6호기 수명이 종료되는 2081년쯤 될 것이다. 지금으로부터 60년 후의 미래이니 계획과 실현 사이에 수많은 불확실성이 놓여 있다.

그렇다면 '탈-탈원전'은 무엇을 지향할까? 원자력 산업계는 무엇보다 '신규 원전 건설 지속'에 무게추를 둘 것이다. 기존 노후 원전의 설계 수명에 도달했을 때, 대대적인 유지·보수를 통해 수명 연한을 연장하는 일은 추가적인 원자로 발주보다 원전 산업 생태계에 미치는 파급력이 제한적이기 때문이다.

결국 중요한 것은 '언제, 얼마만큼, 어디에 지을 것인가?'를 정하는 일이다. 일단은 기초 터파기 공사까지 마친 신한울 3·4호기부터 짓자고 목소리를 높일 것이다. 그다음은? 경북 영덕에 마련했다 취소한 천지 1·2호기를 추진하면 될까? 2050년 전원 구성은 원자력 50%, 재생에너지 50%로 가정한다면? 정확한 계산은 아니지만, 최소 1.5GW급 50기 이상은 지어야 할 것이다.

그렇다면 어디에 지어야 할까? 이미 발전 부지가 조성된 석탄발전소 자리에 원자력 발전으로 교체 설치하는 방식을 생각해볼 수 있다. 그럴 경우, "오랫동안 미세먼지로 고통받았던 지역에 잠재적 위험이 될 수 있거나 최소한 위험하다는 인식이 있는 원자로를 시민사회 저항 없이 건설할 수 있을까? 민주주의가 발달한 국가일수록 원자력에 대한 사회적 갈등이 심하고 전체주의, 국가주의가 강할수록 원자력의 추진에 어려움이 적다는 연구결과도 있다. 사회적 갈등은 계속 커질 것이고 이해관계를 조정하고 설득하는 일이 가장 중요한 가치가 될지도 모르겠다.

그리고 또 다른 중요한 문제가 있다. 사용후핵연료는 임시방편으로 발전소에 그대로 쌓여 있는데, 저장 용량의 97.1%가 차 있는 상태며, 2024년에 이르면 포화할 것으로 예상된다.[21] 물론, 원자력 옹호론자들은 사용후핵연료를 충분히 관리할 수 있으며 크게 위험하지 않다고 주장하나, 전 세계에서 핀란드와 스웨덴만이 고준위 폐기물 처분장 부지를 확보한 상태다. 나머지 국가·지역은 임시저장시설(맥스터) 증설을 하며 중요한 결정을 자꾸 뒤로 미루고 있을 뿐이다. 이에 대한 해법을 찾기 위해, 정부는 1983년부터 10여 차례 시도해봤지만, 모두 실패했다. 계속 검토만 반복할 뿐이다.[22]

문재인 정부의 탈원전 정책의 전개와 문제

문재인 대통령은 지난 박근혜 정부에서 결정한 고리 1호기 영구정지 기념행사에 참석해 '국민 안전을 최우선으로 하는 청정에너지시대'를 강조하며 탈핵국가로 가는 출발점임을 밝혔다. 대통령 후보 시절 수립한 대선 공약을 검토한 것인데, 부산·경남 지역을 중심으로 반대 여론이 거세게 커지던 신고리 5·6호기 건설을 다시 한번 점검하는 것으로 그다음 행보를 개시했다. 당시 이미 공정률이 28%에 이르고 지역경제에 직접적으로 미치는 영향이 크다고 판단하여 2017년 6월 공사 중단 여부에 대한 공론 조사를 추진했다. 그리고 참여 의사를 밝힌 2만여 명 중 무작위 500명을 선정, 최종 471명이 총 33일간 온오프 숙의 과정을 거쳐 신고리 5·6호기 건설 재개 중단 문제와 향후 원전정책 방향을 결정했다.[23]

국가 주요 정책을 시민이 직접 참여해서 결정한다는 점에서 큰 의의가 있으나, 에너지 정책은 일단 결정되면 수십 년 동안 큰 영향을 미칠 수 있다. 국민 여론 역시 원자력 사고나 해당 정부의 지지에 따라 수시로 변화할 수 있는 특성을 고려한다면 1회적 추진으로 대표성을 계속 확보할 수 있을지에 대한 일각의 우려가 있었다.

차라리 '안전 중심의 원자력 정책 추진'을 목표로 인허가·심의 규정을 상향 조정하고 원자력 발전 비용을 심도 있게 분석하여 외부비용과 핵연료처리, 원자로 해체비용까지 고려한 총체적 비용을 산정했다면 결과는

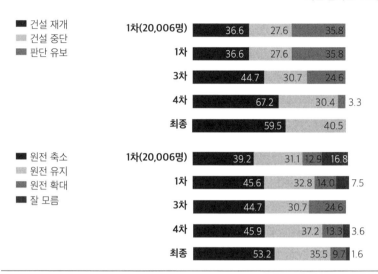

신고리 5·6호기 건설 및 향후 원전정책 방향에 관한 시민참여단 공론 조사 (단위: %)

시민 참여단 417명

■ 건설 재개
▨ 건설 중단
■ 판단 유보

	건설 재개	건설 중단	판단 유보
1차(20,006명)	36.6	27.6	35.8
1차	36.6	27.6	35.8
3차	44.7	30.7	24.6
4차	67.2	30.4	3.3
최종	59.5	40.5	

■ 원전 축소
▨ 원전 유지
■ 원전 확대
■ 잘 모름

	원전 축소	원전 유지	원전 확대	잘 모름
1차(20,006명)	39.2	31.1	12.9	16.8
1차	45.6	32.8	14.0	7.5
3차	44.7	30.7	24.6	
4차	45.9	37.2	13.3	3.6
최종	53.2	35.5	9.7	1.6

비슷했더라도 원자력 산업계의 반발이 아닌 자정 노력을 이끌 수 있지 않 았을까 하는 아쉬움이 남는다.

또 다른 문제는 에너지 정책 구현의 체계성 측면이다. 에너지 전환이 먼저 선언되고, 여러 방안 중 하나로 탈원전이 고려되었어야 했다. 탈원전 정책의 완전한 실현은 60년도 더 걸리므로 선언적 정책의 한계성이 명확 하기 때문이다. 탄소 감축이라는 정책 목표, 에너지 수급이라는 필요조건,

에너지 가격 인상 억제라는 현안 등 다양한 이슈가 계속 이어질 수밖에 없다. 경직된 목표는 정책 추진에 많은 무리가 따른다.

가장 큰 아쉬움은 정부의 탈원전 추진으로 '원자력계의 정치화'를 이끌었다는 사실이다. 주요한 에너지 문제는 정부가 주도해서 결정하는 게 일반적이나 경제, 사회, 과학 등 여러 요소를 고려해서 판단 근거를 계속 쌓아갈 필요가 있다. 코너에 몰린 원자력 산업 생태계의 다수는 야당과 손을 잡았고 원자력 쟁점은 정치 이슈로 바뀌었다. 그런 길을 선택한 전문가 집단도 아쉬운 선택을 했다는 평가를 받을 수 있으나 정부가 그 길을 택할 수밖에 없게 만들었다는 주장도 일부 일리가 있다고 볼 수 있다.

탈원전과 탈-탈원전 사이에서 균형 잡기

탈원전과 탈-탈원전 사이에서 균형을 잡기 위해서는 다음 몇 가지 사항에 유의해야 한다. 첫째, 재생에너지 확장은 상수, 원자력 확장은 변수임을 인정하자. 이것이 현실이다. 완벽한 에너지원은 존재하지 않기 때문이다. 완전히 뒤바뀐 상황이지만, 이를 현실로 직시해야 한다.

물론, 예측이 언제나 옳다고 말할 수는 없다. 어떤 쪽이든 예측과 전망에는 관점의 차이가 존재하며, 그 뒤에는 관련 생태계가 있다. 원자력 관련 기관은 '새로운 원전의 가능성'을 높게 보고 재생에너지 관련 기관은 '재생에너지의 도전적 미래'를 선호한다. "에너지 분야의 숫자를 읽는 법은 그 숫자의 출처가 어디인가를 따져야 한다"라는 말에 고개를 끄덕일 수밖에 없다. 다수의 전문가가 사실 위에 의견을 형성하기보다는 의견 위에 사실을 맞추는 성향이 강하다.

그렇기에 확정적 진단을 내릴 수가 없다. 다만, 원자력 확장의 옹호론자들에게 꼭 당부하고 싶은 말이 있다. 재생에너지를 반목하거나 맹목적으로 비난하지 않았으면 한다. 재생에너지는 유망주에서 성장주로 바뀐 지 오래다. 중간 위치에서 에너지를 전망하는 다수의 에너지 전문가가 재생에너지를 주력 에너지원이자 제1의 에너지원이라 부른다. 2050년 에너지 목표에서 재생에너지가 제1의 에너지원이 아닌 국가를 뽑기가 어려울 정도다.

반대로 재생에너지 100%를 주장하는 분들에게 꼭 말하고 싶은 바도 있다. "희망사항은 여러 전제 조건이 현실로 바뀔 때 가능하다." 보수적으로 정책을 바라본다면 확실한 대안이 확인되기 전까지는 사용할 수 있는 기술을 최대한 활용하는 게 유익하다. 다시 말해, 현재 수립된 탈원전 일정대로 원자력 발전을 폐로시킬지 여부는 그때 가 봐야 명확히 알 수 있다.

둘째, 최대한 개방하고, 투명한 문화를 만들 필요가 있다. 앞서나간 일부 국내 언론에서는 SMR이 투자만 제대로 하면 당장 활용할 수 있고 우리나라가 앞서나갈 수 있다고 주장한다. 에너지 업계 사람들은 신중한 관점으로 바라보는 사안을 외부에 있는 사람들이 오히려 크게 기대하고 있지는 않느냐는 생각도 든다.

2021년 국제에너지기구(IEA)의 탄소중립 로드맵에는 SMR의 목표가 구체적으로 제시되어 있지 않다. 그 이유는 아직 상용화되지 않았고 지금 시장에서 구할 수 없기 때문이다. 아무리 빨라도 최소 5년 이상의 시간이 필요하며, 대략 10년 정도 지나야 기술의 완성도나 활용 가능성을 확인할 수 있다고 기대한다. 다만, 차세대 기술, 미래 기술이 보통 그렇듯 검증과 인허가 과정에서 시간이 지연될 수 있으며, 비용-효과성은 아직 검증받았다고 보기 어렵기에 가능성과 불확실성 모두 크다. 현재는 R&D 단계로 글로벌 밸류체인 관점에서 국제 협력을 강화하고 우리의 강점을 어디로 둘지를 전략적으로 판단할 시점이다.

원자력의 미래는 마냥 낙관적으로 보기 어려운 상황이다. 그러나 완전히 끝났다는 판정을 내릴 수는 없다. 여전히 성장 가능성이 남아 있다. 우리나라는 원전을 보유하고 있고, 원전 기술과 산업이 존재하는 국가다. 그렇기에 어려움이 있더라도 원자력의 활용, 확장 방안에 대한 논의는 필요하다고 말할 수 있다.

그러나 무조건적인 원전의 성장·확장은 이제 어렵다. 원전 산업의 지속 가능성과 성장 가능성은 결국 시민사회의 수용과 폭넓은 지지가 있을 때만이 가능하다. 정치적으로 갈라진 지금, 정치적 호불호와 선호도에 따라 에너지의 미래가 결정될 수는 없다. 계속 논의해야 하고 궁극적으로 가치 배열의 문제가 되어야 한다. 그 가치를 결정하는 요소에는 경제, 사회, 환경 모두가 해당한다. 만약 원자력옹호론자들이 선호하는 '프랑스의 길'을 가고자 한다면 최대한 개방하고, 투명하고 건강한 생태계를 조성해야 한다. 생각과 이해관계가 다른 사람들과 치열하게 논의하고 모든 과정을 공정하고 투명하게 재설정할 필요가 있다.

셋째, 모든 문제를 꺼내놓고 근본적인 접근부터 시작할 필요가 있다. 일각에서는 "원전의 필요성은 정부 정책 측면에서는 '활용할 수 있다면 좋은 에너지원'에 가깝다"고 말한다. 그러나 '활용할 수 있다면'이라는 전제조건은 많은 것을 제약한다. 가령 원자력 발전의 직접적인 수혜를 받지 못하는 인근 지역에서 잠재적 위험과 이를 반영한 부동산의 가치 하락을 경험하는 사람들을 고려할 필요가 있다. 이미 경험한 원자력 발전 입지 선정에서의 갈등보다 더 심하면 심했지 갑자기 해소될 가능성이 크지 않다. 특히 고준위 폐기물 처리는 제대로 된 논의의 시작도 하지 못한 채 갈등과 입장 차이만 확인하고 오랫동안 표류하고 있는 게 현실이다.

그러나 어렵다고 이 문제를 계속 뒤로 미룰 수는 없다. 원자력 산업계가 바라는 원자력의 미래가 그래도 부지가 확보된 신한울 등에 2~4기를 추가하는 것이라면 확장을 위한 논의와 실행이 크게 어렵지 않을 가능성도 있다. 하지만 2050년 탄소중립의 미래에서 탈원전 시나리오 아래 제시하는 원자력 비중 7.2%가 아닌 30%, 40%, 50%가 되기 위해서는 전력 수요가 2050년에 이르면 2018년 대비 204~213% 증가하는 가정을 기준으로 현존하는 원자력 24기 외의 추가적인 원자로 건설이 필요하다. 이 경우, 언제 어디에 원자로를 건설할 것인지 논의가 필요하다.

일각에서는 석탄 발전소를 빠르게 폐지하고 그 자리에 원자력을 건설하면 부지 확보 문제와 전력 계통 투자에 효율적일 수 있다고 말한다. 하지만 현재 석탄 발전소의 위치가 원자력 발전소보다 도심에서 가깝거나 인구가 많은 지역에 있는 곳이 많다는 점을 고려할 때, 논의의 시작부터 감당하기 어려운 갈등이 예상된다. 현재 연구개발 단계에 있는 SMR의 설치 역시 기술개발 단계에 따라 10년 후에는 설치가 가능해질 수도 있으나 이역시 비용 효과성 높은 도심지에 설치하는 일은 사회적 저항이 클 수 있다는 측면에서 현실적인 수단이라 확언하기 어렵다.

넷째, 에너지정보국을 설치하고 모든 비용 정보를 체계화하여 신뢰있는 데이터 기반에서 정책을 논의해야 한다. 'A가 아니면 B다' 식의 이분법적 사고는 거의 모든 곳에서 적절하지 않다. 에너지 분야에서는 특히 그렇다. 어쨌든 아무리 찰나의 순간이라도 에너지를 쓰지 않는 경우는 없다. 그리고 그 에너지원의 80%가량은 화석연료에서 온다. 우리가 기후 위기를 피하기 위해서는 온실가스를 많이 배출하는 화석연료 사용을 멈춰야 한다. 물론 비용 효과적인 탄소 포집 수단을 찾을 수 있다면 화석연료의 활용은 조금 더(고갈되기 전까지) 가능해지겠지만, 현재로서는 정말 어쩔 수 없는 경우를 제외하고는 화석연료 사용을 멈춰야 기후위기에서 벗어날 수 있다.

그렇기에 에너지 문제에 대한 다양한 가능성을 검토할 필요가 있으며 신뢰할 수 있는 데이터 기반에서 시작했는지가 중요하다. 에너지 정보를 총괄하는 에너지정보국을 설립하고 쟁점이 되는 원자력 외부 비용을 포함한 모든 주요 데이터를 체계화하여 공표할 필요가 있다. 필요하다면, 해당 비용 데이터를 신뢰할 수 있는 복수의 해외 연구/컨설팅 기관에 맡기는 것도 고려해볼 필요가 있다. 예를 들어 원자력 산업계는 프랑스의 기관에 의뢰를 맡기고, 탈원전을 지지하는 운동가 진영에서는 독일의 기관에, 정부는 중간에서 미국 혹은 영국의 기관에 맡겨 민감한 비용의 상한과 하한을 설정하고 합리적 수준의 비용 데이터를 체계화하여 신뢰할 수 있는 전망치와 비용-편익 분석을 지속하고 정책 방향 수정의 근거가 과학에 기반할 수 있도록 체계를 수립해야 한다.

탈-탈원전이 정의는 아니다

탈원전의 과정에 일부 문제가 있다 해서 그 반대의 정책으로 돌아가는 것이 정의이거나 정상화는 아니다. 탈원전이든 탈-탈원전이든 가장 중요한 점은 '탈정치화'가 선행되어야 한다는 점이다. 정권 교체 혹은 정치적 환경 변화에 따라 에너지 정책이 요동치는 행태는 우리나라의 에너지 미래를 위해 매우 우려되는 현실이다. 그렇기에 정치적으로 독립적이고 과학에 기반한 의사결정 체계를 형성하는 일이 중요하다.

　　탈원전 정책의 수립 과정에서 경험했던 '숙의민주주의 제도'의 상설화와 확장적 적용을 고려할 필요가 있다. 앞으로 탄소중립은 어떤 정부가 와도 매우 중요한 정책 방향이 될 것이고 세부적인 방향을 만들고 길을 닦는 것은 소수의 전문가가 아닌 다수의 시민이 되는 게 맞는 방향이라 판단

한다. 전문가는 공통의 신뢰할 수 있는 데이터를 활용하여 각각의 분야의 입장을 과학적으로 설득하고 가치 판단과 가치 배열은 시민이 주도하는 방식이 2050년 탄소중립의 미래로 가는 가장 효과적인 방법이 될 수 있다.

1. 문재인, 홍준표, 안철수의 에너지 정책은?, 조선펍, 배용진, 2017.04.28

2. 원전 인식점수 61.5점…필요성 인정하지만 안전성 우려, 전자신문, 2017.01.23

3. Nuclear Power Looks to Regain Its Footing 10 Years after Fukushima, Scientific American, 2021.03.09.

4. 한국 '脫원전' 외칠 때 中은 '원전 혁명'…냉각수 없는 원자로 돌린다, 중국, 2021.08.24.

5. 中 원전 굴기 박차, 미국 추월한다, 주간동아, 2021.04.27.

6. The Energy Transition:Nuclear Dead And Alive, S&P Global, 2019.11.11.

7. 빌 게이츠, 기후재앙을 피하는 법, 빌 게이츠, 2021

8. 탄소중립 핵심 수단 SMR, 한국도 주저할 틈이 없다, 전국경제인연합회, 2021.06.23.

9. 녹생 성장 전략 : 일본이 2020년 12월 25일 발표한 탄소중립 실행 계획으로 탄소중립 달성과 경제, 환경 관련 분야를 직적접으로 연결하기 위한 정책이라 평가 받는다.

10. 세계원전시장 인사이트, 에너지경제연구원, 2021.02.05.

11. Why did renewables become so cheap so fast?, OurWorldinData, 2020.12.01.

12. LA100: The Los Angeles 100% Renewable Energy Study, NREL, 2021. 3

13. NET ZERO: How we causing climate change, Dieter Helm, 2021

14. [팩트체크] 삼중수소, 바나나 6개, 멸치 1그램, 한겨레, 2021.01.17.

15. 청부과학, 데이비드 마이클스, 2009

16. 체르노빌 원전사고에 대한 프랑스의 반응 : 1986-1995, 이정희, 역사학연구 71권, 2018.08

17. 탈원전 논쟁, 제대로 이해하면 필요 없다, 여시재, 2020.09.15.

18. The true long-term cost of nuclear power, Yale Environment Review, 2019.07.30.

19. 원전이 가격경쟁력?…발전단가 턱없이 낮춘 '일그러진 계산법', 한겨레, 2017.10.10.

20. 원전 폐로, 사용후핵연료 해법 함께 가야, 한겨레, 2021.03.06.

21. 국내 원전 사용후핵연료 97.1% 저장…포화상태 이르러, 투데이에너지, 2021.09.29

22. [취재후 Talk] 핵연료 저장시설 목 끝까지 차올랐는데…맥스터 증설 찬반 격화, TV 조선, 2020.05.28.

23. 신고리 5·6호기 공론조사, 숙의 민주주의 가능성 확인, 대한민국 정책브리핑, 2018.05.09

촉2022-2023

메디치 격년 Biennium 전망서

하지현 고한석 차현진 윤태곤
이선옥 임명묵 한윤형 고재열
장지연 김선교 지음

초판 1쇄 2021년 11월 5일 발행

ISBN 979-11-5706-895-1 (03300)

만든 사람들

기획	고한석 강현선 송가연
책임편집	이형진
본문 디자인	이미경
표지 디자인	캠프커뮤니케이션즈
마케팅/홍보	김성현 최재희 김규리 맹준혁
인쇄	천광인쇄사

펴낸이	김현종
펴낸곳	㈜메디치미디어
경영지원	전선정 김유라
등록일	2008년 8월 20일 제300-2008-76호
주소	서울시 중구 중림로7길 4, 3층
전화	02-735-3308
팩스	02-735-3309
이메일	medici@medicimedia.co.kr
페이스북	facebook.com/medicimedia
인스타그램	@medicimedia
홈페이지	www.medicimedia.co.kr